中国当代农村发展论丛 ◎ 张德元 主编

安徽省"十三五"重点图书出版规划项目

"新农人"农民专业合作社绩效研究

孙迪 著

中国科学技术大学出版社

内容简介

"新农人"是指以其具备的生态自觉、社群思维、互联网技能和创新能力投身农业生产、经营、管理、销售或服务的人。本书结合作者实地调查所得数据和案例,从新农人及其参与所引发的相关问题切入,对合作社多维绩效问题展开深入研究。探究新农人参与引发的合作社组织响应过程,探讨新农人不同参与方式和参与状态对合作社多维绩效影响机制的一致性与差异性,揭示新农人参与的组织化功能,进而提出新农人有效参与合作社的路径,以期为新时代中国合作社发展提示方向,为农业与农村发展实践提供思路。

图书在版编目(CIP)数据

"新农人"农民专业合作社绩效研究/孙迪著.—合肥:中国科学技术大学出版社,2023.6

(中国当代农村发展论丛)

ISBN 978-7-312-05663-5

Ⅰ.新… Ⅱ.孙… Ⅲ.农业合作社—专业合作社—经济绩效—研究—中国 Ⅳ.F321.42

中国国家版本馆CIP数据核字(2023)第074804号

"新农人"农民专业合作社绩效研究
"XIN NONGREN" NONGMIN ZHUANYE HEZUOSHE JIXIAO YANJIU

出版	中国科学技术大学出版社 安徽省合肥市金寨路96号,230026 http://press.ustc.edu.cn https://zgkxjsdxcbs.tmall.com
印刷	安徽国文彩印有限公司
发行	中国科学技术大学出版社
开本	710 mm×1000 mm 1/16
印张	13.75
字数	270千
版次	2023年6月第1版
印次	2023年6月第1次印刷
定价	86.00元

本书的出版获得以下项目的支持与资助

⊙ 安徽省高校科学研究重点项目(人文社科类):数字经济背景下新农人参与合作社的研究(SK2021A0227)

⊙ 安徽省社会科学创新发展研究课题攻关项目:数字经济背景下新农人参与合作社的同群效应及其作用机制研究(2021CX032)

⊙ 教育部人文社会科学研究规划基金项目:农民合作社新农人参与:契约制度与社会资本转型及其对组织绩效的影响研究(21YJA790012)

⊙ 国家自然科学基金面上项目:数字化转型背景下新农人参与对农民合作社多维绩效的影响机制及其效应研究(72173001)

总 序
PREFACE

20世纪80年代,我在中央机关参与农村改革政策调研时,就坚持认为,中国农村政策最基本的问题是农民问题。到90年代政策界在全球化导向下转而把农业问题作为主要关注领域之后,我则一再强调中国的"三农问题",而且在排序上坚持把农民权益放在第一位,然后是农村可持续发展问题,最后是农业安全问题,并认为"三农问题"之所以不同于微观产业经济领域讨论的"农业问题",是因为作为"原住民大陆"的中国农村社会经济运行的真实逻辑,与"殖民地大陆"的美洲和大洋洲存在着质的差别,各自的主要发展经验在根本上没有互相复制的可能性,在此基础上形成的政策和理论并没有对错与好坏之分。据此看,对于影响巨大的政策研究而言,任何简单化地套用或教条化地照搬,都势必造成巨大损失。这些思考,在我近年来所发表的文章中随处可见。其实,"真理往往是简单的",不会迷失在故弄玄虚之中。

不过,我在坚持"非主流"意见的同时,预感到不能再以这种角度开展农村政策研究,遂去高校完成了在职研究生的学习,同时争取多做些国家级课题和国际合作的科研项目,以便及时转向学术研究。为了更好地理解农村改革发生的内在机理,进而把握和预见中国未来的农村发展趋势,我用了三年时间梳理20世纪中国经济史,并做了中国宏观经济与"三农"发展的相关研究。据此可知,从中国农村改革至今约40年的长期经验看,其不仅在本源上与20世纪70年代末期的宏观经济危机直接相关,而且"三农"领域每一次的重大政策变化,也都受到改革开放以来的经济周期的直接影响。

安徽广大干部、群众以及"三农"学界对农村改革贡献极其巨大。早在20世纪60年代初,国家工业化的原始积累阶段遭遇外资中辍导致经济遭受严重破坏之际,中央决定实行"三级所有,队为基础",就是把服务于工业化的农村体制从"一大二公"的乡级人民公社退回到村级生产队核算,同时允许农户搞"三自一包"。安徽省干部、群众在时任省委书记曾希圣同志的支持下,在全省推广责任田,通过"包产到户"的办法解决了生存问题。由于1963年宏观经济初步恢复之后国家仍然要通过集体化从"三农"提取积累,留利于民的责任田制度在三年自然灾害后被取消。但这一探索本身表明了安徽广大干部、群众从不缺乏改革精神。

长期从"三农"获取剩余用于城市工业化发展的汲取政策,使得农村改革启动前期,没有得到政策机会发展社队工业的安徽农民远比那些有工业基础的沿海省份和城市郊区农民生活困苦得多;此时的安徽,不仅城乡之间的基尼系数,而且农村内部不同区域之间的基尼系数,都在显著恶化。1975年,完全没有工副业生产的安徽省凤阳县小岗生产队人均口粮才75公斤,全年人均收入20元,一年有10个月的时间吃返销粮,农民生活极端困苦。因此,凤阳县小岗生产队和肥西县小井庄的干部群众积极探索,并逐步突破了传统城市资本偏向的旧体制的束缚。小岗村农民在承包合同中指出:"如果上级追查,队干部坐牢,全村各户保证把他们的孩子养到18岁。"这种贫困农村基层的自发探索,不仅解决了村里人的吃饭问题,也被中央主管经济工作的领导人用作国家经济政策上财政"甩包袱"的注脚。这种应对危机的调整政策被中央做了"改革"的定位后,媒体称安徽农民改变了整个国家和民族的命运。

此后的30多年时间里,安徽广大干部群众又积极探索,为农业和农村发展作出了巨大贡献。其中,辛秋水教授立足于田野试验,在文化扶贫和村民自治领域作出重大探索。何开荫教授和张德元教授多次向党中央国务院建言献策,以刘兴杰为代表的基层干部勇于实践,积极推动农村税费改革,国家最终推出了废除农业税的政策。这些,无不凸显了安徽之于中国农业与农村发展的重要作用。

自1997年东亚金融风暴造成1998年中国因外需大幅度下降而暴露出生产过剩的问题以来,国内经济波动越来越多地受到全球化的影响。对此,中国政府在维护国家经济主权之际,大规模扩张国家信用,实施投资于三大差别——区域差别、城乡差别和贫富差别的再平衡战略。在城乡差别再平衡战略上,从2006年贯彻"新农村建设"战略起,中国已进入工业反哺农业、城市支持农村的发展阶段。然而,我们也注意到由于各地政府公司化取向未能及时被认识和纠正,招商引资成为"过剩资本"占有乡村资源、实现资本化获取收益的主要手段,致使劳动力、土地、资金这三大生产要素大量流出农村,"三农"问题由此变得更加复杂。原本新农村建设中县域经济战略的主要内容——"城镇化+中小企业",也受制于资本过度集中于大城市,从而形成严重滞后于沿海和超级城市工业化的巨大结构性扭曲……这些偏差至今尚未得到根本性矫正,又增加了农业生态环境形势日趋严峻的新问题。单纯重视GDP的发展观在力推农民工大规模外出的同时,也造成众多留守老人、留守妇女和留守儿童。在形成了世界最大规模弱势群体的同时,中国人口老龄化的挑战已经悄然而至!

对于这些问题的研究和解决,离不开政府相关政策的出台,更离不开包括学者在内的社会各界的共同努力。我们有理由相信曾经作出过巨大贡献的安徽广大干部群众还将会作出新的探索和努力,安徽"三农"学界还将会作出历史性的新贡献!

谨在此系列丛书出版之际,向为中国农村发展作出重大贡献的安徽广大农村干部群众致以崇高的敬意。

温铁军
2016年元宵之夜

前　言
PREFACE

　　近年,中国农业呈现供需结构失调、城乡发展失衡和大国小农矛盾等特殊农情,而作为中国组织农业生产有效形式之一的农民专业合作社也面临着失范发展的危机。与此同时,大力建设新型农业农村人才队伍成为新时代中国农业政策的基本方向,全国各地返乡入乡的各类人才规模不断增加,"新农人"一词开始愈加频繁地出现在各种新闻报道和学术场合中。笔者2017年开始关注新农人群体,2018年开始在安徽、浙江、江苏等省就新农人参与农民专业合作社展开多项实地调查。调查中发现:其一,新农人参与合作社具备可靠的现实基础,一方面新农人需要加入合作社以突破自身局限,另一方面合作社需要新农人的参与来对传统农业进行现代化、数字化、生态化改造;其二,新农人参与的合作社表现出绩效提升和规范发展的可能,但是同样是有新农人参与的合作社却也呈现出不同的绩效形态。而理论界对于新农人的定义却一直未形成统一且清晰的见解,相关研究大多重视描述其群体特征,而忽视其组织化功能,甚至完全割裂新农人参与和合作社绩效之间的内在关联。在这一背景下,笔者决定从新农人及其参与的问题切入,研究合作社的多维绩效问题,以期从理论和实践两个层面剖析新农人参与和合作社绩效的关系,论证新农人参与下出现合作社绩效分化这一现象的内部机理,以便探索新农人有效参与合作社的路径。这对于推进我国农业转型升级、实现乡村振兴、促进合作社规范发展等具有重要的现实意义。本书试图回答这样一些问题:新农人参与对合作社绩效到底有何影响?是否存在新农人参与对合作社各个维度绩效之间的改进悖论?新农人参与影响合作社绩效的作用机制及适用情境如何?

　　为解答这些问题,笔者自2018年多次走访调研多地农民专业合作社,考察新农人参与农民专业合作社的现状与特征,形成本书研究的初步思路,并设计调研问卷,于2019年7月至9月前往安徽省灵璧、界首、颍上、霍邱、固镇、谢家集等县(区)进行正式调查,形成安徽省5市6县区337家合作社的实地调查数据和案例资料库。结合国内外理论研究成果和实地调查经验,本书首先框定新农人参与的内涵和外延,分析新农人参与形式和参与状态,并基于合作社的双重属性和多维目标构建其绩效评价体系,选取AHP方法测度合作社多维绩效;继而构建"驱动力—参与状态—结构响应—合作社绩效"的DSSP理论框架,分析新农人参与影响合作社绩效的机制,采用PSM倾向得分匹配模型、多元线性回归模型、联立方程模型等方法实证分析新农人参与对合作社绩效的影响效应,讨论新农人理事长与新农人理事之间可能存在的交互作用,以及新农人参与和合作社绩效之间可能存在的内生性问题,通过案例研究对新农人有效参与合作社进行经验验证和理论拓展;最后基于研究结论就我国农村工作提出政策建议。

本书研究的创新点和价值在于:其一,基于宏观视角厘清新农人区别于传统农民的本质,提出识别新农人的四项核心特征;其二,从具有特殊人力资本禀赋的合作社参与者视角研究合作社绩效问题,为有关合作社绩效影响因素的研究引入新的变量;其三,构建DSSP理论分析框架,打开新农人参与促进合作社绩效的"黑箱";其四,从理论上刻画新农人的参与决策、参与身份和参与程度,构建新农人参与指标体系,实证分析新农人不同参与方式和参与状态对合作社多维绩效的影响,为解答新农人参与到底能否改进合作社绩效并推动合作社规范发展这一疑问提供理论依据。

孙　迪
于安徽财经大学

目录 CONTENTS

总序 ·· (i)

前言 ·· (iii)

第一章　绪论 ··· (1)

　第一节　研究背景 ··· (1)

　　一、中国农业面临多重矛盾 ································ (1)

　　二、农民合作社面临失范危机 ······························ (3)

　　三、农村大力建设新型人才队伍 ···························· (4)

　　四、问题的提出 ··· (5)

　第二节　相关概念说明 ·· (6)

　　一、新农人 ·· (6)

　　二、新农人参与 ··· (8)

　　三、农民专业合作社 ·· (10)

　　四、合作社绩效 ··· (10)

　第三节　主要内容与研究框架 ································ (12)

　　一、主要内容 ·· (12)

　　二、研究框架 ·· (13)

　第四节　研究方法 ··· (14)

　　一、文献分析法 ··· (15)

　　二、问卷调查法 ··· (15)

　　三、结构化访谈法 ··· (16)

　　四、案例研究法 ··· (17)

五、模型建构法 ··· (17)

第五节　研究价值与创新 ·· (18)
　　一、研究价值 ·· (18)
　　二、创新之处 ·· (19)

第二章　相关研究回顾 ·· (21)

第一节　理论基础 ·· (21)
　　一、产业组织理论 ··· (21)
　　二、集体选择理论 ··· (23)
　　三、合作理论 ·· (25)
　　四、参与理论 ·· (26)

第二节　国内外合作社绩效相关研究 ····································· (27)
　　一、合作社绩效评价研究 ·· (28)
　　二、绩效的影响因素研究 ·· (29)

第三节　国内外合作社治理相关研究 ····································· (30)
　　一、合作社治理机制问题 ·· (30)
　　二、合作社治理结构问题 ·· (31)
　　三、合作社治理与绩效的关系问题 ·· (32)

第四节　新农人及其参与的相关研究 ····································· (33)
　　一、新农人的内涵与外延问题 ··· (34)
　　二、新农人的参与问题 ··· (34)

第五节　既有文献述评 ··· (35)

第三章　新农人参与合作社的现实考察 ······························ (38)

第一节　新农人的起源和发展现状 ·· (38)
　　一、新农人的产生 ··· (38)
　　二、新农人的主要特征 ··· (39)
　　三、新农人的发展现状 ··· (41)

第二节　中国合作社的发展历程 ·· (42)
　　一、合作社的起源和本质 ·· (42)
　　二、我国农民专业合作社的经济社会背景 ····························· (46)
　　三、我国农民专业合作社的发展历程 ···································· (47)

第三节　新农人参与合作社的现实基础 …………………………（ 49 ）
　　一、新农人需要参与合作社 ………………………………（ 49 ）
　　二、合作社需要新农人参与 ………………………………（ 51 ）

第四章　新农人参与影响合作社绩效：理论分析 ……………（ 53 ）
第一节　新农人参与的结构性刻画 ………………………………（ 53 ）
第二节　合作社绩效的综合性评价 ………………………………（ 55 ）
第三节　新农人参与和合作社绩效：理论分析 …………………（ 58 ）
　　一、理论框架的提出 ………………………………………（ 58 ）
　　二、驱动力与新农人参与 …………………………………（ 60 ）
　　三、新农人参与状态与合作社结构 ………………………（ 62 ）
　　四、合作社结构与合作社绩效 ……………………………（ 65 ）

第五章　新农人参与的选择与合作社绩效问题 ………………（ 70 ）
第一节　数据说明 …………………………………………………（ 70 ）
　　一、实地调查数据 …………………………………………（ 70 ）
　　二、其他数据 ………………………………………………（ 73 ）
　　三、数据的统计性描述 ……………………………………（ 74 ）
第二节　合作社多维绩效测度 ……………………………………（ 81 ）
　　一、绩效测度方法 …………………………………………（ 81 ）
　　二、变量说明 ………………………………………………（ 82 ）
　　三、基于AHP的合作社综合绩效测度 ……………………（ 86 ）
第三节　新农人是否参与对合作社绩效的影响 …………………（ 90 ）
　　一、模型设定与研究方法 …………………………………（ 90 ）
　　二、变量选取及描述性统计 ………………………………（ 93 ）
　　三、实证结果与分析 ………………………………………（ 96 ）
第四节　新农人参与方式对合作社绩效的影响 …………………（100）
　　一、研究方法与变量说明 …………………………………（100）
　　二、实证结果与分析 ………………………………………（101）
　　三、进一步讨论 ……………………………………………（107）

第六章　新农人参与的状态与合作社绩效问题 ………………（110）
第一节　变量与模型 ………………………………………………（110）

一、变量说明 ……………………………………………………(110)
　　二、模型建构 ……………………………………………………(113)

第二节　实证结果与分析 ………………………………………………(116)
　　一、新农人管理参与状态与合作社绩效 ………………………(116)
　　二、新农人资本参与状态与合作社绩效 ………………………(117)
　　三、新农人交易参与状态与合作社绩效 ………………………(119)

第三节　模型稳健性检验 ………………………………………………(121)

第四节　关于交互作用和内生性问题的讨论 …………………………(127)
　　一、关于交互作用的讨论 ………………………………………(127)
　　二、关于内生性问题的讨论 ……………………………………(129)

第七章　新农人有效参与合作社的案例分析 ……………………(138)

第一节　砀山县Y合作社和金寨县S合作社 …………………………(138)
　　一、案例选取 ……………………………………………………(138)
　　二、案例描述：砀山县Y合作社 ………………………………(139)
　　三、案例描述：金寨县S合作社 ………………………………(140)

第二节　新农人参与、组织结构与合作社绩效 ………………………(142)
　　一、新农人管理参与、治理结构与合作社绩效 ………………(142)
　　二、新农人资本参与、股权结构与合作社绩效 ………………(143)
　　三、新农人交易参与、交易结构与合作社绩效 ………………(144)
　　四、新农人理事长与新农人理事的交互作用 …………………(145)

第三节　新农人有效参与合作社的理论路径 …………………………(147)

第八章　研究结论与政策含义 ……………………………………(150)

第一节　研究结论 ………………………………………………………(150)

第二节　研究局限与展望 ………………………………………………(152)

第三节　相关政策建议 …………………………………………………(153)
　　一、大力推进新农人"引、留、育"工作 ……………………(153)
　　二、积极引导新农人有效参与合作社 …………………………(154)

附录一 "新农人赋能乡村振兴"结构化访谈纲要 ……………………(156)

附录二 新农人参与合作社的调查问卷A(理事长填写) ……………(166)

附录三 新农人参与合作社的调查问卷B(社员填写) ………………(178)

参考文献 …………………………………………………………………(190)

后记 ………………………………………………………………………(203)

第一章 绪　　论

我国农业具有供需结构失调、城乡发展失衡和大国小农矛盾等特殊农情,农民专业合作社(以下简称"合作社")一直是我国组织农业生产的有效形式,然而目前却遭遇了失范发展的危机。同时,大力建设新型农业农村人才队伍、促进新农人与新型农业经营主体融合发展已成为新时代我国农业政策的基本方向。截至2020年底,全国返乡入乡的各类新农人人才已达1010万人。笔者在大量实地调研中发现:一方面,新农人参与合作社可能是提升合作社绩效和推进合作社规范发展的有效路径;另一方面,新农人参与的合作社也呈现出不同的治理模式和绩效形态。在这一背景下,从新农人及其参与的问题切入,继续研究合作社的多维绩效问题,就有了极为重要的理论价值和实践价值。从理论层面上讲,本书研究紧扣乡村振兴背景,对新农人参与合作社的问题进行深入研究,深入探讨新农人不同参与方式和参与状态下合作社的多维绩效及其出现绩效分化的原因与机理,找出影响合作社各维度绩效的新农人参与因素,并提出新农人有效参与合作社的路径。从实践层面上讲,本书研究的现实目的在于揭示新农人参与的组织化功能,以期为新时代中国合作社发展提示方向,并指导农业与农村发展实践。本书研究试图回答:新农人参与对合作社绩效到底有何影响?是否存在新农人参与对合作社各个维度绩效之间的改进悖论?新农人参与影响合作社绩效的作用机制及适用情境如何?

第一节　研究背景

一、中国农业面临多重矛盾

自改革开放以来,我国农业发生了翻天覆地的改变,农业综合生产能力和农产品供给能力大大增强。根据国家统计局公布的数据,1978年我国粮食产量规模在3047.6亿公斤左右,2019年我国粮食产量规模已超6638.4亿公斤。然而,中国农业取得巨大成就的同时,也正面临着多重矛盾,主要体现在供需结构矛盾、城乡均衡矛盾和大国小农矛盾三个方面。

1. 供需结构矛盾

随着生活水平的持续提高，人们对农产品提出了多元、安全、高质等方面的新要求，而供给市场上"三品一标"的优质农产品总量占比不足20%（陈明，2019）。国内的一些食品安全事件挫伤了消费者的信任，人们不得不将目光转向进口农产品。2015年，我国粮食产量规模为6214.5亿公斤，与需求之间存在200亿~250亿公斤缺口，但粮食的进口总量却达到1247.7亿公斤，相比需求缺口还多1000亿公斤（陈锡文，2016）。过多的农产品进口加剧了国内农产品库存负担，我国农业结构出现"三量齐增"的矛盾，农产品产量、进口量和库存总量同时增加，引致国际农产品价格倒挂，国内农产品在国际竞争中失去价格优势（叶兴庆，2016）。同时，传统的农业生产方式过度依赖化肥和农药，一方面造成资源过度利用，另一方面也对我国农业生产环境产生负面影响，掣肘农业发展的可持续性，致使国内农业生产成本节节攀升（祝卫东，2016）。2016年3月，习近平总书记参加十二届全国人大四次会议湖南代表团审议时提出，在新形势下，我国农业矛盾已由总量不足转为结构性矛盾。

2. 城乡均衡矛盾

我国当前城市化率约60%，然而，与发达国家相比，中国城市化水平仍存在滞后性。世界银行数据显示：2010年后世界平均城市化率与工业化率水平分别是50.9%、26.1%，两者的比值是1.95。反观中国，两者的比值只有1.09，由此可见中国城市化水平存在滞后性，并且与工业化水平有较大差距。除此之外，相对于工业化和城市化，中国农业现代化的滞后性更为明显。根据国家统计局的数据，从2007年到2016年，第一产业在国内生产总值（GDP）中的比重从11.3%下降到8.6%，但第一产业的就业率仍高达27.7%，这表明将近三分之一的农业劳动所创造的GDP不到全国的十分之一，这意味着我国城市化进程对农业剩余劳动力的吸纳能力仍有限（韩春虹，2019）。另外，工业化、城镇化的持续推进，逐步削减了国内耕地面积，降低了耕地的质量，农村人力资源要素流出严重，农村人口朝着老龄化、兼业化的趋势发展，农村资源条件的约束不断增强。

3. 大国小农矛盾

截至2018年底，我国有2.6亿小农户，小农户数量占农业经营主体98%以上，经营耕地面积占总耕地面积70%以上。大国小农的国情、农情决定了中国发展现代农业的基础是提高小农户组织化程度，建立土地规范化经营与管理。2014年，中央在"一号文件"中提出"三权分置"农地制度框架。土地经营权流转制度尽管在形成规模经营方面取得了一定成效,但没有从根本上改变我国农业分散经营的格局。农业农村部统计资料显示,中国耕地面积超过2/3都属承包农户经营,剩下的1/3流转耕地中,有58%流入承包农户,由此可见承包农户经营的耕地规模已达87%以上(赵鲲 等,2016)。另外,我国山区和丘陵多、平原少的自然地理条件也决定了我国难以全面实施农业规模化生产。在山区和丘陵地区,地块零散,参差不齐,农业机械化困难且成本高昂,而小农户家庭经营、精耕细作的比较优势则能够破除地形条件的制约(韩春虹,2019)。然而,小农户往往受教育程度不高,缺乏资金,经营管理和技术运用能力不足,风险承受力弱,难以采用先进的生产技术和机械设备。为了规避风险、减少收入的变异性,小农户通常会沿袭传统生产方式,高度依赖农药化肥这类投入成本少、技术含量低但是对环境危害大、增收效能有限的投入品,导致农产品安全隐患和农业生产环境污染。

二、农民合作社面临失范危机

合作社是我国较为有效的农村农业制度安排模式,主要体现在:一是在家庭联产承包责任制这一我国农村的基本经济制度背景下,合作社兼具家庭经营与合作经营双层经营体制,能够对外部政策环境和市场需求作出积极响应,实现外部利益内部化(崔宝玉 等,2017);二是合作社能够有效传导市场信息、传播新型技术、组织绿色科学种养,是小农户衔接现代农业的重要途径,也是我国推进农业供给侧结构性改革的重要力量(Kirezieva et al.,2016;周洁红 等,2019);三是合作社有利于提升农民组织化程度,是小农户应对自然风险、对抗非对称市场力量的重要载体,能够帮助农民提高收入(崔宝玉 等,2016;张琛 等,2017;孔祥智,2016)。截至2019年8月底,中国工商局登记在册的合作社多达220.7万家,覆盖近50%的农户,总出资额达4.21万亿元,产业范围涵盖粮棉油等农产品的生产,并逐步转向农产品加工、农村旅游、乡土文化等服务业领域。

值得注意的是,随着合作社数量的快速增长,其发展也呈现出失范的趋势。我国合作社普遍存在成员异质性、内部人控制、双重委托代理或精英俘获等冲击因素(林坚 等,2007;崔宝玉 等,2011;马彦丽 等,2008;崔宝玉,2014),引发各界对合作社组织功能乃至存续价值的诸多质疑,诸如合作社质性漂移、名实分离、逆组织化、规模收益递减等(崔宝玉,2014;黄祖辉 等,2009;熊万胜,2009;胡冉迪,2012;张琛 等,2018)。

绩效既是合作社组织运营的结果,也是合作社发展的前提。而合作社的存续逻辑应是其益贫性目标,若合作社绩效背离了这一存续逻辑,那么合作社很可能会消亡抑或直接演变为投资者所有企业(Investor-owned firms, IOFs),从而失去合作社存在的价值,挫伤政府支持合作社发展的信心(崔宝玉 等,2016)。目前学者们普遍认为,中国合作社发展正面临绩效实现梗阻、质量失范等困境,处于发展转型阶段,未发挥出其应有的功能。如何提升合作社绩效和推进合作社规范发展是学界研究的重点,常见的思路主要集中在重塑合作社的治理机制上,比如通过制度规则等正式制度和信任规范等非正式制度的相互适用和相互促进,实现合作社治理制度帕累托改进(Pareto Improvement)和治理进程自洽等(钟真 等,2016;崔宝玉 等,2012)。与此同时,为提升合作社规范发展水平、激发合作社活力,2019年农业农村部印发了《开展农民专业合作社"空壳社"专项清理工作方案》,联合中央农办、市场监管总局、发展改革委、财政部、水利部、税务总局、银保监会、林草局、供销合作总社和国务院扶贫办,在全国范围内开展清理"空壳社"的工作,对无农民成员实际参与、无实质性生产经营活动、因经营不善停止运行、涉嫌以农民合作社名义骗取套取国家财政奖补和项目扶持资金、从事非法金融活动等的"空壳社"进行清理整顿,明确了我国合作社规范发展的导向。

三、农村大力建设新型人才队伍

2012年,中央"一号文件"提出打造新型农业农村人才队伍,对满足条件的农民工返乡创业、农村青年务农创业项目予以补贴和贷款支持。2013年至2017年,国家连续出台一系列"三农"政策,以改善农业农村创业和投资环境。2018年,中央"一号文件"指出实施乡村振兴战略要把人力资本开发放在首要位置,强调大力培育新型职业农民、以乡情乡愁为纽带吸引社会各界投身乡村建设,要求畅通智力、技术、管理下乡通道,破解我国农业农村发展的人才瓶颈制约。

在这一背景下,近年来我国新农人规模持续增长。2016年,我国农民工、退役士兵、毕业生等返乡人员累计超过570万人;2019年,各类返乡入乡创新创业人员达850余万人;截至2020年底,返乡入乡的各类人才已突破1010万人,同比增长19%。

实践中,各地涌现了一批由新农人领办或管理的合作社,引起了社会的广泛关注。例如,浙江"忘不了"柑橘专业合作社、黑龙江克山县仁发现代农业农机专业合作社和安徽广德县生猪产销合作社等。这些新农人参与的合作社带动农户科学种养、合理使用农业投入品、集约化利用资源,有效提升了农业全要素生产率;以消费需求为导向改造传统农业,倒逼生产绿色化、产品品牌化和农民组织化,增进了农产品流向市场的效率,提升了合作社嵌入市场的能力;重塑合作社内部交易机制,通过优质优价收购激励农户标准化生产,通过收益示范、信息传递和技术扩散等激发农户合作能动性,削弱了合作社成员异质性。可见,新农人参与合作社是提升合作社绩效和推进合作社规范发展的可能重要路径。

四、问题的提出

通过大量实地调查,笔者注意到同样有新农人参与的合作社却也存在绩效分化现象,这促使笔者思考以下一些问题:这样的绩效分化是否与新农人如何参与合作社有关?新农人在作为社员参与合作社①的过程中,会存在哪些参与方式?可能呈现怎样的参与状态?新农人不同的参与方式和参与状态,能否改进合作社绩效的各个方面?是否存在合作社多维绩效之间的改进悖论?新农人参与影响合作社绩效的内在机理和实现机制是什么?在现实制度环境下,新农人应该如何参与合作社才能有效改进合作社绩效?

通过回答上述问题,能为进一步理解新农人参与的组织化功能及其作用机制提供启示,为厘清新农人参与能否成为提升合作社绩效和推进合作社规范发展的重要路径提供验证,为观瞻我国合作社发展和新农人建设的未来图景提供依据。

案例1: 浙江"忘不了"柑橘专业合作社在新农人理事长林东东的带领下开展了一系列改革和创新。2015年,林东东发起"忘不了农村电商服务e站"项目,牵头组建临海市首家镇级电商协会,吸引近200位青年返乡创业,带领当地55家蜜橘合作社搭上"电商快车"。为了让涌泉蜜橘不再是"秋冬限定"产品,林东东带领合作社与中国农业科学院柑桔研究所、浙江省柑橘研究所合作成立柑橘研究中心,通过技术创新缩短涌泉蜜橘生长期,延长其保鲜期,原本11月成熟的柑橘得以提前至7月上市,1月采摘的蜜橘得以保存至4月。此外,林东东还带领合作社创建国家"863"项目"柑桔信息化示范基地",通过喷滴灌系统、山地轨道运输系统、智能温室栽培系统、数字分选系统等项目,实现标准化、精细化、数智化作业,远程实时对基地进行灾害智能预警、温湿度智能控制、肥水智能投放等,大大提升作业轻简化、节本增效化,并辐射带动了涌泉4.5万亩②共计万余柑橘种植户的综合管理技术水平的提升。

---

① 本书主要探讨的是新农人作为合作社社员参与合作社。
② 1亩约为0.0667公顷。

第二节 相关概念说明

一、新农人

关于新农人的定义,至今理论界尚无统一且清晰的界定。就现有文献来看,学者们大多是对新农人这一群体进行直观的实用性描述,缺乏反映其本质的一般规定,在群体归属范围方面也存在不同的见解。比如,阿里研究院[①]认为新农人指的是具备新理念、新思维、新技术,善用互联网服务于"三农"的人,既包括农产品生产、加工和流通环节的农业从业者,也包括提供农业推广、咨询、宣传等配套服务,以及进行农业监管和研究的非农从业者。但是,张红宇(2016)认为这一概念的框定过于宽泛,若将所有与农业相关活动(推广、政策制定、监督管理、研究咨询)的从业者都纳入新农人群体范畴,就会使得其群体特征过于模糊。张红宇经过大量实地调研发现:目前进入"三农"领域的社会力量和社会资本大体可分为两个群体:一种是享受型城市消费者,他们注重体验乡村生活和田园风光,消费农村产品;另一种是投资导向型的农业经营者,他们工作在农村,并以投资经营为目的,主要从事农产品的生产、加工和销售。新农人应属于后者,是一群志趣相投、充满农业情怀、追求产品安全和生态和谐的投资导向型农业经营者。此外,他还提出新农人是农业生产者,更是农业经营者[②],他们是新农民的一种重要类型。可见,上述学者认为新农人有别于传统农民的关键特征在于其生产经营活动具有一定的投资、经营和创业属性。杜志雄(2015)则更强调新农人的核心是"农人",首先,其本身应是农业生产者;其次,也可以是为农业生产者提供技术支持、推广支持、供应链支持等的农业相关从业人员。

科学界定新农人的难点还在于其主体构成具有来源多样性的特点,发生背景具有地域复杂性的特点,以及行为意识具有个体差异性的特点。2015年,农业部经济体制与经营管理课题组对全国30个省份进行了调查统计,数据显示:新农人来源包括大学毕业生、返乡农民工、非农背景职员和企业家等,"70后"和"80后"分别占总数的35.5%和45%,"90后"占总数的6.3%;新农人普遍接受过良好教育,

---

[①] 引自阿里研究院2015年发布的《中国新农人研究报告》(https://www.docin.com/p-1487559541.html)。

[②] 引自张红宇《新农人:农业供给侧结构性改革的先行者》(http://news.xinhua08.com/a/20160204/1606268.shtml)。

拥有本科以上学历的占比高达86.2%,但是61.9%的新农人表示在校期间并未接触过农业相关知识;68.4%的新农人在农业生产中使用互联网技术,88.2%的新农人选择利用电商平台销售农产品;74.8%的新农人拥有自主品牌,其中46.9%已顺利注册商标;与传统农民更多地依赖乡土资源不同,60.9%的新农人聚集在中大城市周边。

在如此庞杂且差异化的群体特征体系中发现并识别新农人群体的一般性特征是理论界得以科学定义新农人的关键(张红宇,2016),对此,既有文献作出了一些有益探讨。杜志雄(2015)认为新农人区别于传统农民的根本是新农人具有自觉的生态意识。曾亿武和郭红东(2016)认为作为农村创业能人,新农人最核心的特征是互联网基因,其次还包括年轻、文化素质高、计算机技能强、品牌意识强、服务理念强和具有创业者特质等。阿里研究院认为新农人有别于新型职业农民,2012年中央"一号文件"提出新型职业农民是指具备一定的文化素养、生产技能和经营能力,收入主要来源于农业,且居住于村庄或集镇的农业从业者。可见其最核心的人力资本是对现代农业技术的掌握,而新农人的人力资本则体现在互联网技术、文化素质、创新能力、组织水平等方面,也就是说,新农人更贴合以市场为导向的农业发展需求[①]。

通过梳理,笔者认为既有文献缺乏从宏观视角思考新农人区别于传统农民的本质,是目前限制新农人一般规定性界定的关键。因此,本书研究拟从国家目标和社会需求两个宏观维度加以分析。首先,传统农业对农药化肥需求量大,不但有可能导致土壤、水源水质、生物多样性等农业生产资源持续恶化,也有可能造成农产品质量安全问题频发,破坏社会信任,加剧农产品供给与市场需求的结构性失衡,亟须转变农业生产方式。新农人就是在此背景之下,为了改变这种被动、消极的局面而出现的。他们倡导生态农业的绿色生产方式,重视农产品质量安全,这与国家迫切转换农业生产方式、强调农产品质量与数量均衡发展的目标相匹配,也与社会对农产品质量安全的期待相吻合。其次,新农人诞生于共享经济和"互联网+"的时代背景下,拥有社群思维和互联网技能,敢于创新农业生产经营模式,重视传统农业的数字化、智能化、绿色化改造,这与国家供给侧结构性改革目标相一致。此外,新农人的行为往往基于主动认知和社会责任意识,并非完全以追求利润最大化为目标,在家国乡愁情怀的影响下,新农人更倾向于分享、让利与共赢,因此他们的行为往往与国家赋予合作社组织农户、带动增收、公平分配的历史使命相一致,与国家进一步规范合作社的政策目标相匹配(杜志雄,2015)。可见,新农人之所以有价值,是因为他们的行为与国家目标和社会需求相一致,不强调这些,新农人与传

---

① 引自阿里研究院2015年发布的《中国新农人研究报告》(https://www.docin.com/p-1487559541.html)。

统农民就没有本质区别。

因此,本书研究提出识别新农人的四项核心特征,即生态自觉、社群思维、互联网技能和创新能力。生态自觉是指新农人具有实现农业可持续发展以及提高农产品质量安全的主观意识并采取了实际行动,如采用自然生态法、有机农业、产品可追溯体系等绿色科学的生产工艺来提高农产品的质量安全;社群思维是指新农人以共享经济模式建设社群网络,提高资源集约化利用效率;互联网技能是指新农人能够编辑或者使用公众号、微博、抖音、快手、淘宝等网络自媒体平台或网络销售平台,利用互联网技术突破层级销售模式,直接对话市场;创新能力是指新农人有意愿且有能力将其非农业领域的知识和经验创新性地应用于农业,如创新农业生产、经营、流通或销售模式等。同时,本书研究将新农人群体边界框定为从事农业生产、经营、管理、销售或服务的人。因此,在本书研究中,新农人是指以其具备的生态自觉、社群思维、互联网技能和创新能力投入农业生产、经营、管理、销售或服务的人。

二、新农人参与

"参与"一词源于西方,有"participation""involvement""cngagcment"等多种术语表达。"participation"常用于表达组织成员(公众)对分享权力和参与决策的需求(Kaler,1999);"involvement"更强调在政府发起和控制下的公民资格,包括听取意见、公众调查等政府旨在获取公民对其决策、政策和服务的支持(Yang Kaifeng et al.,2005);"engagement"更强调组织成员或公众积极的行为贡献,比如参与事务管理、建立合作关系、交互信息以及提升自我能力等(Macey,2008)。

目前,经济学领域有关参与的研究多集中于公众参与(Yang Kaifeng et al.,2005;John et al.,2013;马亮 等,2019)、政治参与(毛平 等,2019)以及顾客参与(张燕 等,2019)。一些学者的研究证明了参与对绩效具有显著影响。比如 Neshkova(2012)研究了公众参与对政府组织绩效的影响,发现公众参与除了一般性期望意义,也具有实用价值,即能够为政府部门提供有价值的特定场域信息;马亮和杨媛(2019)通过细分参与维度,实证分析了公众参与度对政府绩效的影响,回应了要不要引入参与以及如何引入参与的问题;张燕等(2019)、姚山季等(2019)分别从B2C视角和资源协同视角,研究了顾客参与对企业创新绩效产生直接影响及中介影响的机制。另外,既有研究也从不同维度对参与进行了划分,如参与行为(刘红岩,2012;Ritter,2003;姚山季 等,2012;陈璟菁,2013)、参与形式(马亮 等,2019;刘红岩,2012)、参与程度(刘红岩,2012;Arnstein,1969;科恩,1988;约翰·克莱顿·托马斯,2004;关永玲,2009)以及参与层次(刘红岩,2012;Arnstein,1969;蔡定剑,

2009)。Arnstein(1969)提出公民参与阶梯论,将公民参与程度划分为深度参与、高层次表面参与、表面参与以及假参与四个层次。科恩(1988)从参与广度和参与深度两个维度评估参与度,其中参与广度指公民参与政治活动的普及性,参与深度指公民参与政治活动的作用效果。关玲永(2009)提出社会参与度包括广度、深度、效度三个方面,其中参与广度指公民参与政治活动的渠道数量,参与深度指公众政治参与时所表现的权力和范围,参与效度指公众参与政治活动的个人效应和组织效应。蔡定剑(2009)将参与划分为低层次参与(主要包括操纵和培训)、表层参与(主要包括通报和咨询)、高层次表层参与(主要包括展示)以及合作层面参与(主要包括合作、授权和公共控制)四个层级。

国内学者在进行农民合作社相关研究时,从会员型组织中的"参与"衍生出合作社的社员参与概念。邵科(2012)认为,合作社社员参与是指按照法律的规定进入农民合作社,并利用多元化参与方式加入生产经营活动的个体成员;这里"社员"是指加入合作社的非社会团体自然人,也就是农民个体;社员参与是合作社各项组织活动得以有效运行的基础,是合作社区别于企业的本质规定,是保障合作社实现民主控制的根本。一个规范的合作社组织,应具有惠顾者(使用者)、所有者(投资者)和管理者(控制者)的同一性。社员在参与合作社运行期间,既作为惠顾者使用合作社所提供的市场信息、技术培训、生产指导、统购统销等服务;也作为控制者在成员大会发表意见或投票表决,影响合作社的章程制定、选举任免、分配规则等重大制度安排;同时,还为获取会员资格交纳股金,成为合作社所有者。因此,邵科(2012)根据社员参与合作社的三种不同身份(使用者、投资者、管理者),将合作社的社员参与划分为业务参与、资本参与和管理参与三个不同的维度。其中,业务参与是指合作社社员基于产品与服务加入合作社运营;资本参与是指合作社社员通过投入资金的方式加入合作社运营;管理参与是指合作社社员以正式或非正式形式参与合作社的管理与决策。后续的一些相关研究也延续了邵科的这一观点,如梁巧等(2014)、韦惠兰等(2018)以及许驰等(2018)的研究。

本书研究所讨论的合作社新农人参与,是新农人作为合作社社员的参与。新农人作为新兴农民,符合邵科对于社员参与的参与主体是农民个体的概念界定范畴。因此,本书沿用邵科(2012)社员参与的概念和维度界定方法,将"合作社新农人参与"定义为依法进入合作社的新农人以社员的身份参与合作社运行。同时,依据社员参与合作社的角色(管理者、投资者或惠顾者),本书研究将新农人参与划分为新农人管理参与、新农人资本参与和新农人交易参与三个维度。其中,新农人管理参与是指新农人通过合作社日常管理行为或影响合作社决策的行为参与合作社运行;新农人资本参与是指新农人通过投资入股或缴纳身份股等资本投入方式参与合作社运行;新农人交易参与是指新农人通过从合作社购买农业投入品或销售农产品,使用合作社提供的服务、培训、信息或平台等交易行为参与合作社运行。

三、农民专业合作社

合作社是一种合作经济制度,国际上对其的称谓有"Farmer Cooperatives""Rural Cooperatives""Farmer Cooperative Organizations"等,不同国家在不同时期的表达方式也有所差异。国际合作社联盟(International Co-operative Alliance,ICA)在1985年正式提出合作社概念,认为合作社是由一群有意向联合并希望以民主管理模式共同拥有企业控制权的人基于文化、社会、理想、经济等维度所组建的自治联合体(邵科,2012)。早期学术界对于农业合作社并未形成统一的称谓,比较常见的有农民合作经济组织、农村合作经济组织、农民专业技术协会等。2007年7月《中华人民共和国农民专业合作社法》(以下简称《合作社法》)正式生效,农民专业合作社随即成为我国社会各界对农业领域合作经济组织的统一称谓(李敏,2015)。

根据《合作社法》第一章第二条:本法所称农民专业合作社,是指在农村家庭承包经营的基础上,农产品的生产经营者、相同类型农业配套服务的提供者与利用者,以自愿结合、民主管理方式所建立的互助经济组织。同时,《合作社法》对合作社原则进行了规定:农民应作为合作社成员的主体,合作社盈余需结合社员与合作社的成交额比例进行分配,并且盈余返还规模必须占可分配盈余的60%以上;合作社成员构成中,至少应有80%的成员是农民。可见,合作社必须以经营为主要目标,并以独立农户为主体,以互助为目的,以社员所有、社员使用、社员受益为宗旨。马彦丽(2013)结合合作社演进历史以及各国、各地区的合作社发展实践,提出判定一个组织是合作社应满足如下条件:

① 社员保持独立;
② 组织属于经济实体;
③ 惠顾者、生产者和所有者三者同一;
④ 组织为全体社员谋取更高的经济效益。

基于此,本书所研究的对象是符合《合作社法》规定的农民专业合作社,供销合作社、信用合作社、人民公社、土地股份合作社、农产品行业协会、资金互助合作社等不在本书研究讨论范围之内。

四、合作社绩效

绩效是组织经济学最基本的概念之一,从字面理解,绩效包括"绩"与"效"两个方面,其中"绩"是指组织的利润目标,"效"是指组织进行经济活动所得到的效果(邵慧敏,2017)。随着组织管理实践的深化,学界对绩效的内涵界定逐渐从单一可计算的利润,拓展到组织对资源高效、安全的运用,以反映组织功能的有效性。绩效是一个复杂的系统,从不同的角度加以观察或测量,会得到不同的结果。例如,从管理学视角,绩效是为了实现组织目标而表现出的有效性输出;从经济学视角,绩效是保持成员与组织间良好契约关系的结果;从社会学视角,绩效是不同社会分工所对应的职责(李敏,2015)。对于合作社绩效,浙江省农业厅课题组(2008)将其定义为:立足于个人和组织,通过衡量组织运营的有效性、组织功能的实现度,以及组织服务对象的满意度,对合作社运行进行的一种综合性衡量;李敏(2015)将其定义为:立足合作社组织目标和成员目标,从合作社经营的有效度、合作社功能实现程度、社员和非社员农户对合作社的满意度等方面对合作社功能和运营效果进行的综合衡量。

财务数据的评估和分析方法经常被用于国外合作社绩效的研究,以比较合作社和投资者所有企业的组织效率,强调合作社的市场导向功能(Pencavel et al.,1994)。但是,这种基于财务数据的研究忽视了合作社作为成员自愿联合的经济组织所具备的非经济属性。因此,只评估合作社的经济绩效是片面的,会低估合作社作为一体化联盟的组织功能、成员满意度以及社会价值等(邵科 等,2014)。我国学者对合作社绩效进行了较为全面的研究,并形成了基于我国国情和合作社发展特点的绩效评价体系。徐旭初(2009)认为,由于合作社兼具企业与共同体属性,应从行为性绩效和产出性绩效两个维度加以考察,行为性绩效反映合作社组织建设和生产运营水平,产出性绩效则体现成员收入、组织发展和社会影响等。董晓波(2010)以经济绩效和社会绩效衡量合作社经营效果。赵佳荣和蒋太红(2009)认为合作社是为其成员提供技术服务和市场信息等的特殊企业,因此综合企业社会责任理论、利害相关者理论及环保理论,提出合作社三重绩效:生态绩效、社会绩效和经济绩效。崔宝玉等(2017)认为合作社既是追求利润最大化的合作组织,也是惠顾者所有并控制的经济组织,因此合作社既有实现利润和社员收入增加的经济性目标,也有提供服务的交易性目标,还有带动农户的社会性目标。这种目标的多维性决定了合作社绩效内涵的丰富性及其评价的多重性,基于此,提出合作社绩效的四个维度,即经济绩效、社员收入绩效、交易绩效和社会绩效。

可见,学者们对合作社绩效维度的划分虽然见解不一,但都遵循一致的原则,即合作社绩效评价须围绕合作社的双重属性,反映合作社目标的多维性。笔者认为,我国合作社具有四大核心目标:民主治理、公平分配、组织农户和经济效益。民主治理和公平分配是我国合作社区别于企业的质性规定;组织农户是我国国情赋予合作社的社会责任;经济效益是合作社作为经济组织的运行目标。但由于合作社的"俱乐部"属性,其经济效益既包括合作社层面的创造利润,也包括社员层面的实现增收。因此,本书研究拟从治理绩效、社会绩效、经营绩效和收入绩效四个维度考察我国合作社绩效。其中治理绩效反映合作社所有者、生产者和惠顾者统一,由惠顾者(社员)民主控制并在惠顾者(社员)间公平分配的质性规定;社会绩效反映合作社组织带动当地农户,促进当地农业经济发展,提高当地资源集约化利用,保护当地生态环境等的社会功能;经营绩效反映合作社作为具有企业属性的经济组织参与市场竞争,组织生产经营并创造利润的整体经济效益;收入绩效反映合作社作为俱乐部属性的经济共同体,组织社员生产并实现社员增收的个体经济效益。同时,本书将合作社绩效定义为:立足合作社民主治理、公平分配、组织农户和经济效益的多维目标,从合作社治理规范程度、社会功能实现效果、生产经营效益以及社员增收效果等方面对合作社运行进行的综合性衡量。

第三节 主要内容与研究框架

一、主要内容

本书研究紧扣新时代农业转型背景,通过系统梳理国内外相关研究成果,基于安徽省5市6县区337家合作社的实地调查数据和案例资料,在框定新农人参与内涵和外延的基础之上,考察新农人参与合作社的现状与特征,分析合作社的新农人参与形式和参与状态,并基于合作社的双重属性和多维目标构建合作社绩效评价体系,选取层次分析法(Analytic Hierarchy Process,AHP)测度合作社绩效。此外,本书研究构建"驱动力—参与状态—结构响应—合作社绩效"的DSSP理论分析框架,分析新农人参与对合作社绩效的影响机制,探析新农人参与对合作社绩效的影响效应,讨论新农人理事长与新农人理事之间可能存在的交互作用,以及新农人参与和合作社绩效之间可能存在的内生性问题。最后,通过案例研究对新农人有效参与合作社进行经验验证和理论拓展。具体结构安排如下:

第一章为"绪论"。重点介绍本书研究的背景和选题依据,界定合作社、合作社绩效、新农人及其参与等相关概念的内涵,说明本书研究的目的、意义、方法、技术路线及数据情况等,并总结本书研究的创新点与不足。

第二章为"相关研究回顾"。主要介绍本书研究相关的基础理论,例如,产业组织理论、集体选择理论、合作社理论和参与理论等。同时,围绕合作社绩效、合作社治理、新农人及其参与等方面,对既有相关文献进行述评。

第三章为"新农人参与合作社的现实考察"。通过研究整理新农人和合作社的发展起源、发展历程、发展现状等,讨论新农人参与合作社的现实基础,为进一步探讨新农人参与如何影响合作社绩效提供切入点。

第四章为"新农人参与影响合作社绩效:理论分析"。首先,对合作社中的新农人参与进行结构性刻画。然后,围绕合作社的多维目标界定本书研究所讨论的合作社绩效内涵,构建合作社绩效评价体系。在此基础上,借鉴产业组织理论SSP(Situation-Structure-Performance)范式和生态经济理论DSR模型,构建"驱动力—参与状态—结构响应—合作社绩效"的DSSP理论分析框架,对新农人参与影响合作社绩效的内在机理进行理论阐释,并提出理论假说。

第五章为"新农人参与的选择与合作社绩效问题"。基于安徽省337家合作社的微观调查数据,利用AHP法科学测度合作社绩效,并选取倾向得分匹配(Propensity Score Matching,PSM)方法对合作社有无新农人参与以及新农人参与的方式对合作社多维绩效的影响进行实证研究和综合评价。

第六章为"新农人参与的状态与合作社绩效问题"。以实地调查获取的337家合作社数据为基础,首先运用多元线性回归模型测算新农人管理参与、资本参与以及交易参与的状态对合作社多维绩效的影响,并进行模型的稳健性检验;然后添加交互项改进原模型,进一步讨论新农人理事长和新农人理事之间在进行管理参与和资本参与时可能存在的交互作用;最后构建联立方程模型,探讨新农人参与和合作社绩效之间可能存在的内生性问题。

第七章为"新农人有效参与合作社的案例分析"。基于课题组实地调研获取的Y合作社和S合作社案例资料,深入分析新农人参与与否、如何参与、参与多少对合作社多维绩效的影响效应和作用机制,对新农人有效参与合作社进行经验验证和理论拓展。

第八章为"研究结论与政策含义"。在以上各章研究的基础上,该章给出研究结论及其政策含义。

二、研究框架

我国农业生产正面临着供需结构、城乡均衡和大国小农等多重矛盾,在这一背景下涌现的新农人是我国发展现代化绿色农业的新兴力量,合作社是我国组织小农户与现代农业衔接的重要制度安排,却面临着失范危机,出现绩效实现梗阻和功能发挥困境。而越来越多有新农人参与的合作社表现出了比较优势,新农人参与合作社可能成为提升合作社绩效和推进合作社规范发展的有效路径。

基于这一背景,本书研究以系统研究新农人参与对合作社绩效的影响为主要目标。为完成这一研究目标,笔者首先通过文献研究和实地调研分析新农人参与合作社的现实基础,并从理论上刻画合作社的新农人参与。其次,通过构建合作社绩效评价体系和DSSP理论分析框架,剖析新农人参与对合作社绩效的影响机制。再以此为理论基点,对新农人不同参与方式和参与状态对合作社治理绩效、社会绩效、经营绩效、收入绩效的影响展开实证研究和案例研究。最后,得出相关研究结论,并给出政策建议。本书研究思路框架如图1.1所示。

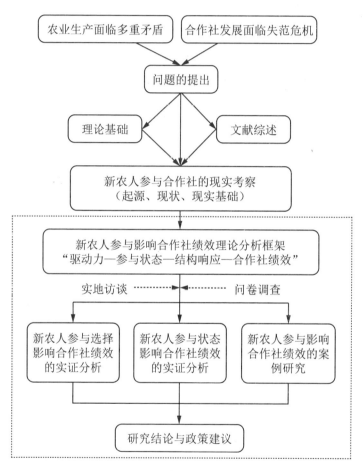

图1.1 本书研究思路框架

第四节 研究方法

为确保研究目标的实现,笔者采用了文献分析、问卷调查、结构化访谈、案例研究、模型建构等方法开展研究。在此基础上给出研究结论,并提出兼具理论创新性和实践操作性的政策建议。

一、文献分析法

文献分析法是基于现有理论、事实和研究基础,以研究内容为中心设计具体的、可操作的且可重复的文献分析、整理或重新归类的研究活动。文献分析法的优点体现在:其一,可以突破时间、空间的限制,最大限度地了解课题相关的背景和研究现状,这是其他研究方法无法比拟的;其二,基于书面文献的调查往往具有较高的准确性和可靠性,可以避免口头调查可能出现的各种信息误差;其三,只对文献本身进行调查和研究,而不与被调查者直接接触,这种间接且非介入性的调查可以避免直接调查中可能发生的调查者和被调查者之间因互动产生的主观误差和伦理问题;其四,基于前人工作成果展开调查,获取信息的路径简单、便捷、安全,因此受外界制约较少,即使出现差错也可以通过再次研究加以弥补,能够以较少的人力、经费和时间获得比其他调查方法更广泛的信息。

本书研究拟运用文献分析法达到如下研究目的:其一,充分利用学校图书馆、资料室、数据库和互联网等资源检索大量背景性资料,深入了解中国合作社发展和新农人参与合作社现状,为课题研究提供坚实的理论基础;其二,基于对大量既有文献的分类阅读、归纳整理和分析总结之上,学习和借鉴前人方法的同时,结合课题实际问题,提出新观点和新见解。

二、问卷调查法

问卷调查法也称为"书面调查法"或"填表法",是通过向调查者发出书面征询表,请其就有关问题填写意见或建议以间接获取信息的调查方法。按照问卷填答方式的不同,可分为自填式问卷调查和代填式问卷调查,前者由被调查者自行填写问卷,问卷可通过报刊、邮政、电子邮箱等方式发送,因此优势是调查过程便捷、高效;后者由调查者通过面对面访问或电话问询等交谈方式向被调查者征询并代其填写问卷,优势是更有可能避免主观理解差异造成的信息误差,因此获取的信息较为准确。

问卷调查法一般需要包括两个阶段,即预调查阶段和正式调查阶段。预调查之前,研究者须提前完成问卷设计,再选取样本地展开预调查工作,目的是检验问卷的有效性和可行性,然后根据反馈调整并完善问卷内容,以开展正式调查工作。笔者于2019年3月在安徽省砀山县进行预调查,于2019年7月至9月前往安徽省灵璧、界首、颖上、霍邱、固镇、谢家集等县(区)进行正式调查。在调查过程中,通过运用李克特(Likert)方法编制格式化问卷,并由调研人员一对一面对面访谈被访对象并代填问卷,从而保证了调查质量。在此基础上,对问卷进行汇总整理,并对相关信息进行编码处理,以展开统计分析和计量分析。

三、结构化访谈法

结构化访谈又称标准化访谈,是一种质性研究方法。所谓标准化,包括选取访谈对象的标准和方法统一,对所有访谈对象提出的问题、提问的方式及对回答的记录方式统一。为确保这种统一性,通常访谈过程需参考事先设计、有一定结构的访谈提纲进行,同时还应备有一份访谈指南,对问卷中有可能产生误解的地方加以说明。

结构化访谈的优点体现在:其一,由于访谈过程的标准化,访谈结果方便量化,较容易用于统计分析;其二,有调查人员在场对理解上的疑问加以及时解答,因此问卷应答率、回收率和有效率较高,调查过程较为高效、客观;其三,调查人员可以有选择性地对某些特定问题作深入调查或对一些较为复杂的问题作细化询问,也可以在问答之外对被访对象的态度和行为进行观察,因此可以大大扩展问卷可获取的信息范围。同时,结构化访谈也存在一些不容回避的缺点:其一,由于访谈费用高、耗时长,因而调查规模往往会受到限制;其二,对于一些敏感性、尖锐性或涉及隐私的问题,其效度可能不如自填式问卷;其三,可能存在团体压力的干扰,如被访对象担心其回答与团体内其他人不一致而带来负面影响,从而给出不实信息,或者众多人一起被访时可能会有商量或发生争论,从而影响调查质量。

为最大限度地保证访谈质量,笔者设计了统一的结构化访谈提纲和访谈指南,内容涉及被访者的年龄、性别、学习经历、工作经历等基本信息,生态自觉、互联网技能、创新意识等新农人识别信息,合作社投入产出、治理结构、外部扶持等生产经营信息,以及合作社的新农人参与、社员满意度、所在区域经济发展等其他信息。在正式调查之前,笔者对参与调研的11位博士生和硕士生进行了为期一天的培训,就访谈目的、访谈对象、询问技巧、记录要求及注意事项等作了详细说明,对访谈提纲的内容进行了详细解释,以确保每位调研人员都能够深刻理解并执行此次访谈。在开展正式调查工作时,调研人员根据访谈提纲对被访对象进行了一对一的面对面问询,并就关键问题进行了多角度的征询以验证其回答的信度和效度,从而尽可能避免团体压力和主观误解等干扰因素。

四、案例研究法

案例研究法是利用经验证据发展新的理论假说并对其进行验证的实证研究方法之一,与计量实证法利用大样本数据从个体推导总体不同,案例研究法是对某一个体、群体或组织在较长时间内连续进行调查,通过研究其发展变化的全过程来对原有理论认识提出挑战或进行验证,包括单案例研究和多案例研究。

案例研究法适合于现象与实际环境的边界不清且不易区分,或者研究者无法设计准确、直接又具系统性控制的变量的情况,它具有特定的设计逻辑、资料搜集和信息分析方法,通常要有事先提出的理论命题或问题界定,以指引资料搜集的方向与资料分析的焦点,并要求多重资料证据必须能在三角检验的方式下收敛并得到相同的结论。相对于其他研究方法,案例研究法能够对案例进行详细的描述和系统的理解,对动态的相互作用过程与所处的情境脉络加以掌握,从而获得一个较全面与整体的观点。具体案例的来源可以是实地调查所得,也可以是通过研究文件所获取。

为验证新农人参与对合作社绩效的影响,本书研究采用单案例研究方法考察新农人参与引发的合作社组织响应过程,揭示合作社组织响应机制;采用跨案例研究方法揭示新农人参与对合作社多维绩效影响机制的一致性与差异性,以及具有不同个体特征的合作社成员决策行为的同群效应形成机制的异质性,进而对新农人如何有效参与合作社进行经验验证和理论拓展。在具体案例的选取上,本书研究采取理论抽样法选取范式案例作为研究对象,即在案例研究过程中,根据理论需要抽样选择不代表大部分组织,却能够引领整个产业发生重大变化的案例对象。

五、模型建构法

模型是为了达到某种特定目的而对认识对象进行的一种简化的概括性描述,这种描述既可以是定量的,也可以是定性的,能够反映出原型的本质特征而不需包括其所有特征,是科学研究中重要的工具。模型建构则是运用逻辑和证据来构造或修改科学解释,力图抓住事实的最主要特征和功能,以简化形式再现原型的各种复杂结构和功能。

本书研究所采用的主要是科学研究中的数学模型,数学模型建构的步骤一般由五个部分组成:

① 了解问题的实际背景以明确建模目的,搜集各种必要信息以厘清研究对象的特征,进而提出问题;

② 根据研究对象的特征和建模目的,对问题进行必要的、合理的简化,用精炼准确的语言提出合理假设;

③ 基于假说所蕴含的相关因果关系,运用适当的数学工具,构建各变量之间的方程关系等数学结构,以描述研究对象的关键性质,并形成数学模型;

④ 根据调查或者实验所获取的相关数据,运用解方程、画图形、证明定理、逻辑运算、数值运算等各种数学方法以及计算机技术,对数学模型进行求解,探索相关因果关系是否存在,并结合误差分析和数据稳定性分析等,对模型进行检验或修正;

⑤ 对于模型求解给出的数学结果进行数理意义和现实意义方面的分析和解释。

本书研究基于实地调查所得的大量数据资料,采用AHP法测度合作社绩效;选取PSM方法对有新农人参与下的合作社绩效以及新农人不同参与方式下的合作社绩效进行实证分析和综合评价;运用多元线性回归模型、交互效应模型和联立方程模型对新农人不同参与状态下的合作社绩效进行实证研究,以探讨新农人理事长和新农人理事之间可能存在的交互作用,以及新农人参与和合作社绩效之间可能存在的内生性问题。

第五节 研究价值与创新

本书研究紧扣新时代农业转型背景,以安徽实地调研数据为主要样本,并且参考其他地区的情况,从新农人及其参与的问题切入,对合作社多维绩效问题展开深入研究。探究新农人参与引发的合作社组织响应过程,探讨新农人不同参与方式和参与状态对合作社多维绩效影响机制的一致性与差异性,揭示新农人参与的组织化功能,进而提出新农人有效参与合作社的路径,以期为新时代中国合作社发展提示方向,并指导农业与农村发展实践。

一、研究价值

新农人作为新生群体,目前学术界相关研究大多局限于对其进行实用性的群体特征描述,缺乏反映其本质的一般性研究。根据既有文献描述的诸如年轻化、文化素质高、异地创业等新农人群体特征并不适用于反向识别,即具有这些特征的人并不一定是新农人,这无疑会影响新农人的统计和研究工作。此外,既有研究大多将新农人作为研究对象(如电子商务和新媒体)的利用者纳入研究,鲜有将其作为独立变量进行探讨。同时,关于合作社绩效的既有研究也很少关注社员高度分化的现实,因此无法有效引导普通成员和管理人员的行为,难以形成长远的发展激励,而新农人作为人力资本禀赋显著高于普通农户的社员,其参与是否会对合作社各个维度的绩效产生影响、如何产生影响以及是否存在绩效改进悖论等问题都值得深入探索。

本书研究基于国家和社会的宏观视角厘清新农人区别于传统农民的本质,并据此框定新农人的内涵与外延,以参与合作社的新农人社员为研究对象,深入探讨其对合作社多维绩效的影响效应和作用机制,有望填补上述研究空白,拓展合作社绩效影响因素的范畴。研究结论有望为政府制定政策以引导新农人有效参与合作社及规范合作社发展路径提供理论依据,进而指导乡镇政府"引人、育人、留人"工作,促进乡村人才振兴。

二、创新之处

其一,研究对象新颖。本书研究以参与合作社的新农人社员为研究对象,一方面基于国家和社会的宏观视角,厘清新农人与传统农民在本质上的区别,提出识别新农人的四项核心特征,即具备生态自觉、社群思维、互联网技能及创新能力,并据此框定了新农人的内涵和外延,有望推动理论界对新农人的认知和定义趋向一致,进而促进相关研究的发展;另一方面将新农人作为独立变量纳入模型,突破了既有研究仅将新农人作为研究对象(如电子商务和新媒体)的利用者的局限,同时,从理论上刻画了新农人参与并选取指标加以描述,并据此研究新农人参与对合作社绩效的影响,从而填补了新农人及其参与的相关研究空白。

其二,研究视角新颖。本书研究从具有特殊人力资本禀赋的合作社参与者视角研究合作社绩效问题,为有关合作社绩效影响因素的研究引入新的变量。新农人参与合作社将带来社员基础的重构和合作社治理机制的重塑,进而对合作社的绩效改进和规范发展产生影响。既有研究忽略了这一关联性,难以深刻认识新时代合作社转型与治理的逻辑。本书研究通过刻画合作社中新农人的参与决策、参与身份和参与程度,构建新农人参与的指标体系,实证分析新农人不同的参与方式和参与状态对合作社多维绩效的影响,为解答新农人参与到底能否改进合作社各个维度的绩效并推动合作社规范发展的疑问提供检验,有望补白和拓展相关研究。

其三,研究方法新颖。合作社绩效的测度一直是学界难题,本书研究从民主治理、公平分配、组织农户和经济效益四个维度厘清我国合作社的根本目标,将合作社绩效细分为治理绩效、社会绩效、经营绩效及收入绩效,并据此选取指标构建合作社绩效评价体系,能够较为全面地反映我国合作社的质性规定、经营效益与社会责任,进而在一定程度上推动合作社绩效理论研究的深化与完善。此外,本书研究基于产业组织理论和生态经济理论构建"驱动力—参与状态—结构响应—合作绩效"的DSSP理论分析框架,以揭示新农人参与对合作社绩效的影响机制,从而打开新农人参与得以促进合作社绩效的"黑箱"。

其四,研究观点新颖。本书研究论证了新农人不同参与方式和参与状态对合作社多维绩效的影响效应,并进一步讨论了新农人理事长和新农人理事之间可能存在的交互作用,发现新农人参与并非对合作社各个维度的绩效均具有显著的促进作用,新农人理事长和新农人理事在进行管理参与和资本参与时可能存在互相促进或彼此抑制的交互作用。同时,随着数字经济的发展,合作社与社员关系的非对称性以及社员之间的异质性被放大,新农人参与和普通社员参与在促发机制、响应形式等方面存有差异。而合作社社员的行为不仅受合作社制度安排和治理机制的影响,还会受到合作社内部"同群人"的影响。这些观点是本书研究的立论基础,也是区别于既有研究的主要思想,本书研究结论有望在补白相关理论研究的同时,为政府制定政策以引导新农人有效参与合作社、规范合作社发展路径等方面提供理论依据。

第二章 相关研究回顾

本章将对产业组织理论、集体选择理论、合作社理论、参与理论等相关理论进行系统梳理和阐释,对新农人及其参与、合作社治理及其绩效等国内外相关研究成果进行回顾和述评,从而为后文研究新农人参与合作社的问题夯实理论基础。

第一节 理论基础

一、产业组织理论

产业组织理论的思想渊源久远。早在公元前427年至公元前347年,柏拉图就发表了关于劳动分工的思想,其研究成果为产业组织理论的形成奠定了基础。亚当·斯密是世界历史上第一个开展组织核心领域研究的经济学者,他在《国富论》中明确了竞争机制、价格体系的相互影响,并深入研究了如何通过创建市场经济秩序来保持经济社会的最合理状态,但是亚当·斯密在评估竞争机制的作用及工作协助的经济效益时,并未综合考虑经济规模和竞争间的相互联系。之后,马歇尔发现了亚当·斯密研究成果的漏洞,并揭发规模经济和垄断弊病等客观问题,"马歇尔冲突"相关理论就是在这样的背景下诞生的。马歇尔是历史上第一个利用产业组织概念研究经济学体系的学者,他认为产业内部的结构就是产业组织(阿尔弗雷德·马歇尔 等,2015;冯素玲 等,2017)。此后,越来越多的学者开始研究产业组织理论,他们从不同的角度展开分析并形成了不同的流派,下面对其中最重要的三个理论流派进行梳理和阐释。

1. 哈佛学派

哈佛学派的代表人物有Mason、Bain等,核心观点是提出"结构—行为—绩效"分析(Structure-Conduct-Performance,SCP)范式,并发现市场结构作用于组织行为,而组织行为是决定市场绩效的关键因素,结构、行为、绩效三个要素之间表现出显著的单向因果关系(牛晓帆,2004;Bain,1959)。根据该学派的理论思想,行业集中度较高的组织一般会通过控制技术进步、提升产品价格、破坏资源配置等手段来形成市场垄断,以赚取超额利润,因此,为了促进市场绩效,政府应采取措施优化市场结构,约束垄断力量的形成和增长,从而使市场保持合适的竞争水平。SCP范式的提出,意味着产业组织理论体系趋于成熟,但是伴随着产业组织实践的深化,SCP范式的弊端逐渐显现,主要包括:其一,哈佛学派认为结构、行为与绩效间是一种单向的线性因果关系,而实践所反映的是三者之间呈现相互制约、相互影响的关系;其二,哈佛学派的研究模型多是短期的静态分析,往往带有经验主义的性质,忽视了对产业绩效进行长期、动态的研究,并且缺少稳定的理论体系和理论模式支持;其三,哈佛学派的理论有一个前提假设,即企业的目标是实现利润增长,且政府是被允许干预产业组织的行为的(葛红玲 等,2012)。

2. 芝加哥学派

20世纪60年代以后,美国经济出现滞胀,政府通过宏观调控政策降低了经济危机产生的消极影响,这些是哈佛学派的理论无法解释的内容。在这样的背景下,以 Stigler、Demsetz、Brozen 和 Posner 等为代表的芝加哥大学研究人员,对哈佛学派的观点进行了激烈反驳,并提出公共政策主张、独立竞争理论等重要理论,"芝加哥学派"的产业组织理论就此诞生(朱政 等,2018)。

芝加哥学派所提出的观点可以分成绩效主义理论、经济自由主义理论以及政府管制俘虏理论等内容。Stigler(1968)所著《产业组织》标志着芝加哥学派的理论开始走向学界的历史舞台。不同于哈佛学派的是,芝加哥学派不认可"结构—行为—绩效"的单向因果关系,而更加重视理论分析和均衡分析,认为市场绩效与市场结构之间是相互作用的关系。此外,芝加哥学派认为施加人为因素和政策干预对于实现市场均衡是无效的,而保持市场的自由竞争则更加有效。尽管芝加哥学派能够较为全面地解读结构、行为和绩效之间的关系,但其理论也存在一定的局限性,主要包括:其一,与哈佛学派类似,芝加哥学派的理论也包含一个前提假设,即企业是一组投入生产函数,其目标是理性地追求利润最大化;其二,在强调市场竞争促进市场效率的同时并未考虑过度竞争的弊端;其三,过度关注垄断竞争、完全竞争等极端市场条件,而对现实场景中的市场结构缺乏有力的解释;其四,过于重视理论分析和逻辑推理,缺乏实证性研究成果;其五,强调市场自由竞争的益处,却未能观瞻市场失灵可能引发的危害(魏娟 等,2009)。

3. 新产业组织理论学派

20世纪70年代以后,学术界开始更多地使用交易成本理论、可竞争理论等思想来分析产业组织问题,并统称为新产业组织理论(肖建忠 等,2001)。新产业组织理论把市场初始化条件、企业行为等作为外生变量,把市场结构作为内生变量,不断优化SCP范式的相关内容。在研究方法方面,新产业组织理论通过数学模型、博弈模型等手段研究企业行为的合理性和经济福利等问题。根据新产业组织理论的思想,企业的适度边界不仅仅取决于技术性因素,更是由组织费用、交易费用等因素所共同决定的(牛晓帆,2004)。之后,新制度经济学理论又从组织内部的视角研究产权结构、组织结构等制度因素对市场绩效和组织行为的影响,大大推动了新产业组织理论的发展。

传统产业组织理论和新产业组织理论之间具有明显差异,主要表现在:其一,传统产业理论关注市场结构,而新产业组织理论更关注市场行为;其二,传统产业理论基于单向静态理论模型展开研究,而新产业组织理论基于双向动态理论框架展开研究;其三,新产业组织理论的重要突破在于引入了不完全信息这一假设条件。新产业组织理论的贡献主要表现在:一方面,基于交易成本的概念分析市场和企业的边界,拓展了产业组织理论的范畴和解释力;另一方面,新产业组织理论的研究成果既有通过动态双向的分析框架进行的理论推导,也有通过博弈论模型和计量模型等方法进行的定量研究(朱政 等,2018)。

二、集体选择理论

所谓集体选择,就是所有的参与者依据一定的规则通过相互协商来确定集体行动方案的过程,往往涉及对公共物品(以及公共资源)的处理,或与政府行为有关的集体决策。集体选择理论是一个独立的学科分支,现已广泛应用于对经济问题、政治问题、管理问题等的分析,其重要意义在于分析问题的视角与方法,主要包括以下三个方面的理论。

1. 集体行动理论

基于早期群体理论,集团内部具有共同利益的个体,会为促进整个群体的共同利益而自发地行动,即"只要存在共同利益,就能激发集体行动去获取利益"。但Olsen并不同意此观点,他认为集体利益明显存在长期性和公共性,这就造成群体利益会交由组织成员共同分享,但是集体与个人的理性并不总是一致的,个体通常注重自身和眼前利益,集体则更注重群体利益和长期利益,因此,"集体行动困境"通常会在个体理性和集体理性出现偏差时发生(Olson,1965;贾蕊,2018)。集体行动理论与市场失灵有关,市场失灵又反过来催生公共物品相关理论的产生(付刚,2011)。Olsen(1965)从公共物品理论和"理性人"假设出发,认为随着集团规模的扩大,参与利益分享的人也越多,每个组织成员所对应的利益份额也会相应降低,使得促成集体行动的难度提高,只有通过强制手段或者其他特殊手段才能解决这个问题,因此,集体规模是导致集体行动困境的主要原因。除了分析群体规模对集体行动产生的影响,还有部分学者研究了社会资本、家庭财富、收入分配、初始资产等因素对集体行动的影响(Baland et al.,1999;Cardenas et al.,2002)。

2. 选择性激励理论

学术界普遍认同,集体行动的难度与组织规模有关,随着组织规模缩减,组织内部更倾向于发生集体行动;随着组织规模扩张,"集体行动的困境"和理性个体的"搭便车行为"越发容易发生,此时只有依赖强制手段才能促使成员为共同利益而行动。为妥善解决集体行动困境,Olsen(1965)提出了"选择性激励"的观点。选择性激励包括正面激励和负面激励两个方面,即根据成员在集体行动中的表现,给予奖惩:当某个成员的行为增加了组织整体利益时,应确保其获得应得的集体利益,并增加适当的额外奖励;当某成员的行为损害了集体利益时,应对其进行相应的惩罚,如罚款等。值得注意的是,在正面激励中,经济激励并不是唯一有效的激励办法,只要是能够带来特定利益以鼓励成员支持集体物品供给的办法均有效,如道德激励、心理激励等。基于Olsen的研究成果,Oliver提出可以作为选择性激励的物品应具有以下特点:其一,必须是私人物品;其二,必须能够兑现;其三,价值应大于搭便车者的收益;其四,支配权必须归属选择性激励的实施方,且符合实施方的利益需求;其五,实施方应相信,通过选择性激励产生的预期收益必然比放弃选择性激励的预期收益高,否则实施选择性激励就是非理性的(Pamela,1980)。

3. 行动者网络理论

20世纪80年代左右,法国巴黎学派的Bruno Latour、John Law、Michel Callon等提出行动者网络理论,早期多被应用于社会学领域(戴祥玉 等,2017)。行动者网络理论以"广义对称性原则"进行完全对称的处理,消除了传统"主客体二元对立"的绝对界限(谢元,2018)。"行动者""转译"和"网络"是行动者网络理论中的三个关键概念(Latour,2005)。"行动者"是指任何能够通过制造差别和施加影响使事物状态发生改变的人、设备或技术等主体。"转译"是指行动者的角色、行动、功能等方面都需要获得其他行动者的认可或界定,即转译是一个相互的行动过程,行动者在被转译的同时,也在转译其他行动者的行为、作用和意义。通过转译,可以把自然和社会等一切行动中的要素纳入统一的解释框架中,从而使描述或研究得以开展(Latour,1992)。"网络"是指一种描述工作、互动、流动和变化过程等连接的方式,是所有人为因素和非人为因素的总和,也是促进转译与被转译流程完成的框架(吴莹 等,2008)。

三、合作理论

合作理论起源于西方,柏拉图在《理想国》中描述的理想社会的合作思想是其可追溯的最早起源。19世纪初,西方爆发合作思潮。早期学者多运用新古典经济学的方法研究合作社,直到20世纪80年代,新制度经济学的应用推动合作理论逐渐发展为西方经济学不可或缺的内容。合作社的本质一直是学界讨论的重点,争论也从未停止,其中最重要的思想有三个,即把合作社看作企业、契约集还有追求效用最大化的亚群体联盟。

1. 把合作社看作企业

部分学者认为合作社的本质是由管理者进行决策的变相的投资者所有企业。Enke(1945)在分析和评估消费合作社时,将合作社看作独立企业,发现其组织内福利最大化时,也是生产者剩余和消费者剩余达到峰值时,此时模型内的决策者与企业的经理类似。在此基础之上,Helmberger 和 Hoos(1962)运用企业结构理论构建了合作模型,发现在这一模型下,合作社可以根据惠顾量向全体社员分配一定比例的收益,来满足单位产品价值最大化的需求。Sexton(1990)基于新古典理论建立模型分析农业营销的空间竞争问题,在多个市场结构的假设前提下对比研究合作社和公司在组织行为和均衡状态等方面的差异性,发现在相同条件下,相较于依据边际净收益定价的合作社,依据净平均收益定价的合作社更具竞争优势。Feinerman 和 Falkovitz(1991)基于新古典理论分析服务型合作社,发现当成员的消费行为和生产函数固定时,合作社的目标是使成员效用最大化。Royer 和 Bhuyan(1995)则运用新古典理论合理解释了激励营销型合作社纵向一体化发展的市场力量。

2. 把合作社看作契约集

部分学者在新制度主义思想的指导下,将合作社看作一系列契约的集合。Levay(1983)、Staatz(1984)基于交易费用理论分析合作社的组织合理性,认为合作社既不属于市场组织也不属于企业,其之所以存在是因为通过合作能够保持资产的专用性并降低资产的不确定性,从而降低交易成本,因此只有在需要控制交易费用时合作社才会出现。Royer(1995)提出合作社和投资者所有企业的差异在于:合作社是由成员所有,因此能有效控制资产专用性的交易成本。Olsen(1965)指出合作社公共产权相对明显,交由某个成员或者部分成员独享是不合理的,社员应根据自己的出资金额享受相应的赎回权,所有合作社成员均应具备均等的分配权。Eilers 和 Hanf(1999)基于委托代理理论研究合作社的最优契约集问题,发现合作社的委托人和代理人具有两面性,通过委托代理关系可以有效解释合作社的激励问题。Hendrikse 和 Veerman(2001)基于不完全契约理论构建模型研究合作社投资利润最大化的问题。Hendrikse 和 Bijman(2002)基于不完全契约理论和博弈论模型,推导促进投资行为的市场激励条件,分析多元化投资条件下的最优产权结构,即生产者对治理结构的选择问题。

3. 把合作社看作追求效用最大化的亚群体联盟

部分学者运用博弈论研究合作社,认为合作社是利用集体的力量追求群体利益最大化的联盟。Zusman(1992)建立了组织内部集体决策规则模型,分析异质性社员在合作社内部的信息不对称、理性条件限制等问题。Fulton 和 Vercammen(1995)建立了非均衡价格系统模型,以解决合作社平均成本定价机制产生的经济无效率。Fulton 等(1996)通过构建非线性定价模型,推导出社员异质性、信息不对称等对合作社会费定价的影响,并提出社员剩余最大化的实现路径,揭示了非一致性定价对于缓解合作社经济无效的作用。Staatz(1983)认为合作社是包含多个异质性成员的联盟,成员在生产规模与生产收益函数上具有差异性,合作社可以通过制定科学合理的收益分配制度推动合作社的正常运作。Sexton(1986)通过合作博弈模型研究农户选择行为与合作社内集体行动的动机问题,结果表明,合理分配社员及不同主体间的收益和成本,将对合作社的运行产生直接影响。Fulton 和 Giannakas(2000)构建投资者所有企业与消费者合作社之间的价格竞争博弈模型,分析市场份额、消费者福利、价格、数量等因素对社员参与的影响。Alback 和 Schultz(1997)基于新古典理论、投票理论建立形式化投资模型,以判断农业营销合作社投资决策的合理性,结果显示:"一人一票"的方式并不会对合作社效率产生显著影响,也不会造成投资决策的差异。但是,如果将合作社的投资者贡献与生产过程进行区分,合作社投资行为的有效性将直接与投票规则、成本分摊方式等因素密切相关。

四、参与理论

参与理论起源于西方政治学中有关公民民主参与的研究。18世纪以前,民主政体并不受重视,柏拉图甚至认为民主政体是不利的,"无政府主义"和"极端的自由"最终会导致"极端的奴役"(柏拉图,1986)。到了19世纪,人们开始理解民主的重要性,认可民意是政治权力的基础。19世纪末,西方关于民主理论的框架基本完成,学者们认为民主是政府形式的表现,在民主政治背景下,少数人法则开始出现变化(吕钦,2003)。奈特和约翰逊(2004)提出民主包括人民统治下的决策论坛和次级组织环境。赫尔德(2008)认为民主能够推动人民实现统治。

20世纪50年代,自由主义代议制下的民主制度出现了一系列问题,越来越多的学者开始反思这一制度的缺陷,并逐渐发展为参与式民主理论,受到各界关注。参与式民主理论的核心思想是公民参与,这是公民权利的前提。Arnstein(1969)提出公民参与阶梯理论,据此研究公民参与自主性与政治体制演进之间的关系,将公民参与划分为高度、中度、低度三个层级,并细化为政府操纵、政策咨询、宣传教育、合作伙伴关系、给予信息、组织形成、授予权力、公民自主控制等八类不同的参与形式。孙柏瑛(2005)认为公民参与为全体公民提供了展示自我利益的机会,能够在保障公民生活质量的同时保持公民与政府的沟通互动,公民参与包括政策支持型、政府自主决策型、政策信息型以及公民自行组织型四种类型。

20世纪中后期,参与理论逐渐拓展至企业管理领域。随着组织行为学中"社会人"假设和Y理论的出现,人们逐渐认识到员工参与企业管理的重要性(闫敏,2008)。Mitchell(1973)认为员工参与是每位员工通过组织内部的沟通渠道获取有效信息,再根据个人能力和职位对决策作出贡献的过程。Lawler(1992)认为员工参与是一个系统的人力资源管理制度,是基于员工被授予自主决策权、员工和企业保持信息共享以及企业对员工基于绩效考核给予薪酬福利的过程。Cotton(1993)认为员工参与是为激励员工对组织的承诺,并充分发挥员工潜力而设计的一种员工与管理层发生交互作用的参与过程,通过员工介入管理决策项目来影响管理行为。Lawler(1989)指出员工参与是改善组织生产与服务、解决内部决策问题的有效路径,有利于促进组织绩效。Wagner和Gooding(1987)指出员工参与受组织规模、工作特性等因素的调节,进而对组织绩效产生显著影响,但是参与决策本身的影响程度偏低。Cotton(1988)的研究表明:员工的不同参与类型会对企业绩效、员工满意度等产生差异性影响。Pateman(1970)在《参与和民主理论》一书中提到,基于参与程度的差异,可以把员工参与划分为充分参与和部分参与两种类型。Lawler(1989)则把员工参与划分为三个参与层次,即建议参与、工作参与和深层参与。

第二节　国内外合作社绩效相关研究

对合作社绩效的相关讨论已成为合作社研究领域的核心议题。通过梳理文献发现,相关研究主要聚焦于合作社绩效评价和绩效的影响因素两个方面。

一、合作社绩效评价研究

对于合作社绩效的研究,国外学者更关注合作社的内部资源分配和外部市场优化等问题,且大多是通过财务分析方法研究合作社作为投资者所有企业属性的价值实现与功能改善的(Phillips,1953;Sexton,1986)。这种基于财务数据的研究很容易忽视合作社作为社员自愿联合的经济共同体属性的非经济功能和社会价值的实现。

中国合作社发展正处于从爆发式增长向规范发展转折的时期,合作社绩效的实现是一个突出问题。如若合作社绩效背离了合作社的益贫性目标,那么合作社的存续价值和合法性就会受到挑战,绩效既是合作社运营的结果,也是其发展的前提。国内学者结合中国合作社的发展实践,对合作社绩效进行了多维视角的划分,构建了符合我国农情的合作社绩效评价体系。例如,徐旭初和吴彬(2010)认为合作社绩效考核主要包括五个方面,即组织运行、组织发展、运营活动、社员收益和社会影响。张俊和章胜勇(2015)提出经济效益、社会影响和服务农民是合作社绩效的主要体现。蔡荣等(2015)认为,合作社绩效的高低往往同社员承诺联系在一起,社员承诺是刻画合作社绩效的一个重要方面。崔宝玉(2017)基于交易绩效、社会绩效、收入绩效和经济绩效四个维度的合作社绩效展开研究,结果表明收入绩效和经济绩效对于合作社最为关键。杨丹和唐羽(2019)则主要分析了合作社的经济绩效和社会绩效两者之间的内在关联。另外,合作社绩效的多维性也造成合作社难以兼顾其合意性与合宜性,合作社绩效各个维度的改进可能会存在"悖论",具体来说:其一,通过强化资本控制,能够有效提升合作社的经济绩效、社会绩效和交易绩效,但是对于社员收入绩效的影响却会发生"股权制衡悖论";其二,扩大理事会规模能够显著提升合作社的交易绩效和社员收入绩效,但是并不能对合作社的社会绩效产生显著影响;其三,强化政府制度能够有效提升合作社的经济绩效和交易绩效,却会降低社员收入绩效而产生"政府规制悖论"(崔宝玉 等,2017)。

大部分关于合作社绩效的实证研究就是建立在这样多指标绩效评价体系的基础之上,并选取某种模型对指标进行量化分析来进行的。比如,朱雯(2009)基于湖南株洲实地调研数据,采用数据包络分析(Data envelopment analysis, DEA)方法实证分析了该地区合作社的综合绩效,结果表明合作社内部管理不规范或者没有实现组织内部民主自治是当前合作社发展动力不足、发展速度缓慢的重要原因。吴晨(2013)基于2012年粤皖两省440个样本农户的调查数据,对比研究了不同模式合作社的效率。周敏(2013)和刘洁(2011)运用层次分析法建立绩效评价体系并设置差异化权重,综合评价了合作社绩效水平。侍进敏(2010)和刘淑枝(2012)运用因子分析法,通过提取反映绩效的公因子再计算得分并排序,对合作社绩效进行了综合评价。

二、绩效的影响因素研究

通过梳理国内外既有文献,发现学者们认为合作社绩效的影响因素主要包括外部环境、内部治理结构和社会资本三个方面。

首先,合作社作为环境适用性组织,其外部环境包括市场、技术以及政府等。Tirole(2001)指出,合作社实现绩效必须解决与市场的适用与协调问题。Goel(2013)发现,绿色技术的采纳和扩散会促使合作社生产制度、管理制度以及盈余分配制度发生变革,继而影响合作社绩效。Boussemart 等(2010)发现,合作社深刻嵌入农产品供应链,能够驱动效率决策和管理专业化,与此同时,供应链风险会影响合作社绩效。国内研究则更加关注合作社发展与政府的关系。合作社依赖公共部门提供信息,政府的支持能够扩大合作社的生存边界,并形成较强的外部影响力和内部凝聚力(任大鹏 等,2012;Pestoff,2012)。李金珊等(2016)指出,政府对合作社的规制是不断增强的,合作社与外部制度环境的沟通机制和信任程度会影响合作社绩效。郭锦墉等(2019)发现,政府补贴对于合作社"农超对接"的影响呈现倒U型,也就是说,政府扶持并不能一致性地影响合作社各个发展阶段的绩效。

其次,合作社内部治理包括股权比例、理事会规模以及成员构成等,也是影响合作社绩效的关键因素。合作社在进行治理时需要同时兼顾内部机制和外部机制,内部机制是影响合作社绩效的核心,而外部资源则需要通过对合作社内部机制产生偏好设定和规制进而对合作社绩效产生间接影响(黄胜忠 等,2008)。Alexander等(2014)认为引入外部非执行董事能够促进合作社更有效地运作,提升合作社绩效。而 Liang 和 Hendrikse(2013)则认为从内部雇佣CEO对于提升合作社绩效更有效。Halebian 和 Finkelstein(1993)认为扩大管理团队的规模对于合作社绩效有正面促进作用。Roger(2008)和 Tanguy(2009)发现董事会或者管理团队拥有较高的持股比例有助于提高合作社财务绩效。而 Salazar(2009)则认为,通过股权制衡能控制大股东的侵权行为,从而让合作社保持较好的绩效。实践中,我国合作社正面临由成员异质性引发的一系列问题,然而,邵科和郭红东(2014)的研究结果显示:成员均等化、持股比例一致以及惠顾额固定等完全同质化的组织方式反而会带来更差的合作社绩效。

最后,合作社运作还在一定程度上依赖其社会资本。社会资本能够增强成员对合作社的承诺和依赖,从而促进合作社的内部凝聚力,提高社员对合作社治理的认知水平和满意程度(Osterberg et al.,2009)。梁巧(2014)认为社会资本可分为结构性社会资本和认知性社会资本两个部分,通过实证分析发现,社会资本能够弥补制度治理的缺失,从而显著改进合作社绩效。Valentinov(2008)认为,社会资本的降低会促使合作社从民主性组织向资本导向型组织转变。成员规模扩大或者管理者权力扩张则会稀释合作社的社会资本,不利于合作社绩效的实现(Royer,1999)。另外,社会信任能够有效控制社员交易成本,从而提升合作社绩效(邵慧敏 等,2018;Valentinov,2004)。钟真等(2016)发现合作社内部信任能够促进农产品质量安全控制,而内部信任包括人际信任与制度信任两个方面,两者对农产品质量安全控制的影响机制呈现差异性。

第三节 国内外合作社治理相关研究

合作社是市场与科层(企业)的中间形态,兼具市场治理与科层治理。关于合作社治理机制和治理结构的讨论一直是合作社研究领域的重要课题。

一、合作社治理机制问题

国内外关于合作社治理机制的既有研究主要聚焦于三个方面:激励机制、决策机制以及监督机制。

与投资者所有企业类似,合作社也需要通过管理来实现利润最大化和福利最大化目标,因此也存在"委托代理问题",比如代理成本过高、管理者机会主义行为等(Enke,1945;Vitaliano,1983;德姆赛茨,1999)。有所不同的是,合作社内部存在明显的双向委托代理关系,即当契约确立,合作社管理者与社员农户同时承担委托人和代理人的双重角色(Eilers,1999;徐旭初,2005)。黄胜忠等(2008)认为,合作社成员资格是以惠顾为基础的,因此合作社的决策管理往往与剩余风险承担相割裂,合作社成员为了减少实际控制者的"寻租"或"滥用"行为,通常会委托理事会充当"代理人",来雇佣、监督和激励合作社的实际运营者。由于合作社理事会成员往往是核心成员,所以合作社的代理问题更多体现为核心社员与普通社员间的委托代理关系。Nilsson(1997)指出,清晰的产权能够促进产权激励,股份可以交易使得合作社的未分配部分能够通过股份市场资本化,从而有效遏制"搭便车"行为,弱化"委托代理问题"。基于交易份额和封闭式会员制的激励机制能够促进合作社成员之间的协同合作,成员共同监管合作社运营,从而有效解决合作社的控制难题(傅晨,2003)。

完善的决策机制可以保证合作社运行的合理与高效。传统理论要求合作社必须坚守一人一票的民主控制原则。Alback和Schultz(1997)基于投票理论,分别从治理机制和组织机制两个维度来分析农业营销合作社的投资决策行为,结果表明通过投票的方式并不会对合作社投资决策产生误导影响。也有学者将博弈理论运用于合作社内部决策的分析。Zusman(1992)采用两阶段博弈模型解释异质性成员之间信息不对称情况下的集体行动选择问题,发现在合作社规模持续放大的同时,合作社成员异质性所形成的利益冲突则更为显著,合作社理事会能在合作社长期稳定发展的基础上协调成员之间的行为和利益,避免合作社短视。国内学者多从合作社内部人控制的角度分析合作社决策的相关内容。例如,郝小宝(2005)提出,中国合作社内部人控制问题的产生来源包括:融资能力不济、产权不清晰、治理机制不完善,以及剩余索取权与控制权不对等。徐旭初(2005)通过研究浙江省农民专业合作社,提出合作社剩余控制权的研究框架,发现合作社治理结构是基于关系和能力进行优化的。牛若峰(2005)提出,合作社可对社员持股比例加以规定,通过限制股金投票权比例,或者吸纳社会资金参股等,来约束合作社因为被少部分成员持有大多数股金而遭到控制的现象。

　　合作社监督机制既可来自内部权力机构对合作社经营者的行为和决策进行监察和督导,也可来自外部信任、声誉等社会因素的作用(周立群,2001)。一方面,基于亲缘关系的"特殊信任"是我国合作社的行动逻辑和有效治理机制,合作社基于信任,通过利益与心理因素的相互作用实施有效治理(徐旭初,2017)。另一方面,在合作社内部,理事会是对管理层产生重要影响的机构,也是合作社监督机制中的重要一环。研究发现,理事会应保持适度规模,合理的理事会规模对于提高理事会办事能力及办事效率、减少内部"机会主义"行为、发挥独立的监督功能具有重要意义(黄胜忠 等,2008)。在合作社规模不断增加的今天,外部环境也发生着翻天覆地的改变,多数理事会成员并不具备应对复杂经营活动的管理水平,因此,部分大型合作社开始引进外部理事管理制度,以激励理事长的能动性,提升合作社抵御市场风险的能力(Levay,1983)。部分学者认为,在合作社发展初期,规模小且社员关系紧密,内部信任治理机制有利于推动合作社经济效益和社会效益的提升,社员之间的关系网络能对核心社员形成有效控制(柳晓阳,2005;黄祖辉 等,2006)。徐旭初(2008)指出,合作社监事会和理事会成员同质,能够保障二者之间的制衡有效,从而确保合作社的质性规范。

二、合作社治理结构问题

　　合作社的治理结构问题一直受到国内外学者的关注。通过梳理文献发现,国外研究偏重于从企业理论角度对合作社治理结构展开研究,所运用的理论基础包括委托代理理论、利益相关者理论以及交易成本理论等(Mallin,2004)。一方面,交易是合作社发展和存续的基础,农民走向联合的初衷就是规避交易成本。合作是农民作为弱势群体采取的自我防御行为,目的是提升自身在市场结构中的力量,差异化的交易会产生不同的交易成本,从而致使合作社采取不同的治理方式(Masten et al.,1991;Cook,1995;Bonus,1986)。另一方面,合作社是商品契约和要素契约的集合,存在社员与合作社之间的双向委托代理关系,代理人需要治理委托人"搭便车"行为,委托人也需要监督代理人"寻租"行为,因此难免会出现代理成本问题(Eilers et al.,1999;Hansmann,1996)。同时,合作社还是一种利益相关者组织,通过成员的自我服务和合作,独权和控制被民主、协调和参与所替代,合作社社员就同时具备了服务的提供者和服务的惠顾者双重身份(Pestoff,1999)。

国内文献对于合作社治理结构的研究大多聚焦于制度安排、组织文化、交易成本与组织成本等方面(杜吟棠,2002;国鲁来,2001;孙亚范,2003a;林坚 等,2006)。徐亦平(2004)根据台州市合作社的实践经验,分析合作社成员关系、股权结构、盈余返还、表决方式等内部结构的演变。张晓山等(2001)和黄祖辉等(2002)认为,合作社治理结构问题的核心是民主控制问题。随着我国合作社的发展,一部分成员管理逐渐被职业经理人所替代,而合作社的剩余索取权又难以分割和转让,因此,在普通社员和核心社员之间必将产生诸多代理问题,导致我国合作社难以形成合宜的治理结构(黄胜忠 等,2008;应瑞瑶,2002)。与发达国家相比,我国合作社成员异质性突出,农户在生产规模、经济、技术、文化等方面存在较大偏差,这一异质性深刻影响着我国合作社的治理结构(徐旭初,2008;张晓山,2009)。

三、合作社治理与绩效的关系问题

理论界普遍认同合作社绩效与其治理密切相关,然而,对于合作社特殊的治理结构是促进了还是遏制了合作社效率,学者们的观点尚存较大差异。部分学者从产权制度和剩余所有权的角度出发,分析了合作社治理结构阻碍其绩效改进的机制。Cook(1995)指出合作社属于模糊概念的产权集合,收益在社员与合作社发生惠顾时才会发生,而不能由所有权带来,合作社产权既不会让社员完全承担自己的交易成本,也无法让社员完全享受其创造的收益,并且合作社缺乏剩余索取权的转让机制和增值机制,因此社员无法依据其风险偏好调整其在合作社的资产组合,正是这种不清晰、不充分的产权阻碍了合作社绩效的提升。德姆赛茨(1999)指出,由于合作社不以营利为目的,管理者无法得到足够的剩余索取权来量化其投入的人力资本,因此,管理者投机行为频繁发生,从而对合作社绩效产生负面影响。另外,也有学者得出了相反的结论。Hansmann(1996)认为,合作社将所有权分配给社员,能够对合作社的决策和管理进行有效的监督,从而有效节约监督成本;另外,合作社成员具有异质性,当需要进行决策时,合作社将会面临"集体行动困境",但社员利益又具有一致性,因此所有权的这种配置能够降低合作社的集体行动成本,从而既能节省市场交易成本,又能够监督管理者行为,促使合作社在激烈的市场竞争中稳步发展。

针对上述合作社治理方面存在的矛盾,一些研究从治理机制方面提出了解决路径。实际上,理事会规模、财务公开情况、社员持股比例、社员退出能力、利益分配制度以及外部监督支持等治理机制都对合作社绩效具有重要影响(徐旭初 等,2010;黄胜忠 等,2008;德姆赛茨,1999;黄祖辉 等,2011)。我国合作社发展处于与欧美国家完全不同的经济社会发展阶段。自改革开放以后,我国农民群体分化严重,我国合作社必须面对成员异质性这一问题。一些研究认为,异质性成员在推动组织绩效发展与确保组织一致性之间存在矛盾,可能损害合作社内部凝聚力,导致严重的管理与监督问题(Sylvia et al.,2014)。马彦丽和孟彩英(2008)认为,随着社员异质性的不断增加,骨干社员对合作社有绝对控制权,并且与普通社员建立起"双重"委托代理关系,从而损害普通社员利益。但是,谭智心和孔祥智(2011)认为,基于成员异质性进行制度安排,从激励相容与帕累托改进的角度来说,其结果通常合理且有效率。黄珺和朱国玮(2007)提出,同质性成员合作容易发生"囚徒困境",而成员异质性有利于推动合作的达成,并建立异质性成员下的合作均衡。崔宝玉等(2011)研究表明,在激烈的市场竞争环境下,我国合作社要想走可持续的长期发展道路,特别需要依靠农村能人、理事长或核心社员的带动作用,应适当保持核心社员的资本控制,减少外围社员的搭便车行为,方能激励核心社员保持稳定、持续的合作局面。

第四节　新农人及其参与的相关研究

新农人作为近几年刚刚涌现的新生群体,从理论上框定其内涵和外延对于相关研究的深化具有重大的意义,也是目前学术界争议的核心议题。而研究新农人如何参与农业产业组织则关系到其人才效能发挥的现实。

一、新农人的内涵与外延问题

学术界普遍认同,新农人对于我国在新形势下发展农业和建设乡村意义重大。国务院发展研究中心叶兴庆(2018)表示,由于现阶段我国小农分化严重,发展农业社会化服务更需要新农人的引领。袁海平和韦乐盈(2018)认为,新农人通过智力扶贫、产业扶贫、经营扶贫和合作扶贫等,能够对我国精准扶贫和乡村振兴起到不可或缺的作用。张雪占(2018)认为,新农人具备现代流通意识,是建设智慧农村、改善农村劳动力就业结构以及建设农产品现代流通体系的核心推动力。

既有研究大多是对新农人进行直观的实用性特征描述,认为新农人与数字经济相伴成长,具有年轻、文化素质高、互联网基因、创新思维等群体特征(曾亿武 等,2016)。但是,既有研究缺乏对新农人进行一般规定性描述,因此在其内涵和外延的界定方面尚存争议。阿里研究院对新农人的定义相对宽泛,认为其群体边界应涵盖具备新理念并利用互联网技术服务"三农"的农业从业者,以及为农业提供宣传、咨询、监管、研究等支持的非农从业者。① 农业部农村经济体制与经营管理司课题组(2016)则更强调新农人的投资与经营属性,认为新农人是农业生产者,更是农业经营者。朴志雄(2015)提出"农人"是新农人概念框定的核心,其概念外延应包括直接从事农业生产的人员,以及为农业提供支持的相关产业人员。

另外,既有文献大多是将新农人作为研究对象(如电子商务和新媒体)的利用者纳入研究,而鲜有将其作为独立变量的研究。比如,陈卫平等(2018)基于微信平台的信息特征分析用户参与情况,评估新农人利用社交媒体进行用户传播的效果。曾亿武等(2016)和潘意志等(2018)研究发现,新农人在电子商务方面具有先天禀赋,是淘宝村的重要组成部分,通过打造新农人电子商务团队能够促进农村电商产业链的不断延伸。

二、新农人的参与问题

对于合作社新农人参与的问题,目前鲜有研究涉及,由于本书研究所讨论的新农人参与主要是指新农人作为合作社成员的参与,因此,合作社成员参与的相关研究可以为本书研究提供理论基础。成员参与是合作社发展、生存的必备条件,若合作社成员参与度下滑,必然会使合作社融资水平、公共服务水平受到限制

---

① 引自阿里研究院发布的《2014年中国新农人研究报告》(https://www.docin.com/p-1487559541.html)。

(Borgström,2013)。Borgen(2011)发现,成员参与具有典型的"中间效应",相比于贫困者和富裕者,中间收入群体更乐意参与合作社。目前,合作社成员参与的相关研究主要聚焦于参与动因和参与意愿两个方面。

关于农户参与合作社的动因,从契约角度上看,成员参与本质上是成员履行与合作社所达成契约的行为,当农户加入合作社的预期收益高于谈判、组织与协调成本时,农户就会选择履行合作社提供的不完全契约(Jia et al.,2011)。孙亚范(2003b)通过对江苏农户的微观数据进行实证研究,结果表明:妥善处理生产经营的矛盾、获得更高的经济收益是农户选择合作的主要原因,而阻碍农户合作的关键在于农户对合作组织的认知程度不高,同时,政府的支持与引导是推动农户参与合作的主要动力。崔宝玉等(2008)研究发现,非社员会根据预期合作的收益、成本和风险决定是否参与合作社;在成为社员后,又会根据收益、成本、风险边际水平等因素选择参与的深度。

关于社员参与合作社的意愿,Fultion(1999)认为,合作社治理结构、产权界定、成员同质性等因素会影响农户参与合作社交易与投资的意愿。Karli等(2006)利用随机效应模型分析发现,社员在学历、年龄、生产规模、信息获取、新技术采纳等方面的异质性是造成其参与合作社意愿差异的因素。Laursen等(2008)认为,民主治理结构和合作社多样性能够促进社员参与。何安华和孔祥智(2011)指出,我国合作社与社员之间在供需关系对接时存在的结构性失衡问题会影响社员参与合作社的意愿。李刚和刘灵芝(2019)发现,交易额返利率对社员参与度的影响显著。孙亚范等(2012)利用有序Probit模型分析江苏省合作社数据,结果显示合作社收益、社员满意度、盈余分配制度、对管理层的信任程度等会影响社员参与合作社的意愿。

第五节　既有文献述评

国内外学者围绕合作社治理及其绩效、新农人及其参与等相关内容的研究,为本书的探索性研究在先验认识上提供了理论基础和参考依据,但是在以下方面仍存在进一步探讨的空间,具体包括:

其一,关于新农人及其参与合作社的研究需要进一步拓展。新农人是新生群体,通过梳理文献发现,目前对新农人的研究还比较粗浅,大多仅限于对新农人的群体特征进行实用性的直观描述,缺乏反映其本质的一般规定,对新农人内涵和外延也尚未形成一致框定。根据实地调研经验,既有文献描述的新农人诸如年轻化、文化素质高、异地创业等群体特征并不适用于反向识别,即具有这些群体特征的人并不一定是新农人。现有研究缺乏关于新农人与传统农民本质区别的探讨,这无疑会影响对新农人群体规模、归属范围及其发挥效应等方面的统计和判断。既有文献大多是将新农人作为研究对象(如电子商务和新媒体)的利用者纳入研究,在将新农人作为独立变量研究其与经济社会环境的关系方面值得进一步拓展。此外,新农人参与合作社与普通社员参与还存在一定差异,需要在借鉴合作社成员参与相关研究的基础之上,进一步探索研究新农人参与。实践中,新农人参与合作社包括资本参与、管理参与和交易参与三种形式,在参与合作社的过程中,新农人的投资者、管理者属性可能增强,而惠顾者角色可能弱化,尤其在数字经济背景下,供给端和需求端通过互联网直接衔接,供应链下游主体的倒逼可能还会促使新农人参与的深化或异化,值得进一步展开研究。

其二,关于合作社治理及其绩效的研究需要在新形势下进行新思考。我国合作社发展仅有几十年历史,合作社规模总体不大,关于合作社治理和绩效的研究我国相较国际学术界起步较晚,但国内研究在解决我国实际问题方面展现出情景适用性优势。纵观已有研究发现,国内外学者之所以对合作社绩效的维度框定不同,是由于合作社目标具有多元性。随着我国农业发展深化,合作社的价值和目标也在悄然发生变化,比如国家提出要开展绿色农业、保障农产品质量安全等战略方向,合作社作为我国组织小农户生产的主要形式,无疑要承担起带动农户科学种养、限制农药化肥施用等新责任,那么合作社绩效就会发展出促进绿色生产等新目标。而既有合作社绩效相关研究并未深入挖掘或完整陈述这类合作社新目标,所以合作社绩效的测度效度在理论与实践之间尚有差距。此外,目前学术界对于合作社绩效评价体系的构建理论虽较为丰富完善,但仍然存在可能改进的空间,诸如既有合作社绩效评价体系没有以合作社发展战略为核心,评价指标多强调结果导向,而忽视行为导向;鲜有研究注意到我国合作社成员高度分化的现实背景,因此无法有效引导普通成员和管理人员的行为,难以形成长远的发展激励等。再次,既有文献对新农人参与和合作社绩效的关系这一问题也未涉及。新农人作为人力资本,禀赋显著高于普通农户的合作社成员,往往在合作社担任重要的管理职务或具有良好的内部合法性,他们的参与可能改变合作社治理结构、股权结构和交易结构,进而对合作社绩效产生深刻影响,然而合作社绩效是多维的,包括治理绩效、社会绩效、经营绩效和收入绩效等方面,新农人参与对合作社绩效是否存在改进悖论的问题也值得深入探究。

鉴于此,本书研究将基于既有研究成果和相关理论,框定新农人及其参与的内涵和外延,从理论上对合作社的新农人参与进行结构性刻画,进而构建理论分析框架剖析新农人参与对合作社绩效的影响机制。同时,本书研究将基于合作社的双重属性和多维目标构建合作社绩效评价体系,并利用实地调查获取的微观数据以AHP法科学地测度合作社多维绩效,进而探析新农人的不同参与方式和参与状态对合作社多维绩效的影响效应,探讨新农人之间在参与合作社时可能存在的交互作用,从而对新农人有效参与合作社进行经验验证和理论拓展,以期为政府部门制定政策培育新农人、引导新农人有效参与提供依据,为促进我国合作社规范发展指明方向。

第三章 新农人参与合作社的现实考察

新农人具有生态自觉、社群思维、互联网技术和创新能力。促进新农人参与合作社,对于我国实现现代化绿色农业和合作社规范发展具有重要的现实意义。正确认识新农人参与合作社的现实基础是研究合作社的新农人参与效应的重要前提。为此,本章将重点梳理新农人的起源和现状,回顾合作社的发展历程,剖析新农人参与合作社的现实基础,从而为研究新农人参与对合作社绩效的影响提供切入点和研究基础。

第一节 新农人的起源和发展现状

一、新农人的产生

1. 城乡二元结构的历史孕育新农人雏形

新中国成立伊始,为了尽快实现工业化布局,农业对工业、乡村对城市作出了长期且巨大的牺牲与贡献。通过建立户籍制度和一系列附着于户籍之上的资源差异化分配,包括粮食供给、生产资料、教育、婚姻、生育、劳动保护等等,我国形成了一种偏向城市、对乡村具有"剥削性"的城乡二元结构。自2003年以来,随着市场开放度的提升,人口流动规模不断增加,为缓解农村社会矛盾,政府开始推行惠农政策并取消农业税费,使得我国城乡二元结构的"剥削性"不断弱化,而"保护性"不断增强(林辉煌 等,2016)。我国土地制度与西方国家农地农场私有制存在显著差异,中国农村土地属于集体所有,农村人可以"离乡不离土"。因此,随着2003年农村税费改革,附着在土地上的价值不断增长,不少原来放弃耕种、进城务工的人员又返乡务农。他们带着城市的工作经验、新技术、新理念以及积累资本重新回归乡土,为农业生产经营带来新方法、新可能,这就是最早的新农人雏形。

2. "三农"政策推动城市资源向农村"逆向流动"

2012年,中央"一号文件"明确提出,要加强科技教育培训,全面建设新型农业农村人才队伍,为符合条件的返乡创业人员和农村创业青年群体发放项目补贴,并提供贷款支持。随后两年的"一号文件"则提出要保障农村土地承包关系稳定,全面推动农村土地确权登记和颁证工作,妥善解决创业资本用地困难的矛盾。2015年至2018年,连续四份"一号文件"指出要推进农村一、二、三产业的融合发展(张新蕾 等,2019)。国家出台的这一系列"三农"政策,优化了农业农村的投资和创业环境,国内农业发展的潜力日益凸显,越来越多的社会资本和人力资源被吸引进入"三农"事业,资源从城市向农村"逆向流动"。

3. 消费分层倒逼"生态自觉"新农人出现

社会经济的快速发展,带来消费者收入水平和收入结构的不断演化,进而引发消费分层现象(张新蕾 等,2019)。一部分消费群体已经无法满足于"吃得饱"的需求,开始重视农产品品质问题,并从安全性的维度提出诸多要求。现阶段,市场依然处于"消费者决定论"的环境,消费端需要什么,供给端就会生产什么。因此,消费分层直接倒逼一批新农人出现,他们放弃了化学肥料、农药激素等有害的农业投入品,而是采用生态有机的农业生产方式,提供绿色、安全的农产品来满足分层消费的新需求。

4. "互联网+"农业政策培育大批本地新农人

2015年,李克强总理在政府工作报告中提出将互联网与传统生产要素相结合的战略部署。2017年,中央"一号文件"提出推进"互联网+"农业行动(谢艳华,2019)。农业领域的数字化、智能化以及信息化基础设施建设促使淘宝村等农产品电子商务平台在农村蓬勃发展。在互联网赋能"三农"过程中,培育了一批本地新农人,他们拥有互联网思维和互联网技术,在推动农业生产模式、流通模式和营销模式等方面的改革时扮演着重要的角色。

二、新农人的主要特征

与传统农民相比,新农人的"新"主要体现在知识新、思维新、模式新以及组织形式新四个方面。

1. 知识新

新农人以"70后""80后"群体居多,普遍有较高的受教育程度,这与目前我国农村劳动力年龄大、文化程度低的现状形成鲜明对比(张红宇,2016)。新农人的知识体系更加与时俱进,知识面更为多元,学习能力更强,同时也勇于将其他学科或行业的技术和经验应用于农业领域,能够有效推动我国传统农业转型,促进农业领域的科技创新与技术发展。

2. 思维新

新农人的出现与互联网的蓬勃发展相伴而生,因此,新农人是具有互联网基因的一代人,从日常生活到生产经营新农人都高度依赖于对互联网的使用,这塑造了新农人思维的互联网烙印(张红宇,2016)。不同于传统农民基于地缘、血缘和亲缘关系构建的社会关系网络,新农人的社会关系网络更多是基于信息技术和互联网平台,因此新农人往往具备社群思维和共享经济意识,有能力应用抖音、微博、快手等新媒体平台或者淘宝、京东等电商平台来高效链接生产端和消费端,通过组建社群、塑造品牌、培育市场等手段创新农业生产经营模式。另外,与传统农民追逐短期利益不同,新农人往往更重视长期利益。他们坚持绿色生态农业,通过限制农药化肥施用、科学安排休耕等短期回报低的作业方式来优化土壤质量,通过水肥作物一体化循环农业来促进资源的集约利用,他们目光长远,立志做农业产业链的"良币"(杜志雄,2015)。

3. 模式新

与传统农民相比,新农人往往更愿意在农业生产、经营、销售等各个环节进行创新。比如,新农人品牌意识强,通过设计个性鲜明且辨识度高的产品商标、标志,甚至人格化的品牌IP,达成与目标消费群体的情感共鸣和观念共振;以微博、微信、抖音、快手等自媒体平台为主要阵地讲述品牌故事、展示生产过程、开展体验式营销等,达到与潜在客户的深度互动,从而强化消费者对品牌成长和产品生产的参与感,在培育消费需求的同时增进消费黏性,大大提高产品附加价值(张红宇,2016);投资先进技术和设备以对初级农产品进行分选定级和加工包装,根据不同品质级别以及加工程度分配差异化的销售渠道采取分层定价模式,极大地提高了农产品溢价。

4. 组织形式新

传统农民分布于广袤农村,依赖乡土资源,其组织是依村落分布而自然形成的。而新农人为了平衡资源获取的便捷性和农业生产环境的适宜性,大多选择在城市周边区域聚集,相当一部分新农人更是选择了异地创业(张红宇,2016)。此外,依托于互联网信息技术,新农人得以突破地域限制,以互联网为媒介自发联合组建各种新农人联盟、新农人联合会、新农人创新与发展委员会等全国性民间组织,共同发声、群策群力,相比传统农民,组织凝聚力得到显著提升,这又进一步为

三、新农人的发展现状

自党的十八大以来,中央出台了一系列政策鼓励各类人才返乡入乡创业,农村因此涌现出一大批新农人。截至2020年底,全国返乡入乡的各类人才达1010万人,带动4000余万人就业。他们与数字经济相伴成长并流动于城乡之间,因此具有与传统农民差异显著的群体特征,具体可以从来源构成、生产经营和技术掌握三个角度加以说明。

1. 来源构成情况

新农人来源多样,主要包括外出务工人员返乡、高学历下乡和跨界创业三种类型。据农业部调查数据显示,7.89%的新农人是高等教育在校生或毕业生,他们在就业形势或国家政策的驱动下,或被动或主动地选择下乡投身"三农"事业,这类新农人文化素养高、学习能力强、创新意愿浓厚,但是大多没有务农经验,不熟悉农业生产回报周期长的特性,"下乡"后是否能留住是个问题;12.8%的新农人是在城市二三产业积累了一定资金和经验后返乡创业的农民工,这类新农人有志向、懂技术、会管理,对农业有情怀,对农村有情感,"返乡"后也容易留住,但是他们多数受教育程度不高,对新技术的接受能力有限,创新意识也相对薄弱;70.8%的新农人是跨界创业者,他们多是因看到我国农业发展的广阔前景和潜在价值而把农业作为拓展业务的重要领域或职业转型的新起点,这类新农人对乡村振兴有着深刻的理解,社会责任意识较强,能够发挥自身在社会网络、知识经验等方面的资源禀赋盘活农村资源(张红宇,2016)。

2. 生产经营情况

据农业部调查数据显示,有65.7%的新农人从事特色种养业,81.3%的新农人有稳定的产品供应基地,71.2%的新农人农产品销售定价超过同品类均价,69%的新农人将市场定位于中高端收入的消费群体(张红宇,2016)。现阶段,新农人生产经营模式一般有三类,即自产自销型、纯销售型和综合产销型。采用自产自销型生产经营模式的新农人只销售自产农产品,虽然产品质量可控,但是会受到生产规模、产品多样性等约束,因此经营效益往往不稳定。采用纯销售型生产经营模式的新农人占比较高,他们不具备生产能力,而是依托电商平台整合资源销售农产品,因此前期资金投入相对较小,风险相对可控。采用综合产销型生产经营模式的新农人除了自建基地生产农产品并销售之外,还会采用订单、收购或代销等多元化的生产经营方式,业务内容往往覆盖农产品生产、加工、流通等各个环节,因此产业链较长、规模较大、专用性投入较多、渠道较多元,经营效益也相对稳定。

3. 技术掌握情况

新农人拥有与生俱来的"互联网基因",据调查数据显示,有68.4%的新农人在生产过程中运用互联网技术,88.2%的新农人在销售过程中运用互联网技术。此外,新农人的品牌意识强,有74.8%的新农人正在运营自有品牌,46.9%的新农人已为产品注册了商标(张红宇,2016)。具备互联网技术和品牌意识,使得新农人有能力打造一批具有较高知名度和美誉度的农产品品牌和农业技术服务品牌,有助于实现农业生产标准化、农产品标识规范化以及质量安全可追溯(潘意志,2018)。然而,农业部数据显示有61.9%的新农人并未接触过农业相关知识,这意味着,多数新农人并不具备传统农业生产技能,即使有大批新农人返乡入乡投身农业,依然难以解决未来农村"谁来种地"的问题,亟需新农人在传统农业的数字化改造和小农户与现代农业的有效衔接等方面加以突破。

第二节 中国合作社的发展历程

一、合作社的起源和本质

1. 合作思想的渊源

现代社会的形成,历经了无数的革命与运动,其中也少不了合作运动的贡献。19世纪初期,资本主义制度逐渐暴露出弊端,以 Claude Henri Saint-Simon、Charles Fourier 和 Robert Owen 为代表的空想社会主义提出了一个"人人平等,个个幸福"的没有剥削和压迫的理想社会,成为合作社最早的思想起源。但是,空想社会主义者把合作社作为清除资本主义制度的工具,却寄希望于得到统治阶级的认可,他们揭露和批判了资本主义制度的不合理性,却没能认识到资本主义社会的根本矛盾,所以他们的理想只能是空想,他们的实践注定要失败。

随着合作思想的不断发展和渗透,出现了以 William King 和 Philippe Buchez 等为代表的基督教社会主义学派,他们认为合作社是一种推动平等、自由的组织方式,合作社的互助模式与基督教所推崇的精神相匹配(杜吟棠,2002)。可见,早期的合作思想是通过道德规范或宗教信仰来规约合作的,而发展到马克思主义合作思潮时期,合作社更多的是体现资本主义私有制向社会主义公有制的转变。

1871年,马克思通过《法兰西内战》表明:合作社可基于实际计划,对全国生产进行调控,进而保证资本主义背景下市场的平衡,降低市场周期性动荡问题,合作制是资本主义社会过渡到社会主义社会的表现方式(中共中央马克思恩格斯列宁斯大林著作编译局,1995)。1886年,恩格斯在致奥古斯特·倍倍尔的信件中提到,合作生产是向共产主义过渡的重要中间环节(中共中央马克思恩格斯列宁斯大林著作编译局,1975)。马克思与恩格斯指出,随着无产阶级赢得政权,国家应该把合作社当作实现现代化生产的工具,并赋予合作社土地权。列宁在马克思主义合作思想的基础之上,提出合作制社会主义的构想,指出旧合作社倡导者打算用合作社和平改造资本主义社会的计划是幻想,而在无产阶级取得政权之后,生产资料归国家所有,合作社就是集体企业,具有非常重大的意义,合作社的发展就等于社会主义的发展,合作社是引导小生产者走向社会主义的现实道路(赵曜,2000)。可见,马克思和恩格斯的合作思想肯定了合作社对社会化大生产的作用,列宁则将合作社联合生产视作走向生产资料全国集中的社会主义制度的有效路径。

综上所述,西方学者大多认同合作社是一种社会改良的有效手段,随着社会主义合作化运动的不断推进,源自空想社会主义的合作思想逐渐演变为一种解决生产者与消费者市场矛盾、协调资本与劳动力以及合理分配财富的制度安排(Douglas,1937;陈婉玲,2008)。

2. 合作社的基本原则

合作运动历经波折,先后成立的合作社却均以失败告终,直到1844年,英国的罗虚代尔公平先锋社才获得巨大成功,其运行准则被公认为是其成功的关键,包括自愿、一人一票、现金交易、按市价出售、根据剩余金额分配、对政治和宗教保持中立以及设立教育经费等原则。在这些运行准则的指导下,世界范围内涌现了一大批效仿罗虚代尔公平先锋社的消费合作社。

之后,在合作浪潮下发展出各种不同类型的合作社,而罗虚代尔公平先锋社作为消费合作社的运行准则并不适用于其他类型合作社,比如信用合作社难以遵从按交易量分配盈余这一原则。因此,亟需设立一个普适性的合作社原则。1895年,国际合作社联盟(International Co-operative Alliance,ICA)在英国伦敦成立。该联盟是以团结、服务全球合作组织为宗旨的互助联盟,为促进合作社之间的互惠互利和可持续发展,联盟制定了合作社需要共同遵守的统一规范,称为"罗虚代尔原则"(唐宗焜,2003)。该原则在坚持罗虚代尔公平先锋社精神的基础之上,作出四个方面的调整:其一,由于实践中发现很难完全落实"一人一票",因此将决策机制从"一人一票"转为"平等投票";其二,随着合作运动的深化,合作社所销售的商品种类越来越丰富,基于交易量的计算方法已无法满足需要,因此将盈余分配机制从"按交易量分配"转为"按交易额分配";其三,修订"入社自愿"的原则,允许合作社按照自身需求,设置一些入社门槛;其四,增加"合作社事业以自有资金经营,社员投资按普通利率分红"的原则,以体现合作社的独立性及民主性,以自有资金运作保障了合作社不受外部控制,而对投资按普通利率支付股息不仅保障了合作社的利润,更为社员谋取了共同利益。

此后,随着经济社会的不断发展,该原则中的一些条目不再适应合作社的发展,因此国际合作社联盟分别于1921年、1937年、1966年和1995年对合作社原则进行了四次修订,但不变的是对罗虚代尔原则核心思想的坚守。

1937年,国际合作社联盟第15次代表大会在巴黎召开,确立了合作社组织的新国际标准,总结了合作社原则的基本框架,也对合作组织这一概念作出了明确的定义:符合现金交易、民主控制、门户开放、按交易量分配盈余这四项原则的组织即为合作组织。这次修订相较前一版本的区别在于:其一,恢复"门户开放"的原则,即加入合作社仅要求社员遵循合作社的规定并且承担社员的责任和义务,而对出身、宗教信仰等方面没有严格要求,这样就把合作社与企业、政府等其他组织在准入规则方面区分开来;其二,将"民主投票"修改为"民主控制",这代表成员不仅可以通过投票,还可以通过参与管理的方式来参与决策,合作社的民主性更能得到体现;其三,放弃"按市场价格出售商品"的原则,这一改变丰富了合作社的内涵,也拓展了合作社的具体实践;其四,新增"提取公积金"这一原则,极大地促进了国际合作社的进一步发展。

第二次世界大战以后,世界政治经济发生了巨变,合作组织也呈现出了新态势。在此背景下,1966年国际合作社联盟召开第23次代表大会,对国际合作社原则进行了修订:其一,取消"对政治和宗教保持中立"的原则,在资本主义经济危机背景下,政府采纳凯恩斯主义政策,对合作社进行了一定程度的干预,同时合作社也迫切需要政府的支持,实践经验表明,真正的政治中立是不切实际的,故取消了这一原则;其二,提出"资本报酬适度"的原则,之前的原则对资本的态度都是控制甚至限制的,将其修订为"适度"的意义在于既允许资本在合作项目中获取报酬,又要求资本报酬适度,以保障新原则不偏离合作社的互助属性;其三,允许合作社之间再合作,并将合作社划分为基层和非基层两种类型,要求基层合作社坚持一人一票制,而对非基层合作社不设硬性要求,这为合作社顺应时代发展提供了新的可能性。

随着经济全球化的快速发展,很多合作社的规模越来越大,盈利能力越来越强,虽然表面上坚持罗虚代尔原则,但是实践中却出现与该原则的偏离,如决策机制由"一人一票"向核心成员"一人多票"发展,融资机制由以成员入股为主的内部融资向外部融资转变,管理机制从成员管理向外部职业经理人管理转变等。这些转变会削弱合作社所有者、管理者和惠顾者同一的属性,影响合作社的民主性质和

成员的主导地位。为适应合作经济发展趋势,1995年国际合作社联盟第四次修订了合作社原则。具体包括七项原则:

① 自愿、公开的会员制。作为民主自由的组织,合作社对成员的宗教信仰、性别、出身等没有要求,只要成员愿意承担合作社的责任和义务即可加入合作社;

② 民主的成员控制。合作社在选举代表或决策时要以民主投票的方式进行,每个成员均享有平等的投票权利;

③ 成员的经济参与。合作社资本中有一部分归属成员共同拥有,成员要获得持有资本的资格必须先出资,合作社的盈余分配按照成员与合作社之间的交易金额返还给成员;

④ 自主独立。确立合作社自主管理的主导权是保障合作社与政府等各类机构合作的前提,只有自主独立才能保障合作社更好地从外部筹集资金;

⑤ 教育培训及信息服务。合作社应定期对内部成员进行培训教育,并提供信息服务,以促使成员更好地参与合作社发展;

⑥ 合作社之间的再合作。鼓励合作社基于社区、区域、国家甚至国际范围的再合作,以加强合作社之间的互助和互促;

⑦ 关心社区。这是此次修订新增添的一条原则,它意味着合作社具有社会责任,要促进所在地区经济、社会和文化发展,保护所在地区的生态和环境。

通过梳理合作社原则的演进历程可见,国际上合作社发展已近180年历史,虽然合作社的运行准则随着市场经济和社会结构的变化而不断改变,但是有三项核心原则是一直坚守的,即成员民主控制、按惠顾额返还盈余以及资本报酬有限,这也是合作社本质属性的表现。合作社作为一种特殊的企业,其目标是通过个人或团体组成互助性质的共同体来改善组织成员在进行商品和服务市场交换时的弱势地位,但与企业不同的是,合作社必须基于民主、公平、自治和互助。合作社是独立于政府和其他私营企业之外的一种开放性经济组织,它的成员资格面向所有需要它的服务并愿意承担成员义务的人,成员可以选择自由进入或退出合作社,退出时可以带走属于自己的资本和盈余。合作社的使用者和所有者同一,并且交由成员进行民主监督与管理,它的核心和宗旨是满足成员的需求,而这一需求不仅仅是经济需求,也包括社会、文化等更高水平的需求(Maslow,1943)。一方面,合作社应让所有成员保持相同的投票权,即通过民主的程序有效控制合作社的管理,为全体成员、管理人员以及雇员及时安排相关的教育和技术培训,促使他们能够有效地为合作社发展作出贡献,并按交易额分配盈余以保障成员合法权益。另一方面,社员也应在享受权利、服务的同时主动承担责任,保持合作社运营的独立性,推动合作社的长远发展。更重要的是,合作社植根并成长于乡土社会,具有本地性或在地性特征,村社嵌入合作社能够增进社会大众的利益(徐旭初,2008)。

当前我国合作社发展依然处于初级阶段,尚未建立有效的治理体系,因此在实践中,合作社质性规定不可避免地会发生漂移,且可能在制度化进程中产生"名实分离"的意外现象(黄祖辉 等,2009;熊万胜,2009;崔宝玉,2017)。徐旭初(2005)认为理想的合作社应该具备以下前提:其一,组织成员必须以自愿原则加入组织,具有同质性并均等分配股权;其二,监事会和理事会成员通过全体成员一人一票的方式选举产生;其三,成员资本金不可作为分红依据,应依照交易额返还盈余,并提取部分作为合作社共有资金。吴彬(2014)提出,合作社可从所有权、收益权、控制权的角度保障组织基础,并形成"三位一体"的"理想合作社",具体来说,成员资格同质决定了成员角色同一,进而塑造了合作社治理结构的耦合性,而治理结构耦合性又将进一步提升社员资格的同质程度。

二、我国农民专业合作社的经济社会背景

黄胜忠(2007)认为,当前中国农业发展进程中最突出的问题是如何在家庭联产承包责任制的背景下妥善解决小农户分散经营导致的局限性,并且促进小农户与现代农业的有效衔接,全面提升农民的收入水平,增加农业的生产经营效益。黄祖辉(2000)提出农业自然且分散的生产特征,以及农户分散经营的家庭特征,决定了在我国发展合作社具有必然性。为厘清我国合作社的成长机制,首先需要认清我国合作社的成长环境,当前我国合作社外部环境复杂,主要包括农业经营体制改革、农业市场化改革以及农业基本矛盾三个方面(黄胜忠,2007)。

1. 农业经营体制改革

20世纪50年代,我国完成土地改革之后,继续领导农民走合作化道路,有效激励了农民生产的能动性和主动性,并以此为基础实现了小农的社会主义改造,初步形成了基于集体所有制的特色农业合作经济(牛若峰,1990)。但是,由于改革之前"左"倾思想的束缚,我国农业合作在理论层面上表现过于僵化。人民公社时期的农村经营体制是"三级所有,队为基础",实行集中劳动、统一经营、平均分配的制度,无视农民群众作为生产经营单位的价值,最终导致生产资料与生产者的脱离,严重阻碍了农民从事农业生产的积极性。随着中国共产党第十一届三中全会的召开,过往经济理论上封闭且僵化的枷锁被挣脱。1978年以来,中国开始实施大量农业经营制度改革工作,相继出台《关于加快农业发展若干问题的决定》《农村土地承包法》等文件,推动了农村生产责任制的形成和发展,通过法律赋予家庭联产承包责任制物权属性,并不断强化其功能。伴随着家庭联产承包责任制的全面展开,市场机制在农业生产经营中的作用愈发关键,农业生产的社会化程度得到持续提

升,开启了我国传统农业向现代农业转型的进程。

2. 农业市场化改革

随着农业经济体制改革的深化,农产品购销更加市场化,农业生产利润低与市场风险高的矛盾日益尖锐,亟需妥善解决农业生产与市场衔接的难题(许经勇,2008)。1978年,在原有农产品购销体制的基础上,我国大幅提高农副产品购销价格,有限放开小宗农副产品购销市场,以有效控制农产品市场风险和农产品价格风险。1985年以后,我国进一步实行价格双轨制,逐步扩大市场经济在农业发展中的作用,创造农民持续增收的良好环境。1992年,国务院打破双轨制,再次决定提高粮食统销价格,实现购销同价。至1998年底,除了若干项主要大宗农产品之外,基本上其他农副产品均已实现了市场交易。一方面,通过一系列农业市场化改革措施,市场机制在农业资源配置中的作用日益凸显,极大地促进了农业供求均衡与稳定,促使农业经济摆脱计划经济的桎梏,并得到进一步发展。另一方面,农业市场化也意味着农业生产者需要直接面对瞬息万状的市场,亟需建立一种内在稳定的机制以控制农产品市场波动与价格风险,合作社作为我国组织小农户的有效制度安排,在解决农业市场化改革进程的困境方面展现出了优势。

3. 农业的基本矛盾

在农业经营体制改革和市场化改革的过程中,我国逐步确立了农民在市场交易中的主体地位。1982年至1986年,连续五年的中央"一号文件"对农村改革和农业发展作出具体部署,但是直到1987年的中央"五号文件"《把农村改革引向深入》,都只是对"统分结合、双层经营"作了政策规定,一直未将其制度化、法律化,可以说,农业经营体制改革只完成了一半,改革中"分"的这一层得到了很好的落实,而"统"这一层却未得到足够重视(牛若峰,1990)。1990年以后,随着我国市场经济体制的深化,农产品商品化程度日益提升,农业生产与农产品市场的联系日渐密切,农业生产逐步从自给自足向以市场需求为导向转变。在这一背景下,我国农户小规模生产、分散经营的农业生产方式就与市场经济体制产生了日益激化的矛盾,农业生产除了会受到自然条件的约束,更会受到市场条件的制约。我国加入世界贸易组织(World Trade Organization,WTO)后,农业大市场与小农户的矛盾愈加突出,如何妥善解决这些矛盾成为我国发展现代化农业必须面对的挑战。

三、我国农民专业合作社的发展历程

我国农民专业合作社的发展伴随着农业市场化改革的进程,顺应了市场经济体制的发展趋势(李敏,2015),在平衡小农户分散经营与农业市场化的矛盾方面展现出制度优势（崔宝玉 等，2017），学者大多据此将中国合作社发展划分为三个阶段。

1. 起步阶段（1980~1995年左右）

20世纪80年代初，我国家庭承包责任制的实施极大地促进了农业生产，在一批农业生产大户和种养能人的推动下，一种综合性的技术交流协会开始在我国乡村出现，这种协会主要用于交流生产技术和生产服务，是中国农民专业合作社的初始形态（孙亚范，2011）。统计数据显示，1986年我国农业技术协会仅有6万个，发展至1992年规模已高达12万个（李敏，2015；贾瑞稳，2011）。

20世纪90年代，随着我国农业市场化改革的不断深入，农村对于农业社会化服务的需求愈发强烈。在农业协会的推动下，农业生产开始朝着专业化、商品化的方向发展，彼时单纯的技术指导已经无法满足农民合作的需要。在这样的背景下，一批专业经营农业生产资料采购和农产品收购等业务的农民专业合作社开始出现，地方农业部门、村集体委员会、供销社等组织也开始积极牵头组建合作社（李敏，2015）。这一时期的合作组织初见雏形，组织结构较为松散，合作内容较为单一，主要以提供技术指导和信息服务为主，但在合作模式和内部治理等方面为我国合作社的进一步发展奠定了基础。

2. 全面推进阶段（1995~2006年左右）

2001年中国加入世界贸易组织，国内农产品市场面临更为严峻的挑战，小农户生产规模小、融资能力弱、技术落后等问题更为凸显。为了提高我国农产品在国际市场上的竞争力，各级农业部门大力扶持合作社，合作社数量呈现爆发式增长。据农业农村部2006年数据显示，我国各种类型的农民专业合作社数量已超15万家，同比2002年涨幅超600%；已加入合作社的农户数量达3872万户，占全国农民总数的13.8%，同比2002年增长11%；合作社带动非成员农户规模超过5000万户（刘颖娴，2009）。另有数据显示，70%的合作社由生产大户或乡村能人牵头成立；44.5%的合作社以产销服务为主，20%的合作社提供技术和信息服务，73%的合作社主营农业生产[①]。整体而言，这一阶段我国合作社发展虽已全面推进，但仍缺乏完善的保障政策和管理规范，合作社组织形式较为松散，合作内容较为单一，合作规模小，业务能力弱，合作区域多限于乡镇范围（孙亚范，2011）。由于此阶段的合作社绝大多数是依赖地方政府或大型龙头企业的介入而发起，因此内部治理机制尚不健全，甚至有部分合作社发生质性向股份制公司偏离的迹象（全国人大农业与农村委员会课题组，2005）。

[①] 数据由时任农业部副部长陈晓华于2010年9月27日在全国农民专业合作社经验交流会上的讲话整理得出。

3. 快速发展阶段(2007年至今)

为推动农民专业合作社的规范发展,有效保障农民合法权益,《中华人民共和国农民专业合作社法》于2006年10月31日第十届全国人民代表大会常务委员会第二十四次会议通过,并于2007年7月1日起正式执行。这标志着中国合作社发展迈入了新阶段。此后,中央和地方政府相继出台了一系列法律法规和政策意见以指导合作社规范发展。截至2007年底,中国在册农民专业合作社达2.65万家,入社农户规模达34万户;截至2010年底,中国在册农民专业合作社发展至37.92万家,同比增长13倍,入社农户数量达2800万户,占全国农户总数的10%,同比增长近80倍(李敏,2015)。截至2019年2月,我国在册农民专业合作社数量达217万家,与2007年同比增长82倍,入社农户规模超1亿户,占全国农户总数的49.1%,相较于2007年增长了293倍[①]。2019年,农业农村部印发《开展农民专业合作社"空壳社"专项清理工作方案》,联合中央农办、市场监管总局、发展改革委、财政部、水利部、税务总局、银保监会、林草局、供销合作总社和国务院扶贫办,在全国范围内开展清理"空壳社"的工作,对无农民成员实际参与、无实质性生产经营活动、因经营不善停止运行、涉嫌以农民合作社名义骗取套取国家财政奖补和项目扶持资金、从事非法金融活动等的"空壳社"进行清理整顿,明确了我国合作社规范发展的导向。可见,这一阶段我国合作社正朝着服务功能不断完善、组织制度逐步规范的方向快速发展。

第三节 新农人参与合作社的现实基础

新农人参与合作社具有坚实的现实基础,正确认识这一现实基础是研究合作社新农人参与效应的重要前提。

一、新农人需要参与合作社

1. 新农人自身的局限

新农人作为新兴群体,其特殊的群体特征也意味着其自身还尚存诸多局限性。其一,农业部数据显示,61.9%的新农人没有农业相关的专业学习背景,仅有

---

① 数据来自国家统计局统计结果(http://www.stats.gov.cn/tjsj/zxfb/201912/t20191218_1718313.html)。

10.85%的新农人有务农经历。因此,新农人普遍对农业生产规律和特点不甚了解,对农业生产的技能和经验掌握不足,往往空有热情却对农业"靠天吃饭"的脆弱性认识不深,导致低估农业生产的风险,盲目投入造成亏损。其二,57.4%的新农人是从别的行业跨界进入农业,47.9%的新农人是异地创业。因此,这些新农人往往对农村较为陌生,与农民在思维观念和行为习惯等方面存在较大差异,容易与本地农户发生分歧或矛盾,难以作为异乡客在当地获得合法性,这无疑会进一步加重农业"用工难"的问题(张红宇,2016)。其三,新农人采用现代农业生产方式,需要投入大量资金建设现代化种养基地以及配备生活办公设施等,因此对土地质量和规模要求高,对流转土地的使用期限要求长。而当地农民往往不愿意与外来人签订长期的土地流转合同,这大大限制了新农人进行长期规划。其四,部分异地创业的新农人不了解当地农业政策,不熟悉当地农业相关部门,难以与资源建立有效联结,这也成为新农人返乡入乡发展农业的一大限制因素。

合作社是我国组织小农户生产的重要组织形式,依托合作社,新农人更容易将当地掌握农业生产技术的农户组织起来进行生产,也更容易与当地涉农部门联系获取外部资源,从而能够在相当程度上弥补自身的局限。

2. 组织形态的选择

已有研究表明,目前新农人组织生产经营的形式主要包括个体经营、企业经营和合作经营三种类型(张红宇,2016)。

个体经营的决策效率高、机制灵活,能够快速对市场作出反应,但是受新农人自身能力禀赋影响大,如果新农人不熟悉农业或在当地缺乏社会认同,则难以维持稳定的土地关系、劳动力来源和生产渠道,抗风险能力就相对弱。

企业经营的外部合法性较高,获取土地、资金、技术等资源要素相对容易,但是,企业对利润最大化的追求与小农户的利益往往相矛盾,因此与农户联结不紧密,容易造成劳动力和生产渠道不稳定。另外,新农人对传统农业进行数字化和绿色化改造,对资金的需求量大,然而数据显示,80%的新农人难以从银行贷款,其创业资金大多来自其自有存款或亲友借款(张红宇,2016),而企业经营的方式在资金利用效率方面不具有优势。

合作经营因其制度特性而在资源集约化利用方面表现出明显优势。首先,合作社具有所有者与惠顾者同一的质性规定,社员以土地、资金、生产工具或劳动力入股合作社并参与生产和交易,因此合作经营能够高效整合生产要素,而不需要新农人在前期投入大量资金。其次,新农人通过合作经营可以实现与种养能手在产业链上的合理分工,从而使自身在经营管理、互联网技术、社会网络等方面的人力资本的发挥效用最大化。最后,合作社是农民互助组织,其组织利益与农民利益相一致,又具有内部监督机制,因此在农村具有显著的社会合法性,新农人采用合作经营有利于其在当地得到社会认同,在推广与传统农民观念相去甚远的新理念和新技术时就会相对容易,进而能够提升全要素生产率。

二、合作社需要新农人参与

在家庭联产承包责任制的背景下,合作社兼具家庭经营与合作经营双层经营体制,能够实现外部利益的内部化,对于提高农民组织化程度意义重大,因此是我国较为有效的农村农业制度安排(崔宝玉 等,2017)。然而,当前我国农业生产结构性矛盾突出,合作社生产的传统农产品已经无法满足社会需求。一方面,合作社采用传统农业生产方式需要大量的农药、化肥和农膜等,会引发农产品的质量安全问题,破坏农业的可持续性。另一方面,城镇化造成农村劳动力要素流出严重,农村人口老龄化问题突出,合作社用工困难重重,因此,合作社对资源的集约化利用提出了更高的要求。可见,当前合作社发展亟需围绕市场需求重组生产、优化资源配置,而新农人的参与有望为合作社带来新血液和新动能。

具体来说:其一,新农人具备生态自觉,为了实现农业可持续发展及提高农产品质量安全,新农人有意愿带领小农户转变农业生产方式产出绿色有机农产品,因此,新农人的参与能够帮助合作社更好地嵌入传统农产品无法满足的细分市场。其二,新农人具备社群思维,以共享经济思维建设社群网络,生产端的社群能够有效协调农业机械的使用,提高专用性资产的利用效率;消费端的社群能够有效对接市场,减少交易费用,因此,新农人的参与能够帮助合作社提高资源利用效率。其三,新农人具备互联网技能,擅长利用互联网技术突破层级销售屏障,让生产端直接对话消费市场,因此,新农人的参与能够帮助合作社提高农产品流向市场的效率。其四,新农人具备创新意识,有意愿且有能力将其非农业领域的知识和经验创新性地应用于农业,在乡村、乡土、乡韵中挖掘价值,融合三产,因此,新农人的参与能够给合作社注入新的活力和可能性,扩展合作社增效和社员增收的空间。

与此同时,农业部也指出,要鼓励新农人参与新型农业经营主体,彼此促进、协同发展,倡导新农人领办、创办或参与管理合作社,双方发挥各自优势、互利共赢,共同发展高效、绿色的现代化农业(张红宇,2016)。

本章小结

本章回顾了新农人的起源和发展现状,梳理了我国合作社的发展历程,考察了我国新农人参与合作社的现实基础。

新农人是我国城乡二元结构的历史产物,是"三农"政策推动下的资源逆向流动,是消费分层倒逼和互联网催生下出现的新群体,呈现出知识新、理念新、模式新以及组织形式新的特征。就目前的发展情况来看,新农人数量呈现快速增长态势,来源构成多样,多从事特色种养业,电商采纳和品牌化程度高。我国农业具有的自然且分散的生产特征决定了合作社在我国发展的必然性和必要性。合作社是我国解决小农户分散经营局限、引导小农户与现代农业衔接的有效制度安排。我国合作社的成长环境复杂,面临农业经营体制改革、农业市场化改革以及农业基本矛盾等多重挑战。新农人参与合作社具有可靠的现实基础,主要体现在:一方面,新农人需要加入合作社以突破自身的局限性,同时加入合作社也是新农人在众多生产经营形式中的主动选择;另一方面,合作社也需要新农人参与,以带领合作社围绕市场需求重组生产、优化资源配置,带领农户开展绿色生产,提高农产品流向市场的效率等。

理解新农人参与合作社的现实基础是研究新农人参与如何影响合作社绩效的前提,本章的研究价值在于为后文从理论和实证角度分析新农人参与对合作社绩效的影响提供现实基础。

第四章　新农人参与影响合作社绩效：理论分析

当前合作社发展面临诸多挑战，新农人参与合作社一方面可以突破新农人自身的局限性，规避其在农业知识和种养技能方面的劣势，促进其在当地获取社会合法性；另一方面，合作社在新农人的参与下以市场需求为导向，对传统农业进行绿色化、数字化、集约化改造，对合作社治理机制进行重塑，大幅改进了合作社绩效。然而，对于新农人参与如何影响合作社绩效这一"黑箱"，目前尚缺乏较为科学的认识，打开这一"黑箱"对于进一步研究新农人如何有效参与合作社的问题十分关键。因此，本章将在刻画新农人参与和合作社绩效的基础上，借鉴产业组织理论SSP范式和生态经济理论DSR模型，构建一个新的理论框架以分析新农人参与影响合作社绩效的内在机理。

第一节　新农人参与的结构性刻画

本书第一章对新农人及其参与的概念进行了定义：新农人是以其具备的生态自觉、社群思维、互联网技能和创新能力投入农业生产、经营、管理、销售或服务的人。新农人参与是依法加入合作社的新农人个体，通过社员行为参与合作社的生产经营活动。

在这一定义下，新农人参与合作社的过程包括三个决策层次：首先，新农人决策是否参与合作社，即新农人选择是否加入合作社并成为社员。若有新农人选择参与合作社，那么该合作社即存在新农人参与；否则，该合作社不存在新农人参与。其次，由于合作社社员具有所有者、管理者和惠顾者的三者同一性，新农人选择参与合作社之后要决策以何种身份和行为方式参与合作社运行。具体来说，若新农人选择以理事长或理事会成员的身份参与合作社，则属于管理参与合作社；若新农人选择在加入合作社时出资或缴纳股金以获取社员身份，则属于资本参与合作社；若新农人选择作为惠顾者与合作社发生交易行为，如通过合作社销售农产品或购买农业投入品，或使用合作社提供各种信息、服务或平台等，则属于交易参与合作社。最后,新农人决策参与合作社的程度。值得注意的是,这一"决策"的发生有时并非主动,更普遍的情况是由于社员异质性的客观存在而天然形成的社员之间参与状态的差异。基于这三层决策,本章对合作社的新农人参与进行三个层级的结构性刻画,详细如图4.1所示。

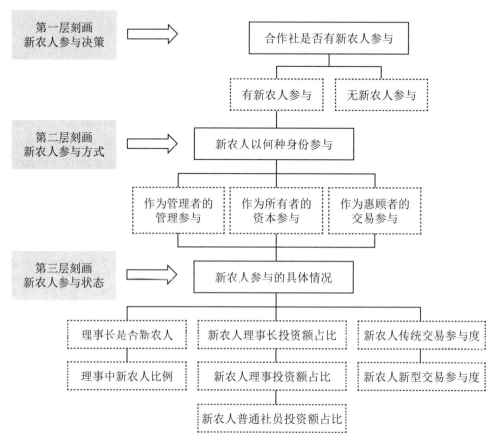

图4.1 新农人参与的结构性刻画

其中,需要重点阐述的是第三层关于新农人参与状态的理论刻画。在大量实地调研中发现,新农人多分布于合作社的核心圈层,普通社员中有新农人的概率较低;新农人在合作社的投资额占比呈现两极分化现象;新农人与合作社发生交易的内容、频次和数量也存在显著差异。

首先,对于新农人管理参与状态,本章将从"理事长是否为新农人"以及"理事会成员中新农人的人数比例"两个角度加以刻画。理由在于:理事会是合作社的核心圈层,理事会成员理应参与合作社重大事项的讨论与决策,理事长又是其中最直接的决策者;而普通社员在合作社的外部投资、项目决策、利益分配等管理活动中参与较少,甚至普通社员的管理参与并非源自其自身的主动选择,而是合作社制度设计的结果,如普通社员通过社员大会行使投票权等(梁巧 等,2014)。

其次,对于新农人的资本参与状态,本章将从"新农人理事长投资额占比""新农人理事投资额占比"以及"新农人普通社员投资额占比"三个角度加以刻画。理由在于:我国合作社股权结构具有明显的异质性,很多社员并不进行资本参与,而少数核心社员的资本参与明显。牵头人的资本参与情况使得合作社先天具有某种特定的目标偏好,核心社员之间若存在紧密的产权关系,则会促使核心圈集体行动,从而导致"普通社员被外围化"的股权现象(马彦丽 等,2008;丁建军,2010;邵科 等,2013)。

最后,对于新农人的交易参与状态,本章将从"新农人传统交易参与度"和"新农人新型交易参与度"两个角度加以刻画。理由在于:我国合作社形成于家庭联产承包责任制的基础之上,具有"生产在户、服务在社、统分结合"的特殊性,合作社交易既包括农产品收购、农资购买等"买卖"的交易,也包括植保、机耕、培训、资讯等"管理"的交易(崔宝玉 等,2017)。如果合作社为社员和非社员提供的服务差别不大,就会削弱社员交易参与的意愿。在大量实地调研中发现,有新农人参与的合作社除了提供传统交易,往往还能够提供循环农业基础设施、绿色生产指导、数字化平台、互联网技术培训、品牌维护等新型交易。这些新型交易需要投入大量专用性资本,因此不可能向非社员提供与社员无差别的交易价格,交易价格存在差别才能体现社员的权益,以及促进社员的交易参与。

第二节 合作社绩效的综合性评价

我国合作社同时具备企业和共同体双重属性,因此如何对合作社绩效进行科学、合理、全面的评价一直是学术界的难题。在合作社成员高度分化的现实背景下,学者们根据研究需要对合作社绩效的内涵和维度划分给出了不同的观点。

一些学者强调合作社必须兼顾经济功能和社会功能。例如,黄胜忠(2008)结合成长能力、成员满意度、盈利能力等多个指标分析合作社的绩效表现。董晓波(2010)提出,合作社作为独立的市场经营主体,既要参与市场竞争,同时也需要服务于全体社员,应从经济和社会两个方面考察其绩效。其中,经济绩效是合作社参与市场竞争的最终结果表现,考核指标包括销售增长率、利润增长率两个方面;社会绩效主要是其在服务能力和影响能力上的表现,指标包括社会知名度上升、服务社员的能力增强、社员规模增长等。也有学者注意到合作社对生态环境的影响,提出生态绩效的概念。例如,赵佳荣和蒋太红(2009)构建了包括社会绩效、生态绩效以及经济绩效在内的三重绩效体系,其中社会绩效主要体现在合作社对农业经济、农民收入、农村健康建设等社会事业的贡献方面;生态绩效主要体现在资源利用与环境保护方面;经济绩效主要体现在经营效益与经济规模方面。田艳丽等(2014)基于经济绩效、社会绩效、组织绩效和生态绩效四个方面构建牧民专业合作社绩效,其中经济绩效包括业务增长率与利润增长率;社会绩效包括社员满意度和合作社知名度;组织绩效包括社员对合作社的关注度和忠诚度;生态绩效包括无公害产品生产比率、草场整合使用面积、牧民的生态环境保护意识等。

即使选取的合作社绩效指标有别,但学者们在构建合作社绩效评价体系时都遵循了如下原则(李敏,2015):

① 全面性原则。选取指标时,要兼顾能反映合作社组织现状以及未来发展潜力的相关指标;

② 结合定量与定性原则。选择指标时应优先考虑定量化指标,以保障评价结果的准确、客观;

③ 兼顾经济效益与社会效益原则。基于合作社的长期发展目标,在考虑财务指标的同时,还需结合组织完善度、社会价值等进行非财务指标的补充;

④ 可操作原则。指标选取应考虑数据采集及量化的成本及可行性,指标若缺乏具体、准确的量的规定性,则不能成立;

⑤ 实效性原则。合作社绩效的研究目的是为政策制定者和合作社管理者提供有价值的信息,以促进合作社发展,因此指标选取应尽量反映合作社运行中可能出现的潜在问题;

⑥ 目标一致原则。选取合作社绩效指标应具备相应的理论依据,绩效目标不同层次子目标必须以推动总体绩效目标达成为前提;

与此同时,邵慧敏(2017)还指出,设置太多指标会导致合作社绩效评价的准确度降低,因而应避免指标选取数量过多、内涵重复的情况。

本书第一章提及了我国合作社的四大核心目标,即民主治理、公平分配、组织农户以及经济效益。鉴于合作社目标的多维性,本书研究将合作社绩效划分为治理绩效、社会绩效、经营绩效和收入绩效四个维度。在既有研究成果的基础之上,在遵循指标体系构建原则的前提下,本章构建了合作社绩效评价体系,包括目标层、准则层和指标层三个层级,见表4.1。

其一,合作社治理规范体现在生产者、惠顾者和所有者的同一性,由惠顾者(社员)民主控制并在惠顾者(社员)间公平分配(崔宝玉 等,2017),因此,本书研究设计"分配公平"和"民主控制"两项指标反映合作社的治理绩效。其二,合作社的社会责任和社会价值主要体现在其组织带动当地农户,促进当地农业经济发展,提高

表4.1 合作社绩效评价体系

目标层	准则层	指标层
合作社绩效	治理绩效	分配公平
		民主控制
	社会绩效	组织带动农户
		促进当地农业经济发展
		资源集约利用水平
		保护当地生态环境
	经营绩效	合作社生产经营规模
		合作社盈利能力
		合作社知名度
	收入绩效	合作社对社员增收的贡献

当地资源利用效率以及保护当地生态环境等几个方面（邵科 等,2014;赵佳荣 等,2009），因此,本书研究设计"组织带动农户""促进当地农业经济发展""资源集约利用水平""保护当地生态环境"四项指标反映合作社的社会绩效。其三,合作社作为经济组织,具有企业属性,首先需要实现经济效益,如规模化生产经营、最大化盈利能力、提高产品知名度等（邵科 等,2014;赵佳荣 等,2009;黄胜忠,2007），因此,本书研究设计"合作社生产经营规模""合作社盈利能力""合作社知名度"三项指标反映合作社整体层面的经营绩效。其四,合作社同时也是社员共同体组织,具有俱乐部属性,合作社通过组织社员生产来实现社员增加家庭收入的目标（邵科 等,2014;赵佳荣 等,2009），因此,本书研究以"合作社对社员增收的贡献"指标来反映合作社个体层面的收入绩效。

本书研究所构建的这一合作社绩效评价体系能够较为全面地反映合作社的组织现状与发展潜力,有利于引导合作社实现经济责任、组织责任以及社会责任的有机结合。治理绩效和收入绩效从社员个体角度考察合作社组织的规范与效益;社会绩效从合作社整体角度考察合作社对外部制度环境和生态环境的贡献;经营绩效考察合作社生产经营的现状与潜力。本书构建这一合作社绩效评价体系有充分的理论依据,各指标能够支持其对应的各个层面的绩效子目标,并能够与合作社民主治理、公平分配、组织农户以及经济效益的总目标保持一致性,从而保障合作社绩效评价的效度与信度。

第三节 新农人参与和合作社绩效:理论分析

一、理论框架的提出

1. SSP 范式

美国学者爱伦·斯密德(1987)在其著作中提出SSP范式,即"状态(Situation)—结构(Structure)—绩效(Performance)"范式,用于解释制度与绩效之间的关系,多应用于经济学和社会学领域。

状态(Situation)对于个人来说包括价值观、偏好、目标、知识、信息处理、选择与决策等特性,对于团体来说包括人数、成员特征和团体规则等,对于物品来说包括共享性、排他性、交易费用、剩余、波动性供求等。

结构(Structure)是人们所选的制度方案,这种"选择"在实际中可能是正式的,也可能是非正式的、无意识的。制度方案不仅会对理性交易产生影响,同时也塑造了个体偏好,并形成个体的行动选择感知(万健,2010)。结构能深入刻画人与人之间的权利关系与相对机会束,构成了人们采取行动及对他人行动的预期(万健,2010;陈辞,2011)。结构还代表着一个社会的游戏规则,决定了谁有机会参与资源的使用决策。根据SSP范式,绩效是财富在不同个体或团体之间的分配,现实中个体或团体间往往会产生利益冲突,权利结构很难做到绝对的公平和不偏袒任何一方,因此,以自由、效率、GDP增长等来衡量绩效的方法并不能很好地解释现实,而厘清谁的利益得到了满足才是衡量绩效的关键(陈辞,2011)。

绩效(Performance)是指一定状态下权利或制度选择的函数。

SSP范式中状态变量是给定的,结构变量是可选择的,该理论范式旨在论证在不同特性的状态下,相同的制度选择会产生怎样的绩效结果(王冰 等,2001)。根据SSP范式,多样化的物质特性往往会导致相互依赖的局面,因此,机会束交互影响下的外部性是无法避免的,外部性既是权利行使的表现,也是人与人之间相互制约和作用的结果,这不同于福利经济学提出的外部性是市场失灵的偶然结果。SSP范式能有效判断在差异化的状态条件下,不同权利结构对经济绩效产生的影响(陈辞,2011)。

2. DSR 模型

1996年,经济合作与发展组织(Organization for Economic CO-operation and

Development，OECD)在环境政策报告中提出DSR模型，即"驱动力(Driving force)—状态(State)—响应(Response)"模型,用于解释可持续发展的内部机理(Van,2007)。根据DSR模型,源自环境、资源等维度的压力形成驱动力(Driving force),引致环境状态(State)发生改变,如自然资源质量和数量的变化,对此变化,人类社会将通过行政、法律等措施作出响应(Response),以维持人类社会经济系统的可持续性(于伯华等,2004)。

DSR模型最早应用于环境管理研究领域,例如,谈迎新等(2012)、张小梅(2008)、陈蓓等(2012)应用DSR模型构建环境评估指标体系。其中驱动力变量是指导致发展不可持续的人类活动;状态变量是指在可持续发展进程中各系统的状况;响应变量是指人类社会为了维护可持续发展而采取的法律和政策等措施(冯才敏,2016)。目前,DSR模型已经延伸到更为广泛的研究领域。例如,花菲菲等(2016)通过将DSR模型应用于入境旅游流研究,揭示了来自客源地的内部驱动力会对游客出游欲望产生促进作用,继而由于游客出游行为改变旅游流状态,景区为响应这一状态变化而制定相应的政策。路荣荣等(2018)应用DSR模型分析非正式制度驱动力作用下,农地管护状态等因素引发农民对参与农地整理后期管护的心理响应机制,其中非正式制度驱动力包括思维习惯、伦理规范、价值观念和道德观念等;农地管护状态涉及意见征询与决策参与情况,以及宣传、投入、监督程度等情况;农民响应主要包括管护态度和管护意愿两个方面。

可见,DSR模型具有清晰的因果关系,因此,当基于DSR模型构建评价指标体系时,应重视指标之间的逻辑性。基于DSR模型构建评价指标体系的优势在于,指标与可持续发展目标密切相关,能够较为全面、客观、系统地评估人与环境之间的相互作用,并反映出不同指标之间的反馈机制(冯才敏,2016)。DSR模型中驱动力要素解释问题的起因,即为什么发生;状态要素解释问题的核心,即发生了什么;而响应要素解释问题的解决,即如何反应。

3. 一个新的理论框架:DSSP理论分析框架

SSP范式是产业组织研究中,解释特定状态下制度选择与绩效之间关系的重要理论,能够为分析新农人参与状态下的合作社绩效问题提供理论基础。但值得注意的是,我国农业组织的制度背景与SSP理论范式中的市场制度背景有所不同,完全借鉴SSP理论范式必将影响其适用性,因此,将SSP理论范式运用于本书研究需进行情境适用性调整。

DSR模型的理论分析和指标选取方法为本书研究提供了适用性框架。其一,越来越多的学者将生态环境理论应用到制度经济学和产业经济学领域,并发现其为经济管理科学问题提供的广阔视角(Moore,1996),逐步形成生态圈、生态位、组织印记等组织生态学理论(Amburgey et al.,1996)。DSR模型的应用领域逐步扩大,并表现出了对农业农村研究的适用性,其可为本书研究在中国农村情境下应用SSP范式提供理论分析框架(路荣荣 等,2018)。其二,新农人的核心特征之一是具备生态自觉,他们对资源环境的关注度高、责任意识强,本书研究拟探究新农人参与能够促进合作社在环境保护、资源利用等方面的改进,由于DSR模型与可持续发展目标密切相关,能够系统且全面地反映人与环境的相互关系与相互作用,因此能够为本书研究目标的实现提供重要的理论支撑。其三,DSR模型具有显著的因果逻辑,选取评价指标时应关注指标产生的原理,并强调指标之间的逻辑性以及各指标之间的反馈机制。本书所研究的新农人参与作为新生现象,指标选取难度大,DSR模型可为本书研究选取变量指标和建立指标评价体系提供理论依据。

基于此,本书在借鉴SSP理论范式和DSR理论模型的基础上,提出了DSSP理论分析框架,即"驱动力(Driving force)—参与状态(State)—结构响应(Structure)—合作社绩效(Performance)"理论分析框架,以新农人的管理参与、资本参与和交易参与为研究对象,探究新农人参与影响合作社治理绩效、社会绩效、经营绩效以及收入绩效的内在机制与作用效应。

二、驱动力与新农人参与

驱动力可解释问题的起因(路荣荣 等,2018),在本章中表示为什么会发生新农人参与合作社。张勇等(2017)基于人口迁移推拉理论,提出驱动力是推动力和拉动力相互作用下的推拉联动,其中推动力一般是具有消极影响的因素,拉动力一般是具有积极影响的因素。

当前,我国农业发展面临诸多问题和挑战,推动了新农人群体的出现。第一,农业生产的结构性矛盾愈发显著,在农产品价格提升遭遇瓶颈的同时,农业生产成本也在不断提高,我国农业亟需扩大有效供给,围绕需求端配置资源、重组生产(张红宇,2016)。第二,传统农业生产依赖农药、化肥、农膜的施用,导致农产品存在安全隐患,传统粗放型农产品已经无法满足社会需求。第三,传统农业生产导致农业生产环境恶化,土壤、水源以及生物多样性都遭到严重破坏,阻碍农业发展的可持续性。第四,工业化、城镇化的持续推进导致耕地数量不断减少,土壤肥力日益下降甚至退化,农村资源条件的约束不断增强。在这些因素的推动下,应运而生了一批拥有新时代思想理念与技术水平的新农人,他们饱含农业情怀,对"三农"事业抱有远大理想(张红宇,2016;杜志雄,2015;曾亿武,2016)。他们倡导可循环的生态农业生产方式,追求农产品质量安全,迎合市场需求提升农产品附加值,其意愿和行为符合国家农业改革和乡村振兴的政策导向,也契合提高农产品质量安全的社会需求。

同时,中国农业发展也迎来新机遇,促进新农人的出现和新农人参与合作社的发生。第一,随着城镇化进程的不断推进,农村人力资源要素流出严重,农村劳动人口结构趋于老龄化、兼业化。为应对这一困局,国家提出城乡一体化发展战略,出台一系列政策鼓励各种人才返乡创业,培育新型农业经营主体,激发社会资本向农业农村逆流动。在此激励下,投身农业农村的新农人队伍日趋壮大,成为改变农村面貌不可或缺的重要力量(张红宇,2016)。第二,随着信息技术的发展且被广泛应用于农业,传统农业生产逐步向自动化、智能化转型,尤其是"互联网+"技术向农业不断渗透,推动了农产品电子商务蓬勃发展,塑造了新农人成长的技术环境。新农人具备互联网基因和创新意识,率先尝试将新兴商业模式应用于农业,推动农业生产经营方式的创新(曾亿武,2016;刘颖娴,2009)。第三,市场需求结构发生巨变,消费者逐步由希望"吃得饱"向"吃得好""吃得安全健康"转变,更加重视农产品质量安全,更加青睐个性化、便捷化消费,更加关注产品背后的品牌故事。新农人对于市场与品牌有敏锐的洞察力,善于以识别度高的产品标识抓住消费者的视线,以品牌故事与消费者建立共振,运用淘宝、微信、微博、公众号、手机APP等互联网工具直接连接消费端与生产端,主动向消费者展示农产品产地、原材料及生产过程,与消费者建立深度信任,培养消费者的品牌忠诚度。第四,新农人参与农业生产一般通过三种组织形式:即企业、家庭农场和合作社(张红宇,2016),而合作社的组织优势为新农人参与提供了拉动力。企业经营方式在技术、资金、人力等资源要素方面具有优势,规模效益明显,但是与小农户联结不紧密,产品来源不稳定;家庭农场经营方式受限于规模,虽然抗风险能力弱,但制度灵活、决策高效,有利于对市场作出快速反应;合作社经营方式有显著的"生产在户、服务在社"特征,不需要事先具备企业和家庭农场那样较高的资源禀赋,相反,可以通过整合小农户的土地、劳动力等资源,高效率低投入地组织农业生产以及扩大生产经营规模。同时,合作社与社员农户之间联结紧密,具有利益共享、风险共担机制,因此合作社经营方式还具有自我监督功能,能够有效保障农产品的质量稳定。因此,更多的新农人选择领办或创办合作社,寻求与农户的共同发展(张红宇,2016)。

综上所述,农业生产结构性矛盾、农产品安全隐患、农业生产环境恶化以及农村资源条件约束等消极因素推动着新农人群体出现,而政策环境、技术环境和市场环境等积极因素激励着新农人参与农业,合作社的组织优势最终拉动着新农人参与合作社。如图4.2所示,新农人在以上推动力与拉动力的相互作用以及推拉联动下参与合作社。

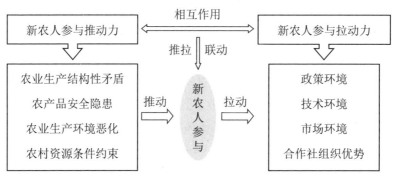

图4.2 新农人参与合作社的驱动力框架

三、新农人参与状态与合作社结构

驱动力可改变状态,状态描述的是问题的现状(于伯华 等,2004;路荣荣 等,2018),在本章表示合作社中新农人参与的状态。在大量实地调查中发现,合作社成员大多参与合作社交易,但是交易不甚密切,更类似于市场契约关系;多数成员没有资本参与,小部分核心成员资本参与突出;普通成员几乎没有管理参与,或者管理参与流于形式,对于合作社的影响甚微,而理事会成员对合作社的影响则更为显著(邵科 等,2013)。因此,作为合作社成员的新农人在参与合作社的过程中会呈现出不同的参与状态,使得合作社偏向市场契约结构或者偏向一体化企业契约结构。也就是说,合作社的新农人参与状态会引致合作社结构作出相应的响应。

1. 新农人管理参与状态与合作社治理结构

治理结构是组织内利益相关者之间交易的规则、制度和约束集(Hendrikse,2003)。与企业组织类似,合作社也是一种治理结构,而合作社治理结构具有一定的特殊性,一方面在于其作为成员所有的组织,其基本决策由全体生产者共同完成,当成员之间的观点不同或有利益冲突时,合作社就难以达成合理决策的目标,合作社治理的效率存疑(Townsend,1995;Zusman,1982);另一方面在于其分配必须尊重益贫性基本原则,否则即使合作社能够实现理想的财务绩效,也会遭遇成员的认同危机,从而激化内部冲突(邵科,2012)。因此,我国合作社治理结构主要包括决策结构和分配结构两个方面。

根据合作社原则,普通成员应通过全体成员大会,以一人一票的制度参与合作社管理。但在目前的实践中,我国合作社成员大会的召开情况普遍不理想,普通成员甚至倾向于放弃管理参与。在大量实地调研中发现,作为普通成员的新农人,其管理参与不甚显著,对合作社治理的影响非常有限(邵科,2012)。2016年,农业农村部调研数据显示,61.9%的新农人没有农业相关经验,47.9%的新农人异乡创业,这就意味着有相当比例的新农人无法从事实际农业生产,而是通过自身人力资本和社会资本的整合利用来运营合作社,担任合作社理事长或理事,通过组织小农户来进行农业生产(张红宇,2016)。因此,"理事长是否为新农人"和"理事会成员中新农人的人数比例"决定了新农人的管理参与状态。

新农人担任理事长能够高效落实其生产经营理念,因此管理参与是最为直接高效的。一方面,若合作社只有理事长是新农人,则容易倾向于决策集中;若在合作社理事长是新农人的同时,理事会成员中也存在一定比例的新农人,则可以形成一定的决策制衡,但若理事会成员中新农人的比例过高,则有可能导致核心圈新农人集体行动;若合作社理事长不是新农人,而理事会成员中存在新农人,则新农人的管理参与并不直接,影响决策的效率不高。另一方面,新农人往往受过良好的教育或者拥有丰富的管理经营经验,具备显著的人力资本和社会资本,能够调动社会关系网络整合资源,帮助合作社实现财务绩效,因此,深度参与合作社管理的新农人必然有兑现其人力资本产权的内在需求,最典型的做法就是调整分配结构,增加按股分配盈余的比重,减少按交易量(额)返还盈余的比重(邵科,2012;周应恒 等,2011)。通过以上分析可知,新农人管理参与状态会引致合作社治理结构作出响应。

2. 新农人资本参与状态与合作社股权结构

合作社财产来源主要包括五个部分,即成员出资、公积金、国家财政补助、他人捐赠和合法取得的其他资产(张红梅,2008)。邵科(2012)认为,他人捐赠和合法取得的其他资产目前在我国合作社中尚不普遍,并且由于我国合作社发展的时间不长,公积金积累尚少,发达国家时常发生的因合作社公积金数额过大而造成产权模糊的情况在我国也不多,因此可以忽略这三项资产来源。苑鹏(2004)认为,各级政府的财政补助在我国合作社中往往作为借贷资金或扶持资金存在,不应纳入合作社股权结构的考虑范围。因此,本章对于合作社资产只考虑社员出资额以及基于出资额股份的增值金额。另外,我国合作社股权结构具有明显的异质性,普遍存在"农村精英控制""普通社员被外围化"等股权现象,以及股权过于集中而缺乏制衡导致的"产权锁定"等问题(马彦丽 等,2009;黄胜忠 等,2008;丁建军,2010;徐旭初,2006;周春芳 等,2010;崔宝玉 等,2008)。因此,我国合作社股权结构主要涉及股权的集中度与制衡度两个方面。

合作社理事长的资本参与情况会使得合作社形成某种特定偏好,核心成员若存在紧密的产权关系,则会促使合作社形成核心圈集体行动,从而边缘化普通社员股权(邵科 等,2013)。因此,"新农人理事长投资额占比""新农人理事投资额占比"和"新农人普通社员投资额占比"决定了新农人的资本参与状态。

新农人理事长若大比例持有合作社股份,则新农人资本参与效度高,合作社股权因此高度集中于新农人,使得合作社发展路径烙有新农人的印记。但是,仅依赖理事长一人资本参与,是难以维持合作社长期持续发展的。若理事会成员也有相当比例的新农人持有股份,且新农人理事和新农人理事长的持股比例相当,则意味着新农人资本参与高效且深入,合作社股权结构集中且相对均衡;若理事会成员有新农人持有合作社股份,但持股比例较新农人理事长差距显著,则意味着新农人资本参与深度与效度不匹配,合作社股权集中度高而均衡度低;若包括理事长在内的理事会新农人持股比例显著高于普通社员中的新农人,则意味着新农人资本参与广度不足,合作社股权结构会呈"核心—外围"化。通过以上分析可知,新农人资本参与状态会引致合作社股权结构作出响应。

3. 新农人交易参与状态与合作社交易结构

合作社是一种基于交易的制度安排。作为惠顾者与所有者同一的组织,合作社与社员之间因交易而形成的契约关系和利益分配是其存续的基础(崔宝玉 等,2017)。我国合作社由于社员之间在利益需求、要素禀赋以及对合作社的贡献上存在差异,因而普遍存在外围社员、积极社员以及核心社员的分化现象,交易额度、交易频率及交易稳定性的差异会影响不同社员与合作社的交易忠诚度(崔宝玉 等,2017;李明贤 等,2016)。社员交易的忠诚度既是合作社稳定产品来源的保障,也是合作社实现农户合作收益的体现,对于合作社的成功至关重要。但是合作社发展往往需要在公平与效率之间进行博弈,因此合作社不仅需要小农户的忠诚交易,也需要生产大户的集中交易(Anderson et al.,2003)。一方面,交易集中意味着合作社大部分的农产品来源于少数的社员,那么,合作社推进标准化生产只需要重点对生产大户进行监督管理,因此,农产品品质更容易控制,合作社内部交易费用相对更低。另一方面,交易过度集中会强化社员分化,交易量大的社员很可能在合作社获得更多的优惠和谈判优势,从而攫取交易量小的外围社员的利益。因此,我国合作社交易结构主要包括交易忠诚度和交易集中度两个方面。

传统意义上的合作社交易包括收购农产品、采购生产资料、提供技术培训和信息服务等。新农人区别于传统农民的核心特征在于其具备生态自觉、社群思维、互联网技能和创新能力。在大量实地调研中发现,有新农人参与的合作社除了传统交易,往往还会发生新型交易,诸如提供智慧农业平台、授权区域品牌等。因此,"新农人传统交易参与度"和"新农人新型交易参与度"决定了新农人的交易参与状态。

我国合作社形成于家庭联产承包责任制的基础之上,具有"生产在户、服务在社"的特点。合作社提供新型交易需要投入巨额的专用性资本以引进高科技种养设备和信息网络技术平台等,通过标准化生产、自动化筛选定级、优质优价分级收购、可追溯监管系统等制度化运营手段来规避低效的关系契约交易,因此合作社不可能向非社员提供与社员无差别的交易内容和交易价格,这无疑会创造社员与非社员间的差异化交易,并促进社员农户增收,进而增强社员农户与合作社进行重复交易的意愿,强化合作社交易的忠诚度。实践中,我国合作社成员间的交易额往往并不平均,表现出显著的"强者牵头、弱者参与"的异质性(徐旭初 等,2009)。普通社员缺乏交易忠诚度便会减少甚至断绝与合作社的交易,从而进一步加剧合作社交易的异质性与集中度。相反,提高社员交易忠诚度可以在一定程度上缓解合作社交易的过度集中与异化。通过以上分析可知,新农人交易参与状态会引致合作社交易结构作出响应(邵科,2012)。

四、合作社结构与合作社绩效

1. 合作社治理结构与合作社绩效

合作社治理的难题在于兼顾公平与效率,我国合作社主要是依赖盈余分配、决策制度等内部机制来尽可能做到兼顾公平与效率(黄胜忠 等,2008)。

合作社剩余索取权和剩余分配权被限定在惠顾群体之中,社员只有与合作社发生惠顾才能被赋予权利(崔宝玉,2011)。按惠顾返还的盈余分配方式有利于对社员的贡献作出公平的评价,是判断合作社质性规范的重要依据,但不一定能带来社员实际收入的提高(曲承乐 等,2019;高海,2017)。随着合作社从生产合作转向要素合作,合作社开始自建生产基地,规模经营的生产过程愈发集中到合作社手中,而普通社员在农业资源和惠顾量方面的贡献能力逐渐萎缩,资本对合作社的实际贡献甚至超过了惠顾。在此背景下,过分限制按股分配盈余的比例可能割裂资本与合作社功能和价值的联系,从而限制合作社生产经营规模的扩大、先进技术的引进以及品牌的建设等活动,进而影响合作社增效与社员增收(曲承乐 等,2019)。

财务公开次数,理事会、监事会、社员大会召开次数等内部监督制度保障了社员履行其知情权与监督权的权利,是合作社规范运作的基础(徐旭初 等,2010)。社员退社制度则保障了社员"用脚投票"的权利,可以在一定程度上威慑理事长的投机行为,是缓解合作社内部委托代理问题的润滑剂(崔宝玉,2011)。理事会成员经由社员大会选举产生,但在社员异质性的客观事实下,投入更多货币资本、人力资本或社会资本的社员更有可能当选,从而代理普通社员行使大部分决策权和监督权(徐旭初 等,2010)。决策的集中可以提高资源集约化利用效率,减少内部交易费用,但是决策的过度集中会增加核心圈投机行为,影响合作社内部监督制度和社员退出制度的制定与执行,进而影响社员权利的实现,以及社员对合作社民主治理的满意度。

由此可见,由分配结构和决策结构构成的合作社治理结构会影响合作社治理绩效、社会绩效、经营绩效以及收入绩效。

2. 合作社股权结构与合作社绩效

我国合作社的股权结构问题主要是内部人员控制问题,具体表现为少数核心成员(尤其是合作社理事长)持有合作社绝大多数股份,即股权的集中度与均衡度问题(黄胜忠 等,2008;丁建军,2010)。

崔宝玉(2011)认为,合作社资本包含核心资本和外围资本两部分,普通社员只提供获取社员资格的外围资本,在合作社总资本中的占有比例极为有限,而核心社员占据了合作社总资本的绝大比例,核心社员会利用其资本占有的优势强化对普通社员的代理,弱化普通社员的议价能力,从而掌握盈余分配规则制定的话语权,导致合作社控制权从所有社员手中转移汇聚至核心社员手中。另外,按股分配盈余使得占有多数股份的少数核心成员得以分到更多的合作社利润,除了兑现其人力资本,也攫取了普通社员的部分合作收益,从而有损普通社员对合作社的满意度和认同度(杜亮亮 等,2010)。而作为合作社"代理人",理事会通常由核心社员组成或控制,较高的股权集中度有助于提高资本利用效率,节约内部交易费用,缓解合作社的委托代理问题,对合作社的盈利能力具有正向激励作用(邵科 等,2014;崔宝玉,2011)。通常普通社员为获取社员资格而持有的股份大致相等,但是核心社员的持股比例往往差异显著(崔宝玉,2011)。若核心社员之间的持股较为平均,则能够形成较好的股权制衡,有利于规避股权过于集中导致的理事长投机行为及价值偏离等,但是值得注意的是,也可能因此形成核心圈集体行动,核心社员采取利益共谋而不是互相监督,本就处于"委托方"信息劣势的普通社员会因此进一步被边缘化。

由此可见,由股权集中度和股权制衡度构成的合作社股权结构会影响合作社的治理绩效、社会绩效、经营绩效以及收入绩效。

3. 合作社交易结构与合作社绩效

合作社治理的本质是对交易的治理(崔宝玉 等,2017),交易结构是合作社制度安排的重要维度,主要包括交易集中度和交易忠诚度两个方面。

若合作社交易集中发生于少数生产大户社员与合作社之间,则生产大户社员成为合作社生产的"领头羊",拥有优于小农社员的信息优势和议价能力,甚至可以影响资源的配置。一方面,"领头羊"社员可能带动小农社员联合议价以提高产品价格,从而深化小农社员与产业链的嵌入,提高小农社员收入;另一方面,"领头羊"

社员作为理性的"经济人"也可能为追求利益最大化而指挥资源调配到自己手中,从而侵占小农社员的利益,引发"大农控制"问题(崔宝玉,2011)。交易集中虽然可以节约合作社交易费用、提高交易效率,但也可能因小农社员的信任危机而增加合作社内部管理成本。若合作社内部信任和社员满意度受到损害,会削弱小农社员与合作社交易的意愿,这无疑会进一步加剧合作社交易的异质性,导致交易集中度进一步加深,形成恶性循环。

交易忠诚形成的内部信任能够降低合作社内部行为的不确定性,社员相信自己进行专用性投资后不会被攫取,并相信契约可以得到良好的履行,这样的信任机制持续运行成为规范,有助于实现信息的无偏传递,从而降低合作社交易成本和管理成本,提高合作社经营利润(崔宝玉,2011;张益丰,2019)。信任带来的内部凝聚力能够为合作社赢得外部合法性,获取外部资源,提升知名度,从而推动更多非社员农户加入合作社,合作社生产经营规模得以扩大。另外,交易忠诚形成的内部共识能够提高合作社内部行为的一致性,生产大户社员与小农户社员之间的联系会更加紧密,从而能够在更高层次上达成合作互惠和内部均衡,小农户社员参与合作社监督和管理的意愿得到增强,进而有助于形成对"大农控制"的有效约束,解决合作社内部的委托代理问题。

由此可见,由交易集中度和交易忠诚度构成的合作社交易结构会影响合作社的治理绩效、社会绩效、经营绩效以及收入绩效。

综上所述,本章提出"驱动力(Driving force)—参与状态(State)—结构响应(Structure)—合作社绩效(Performance)"的DSSP理论分析框架,如图4.3所示,并基于此提出如下理论假说:

理论假说H1:新农人参与会影响合作社绩效[①]。

理论假说H2:新农人不同的参与方式[②]会影响合作社绩效。

理论假说H3:新农人不同的参与状态[③]会影响合作社绩效。

---

① 这里所述的合作社绩效包括合作社治理绩效、社会绩效、经营绩效、收入绩效以及综合绩效。

② 这里所述的新农人不同的参与方式包括新农人管理参与、新农人资本参与以及新农人交易参与。

③ 这里所述的新农人参与状态具体指:新农人管理参与状态包括"理事长是否为新农人"和"理事会成员中新农人的人数比例";新农人资本参与状态包括"新农人理事长投资额占比""新农人理事投资额占比"和"新农人普通社员投资额占比";新农人交易参与状态包括"新农人传统交易参与度"和"新农人新型交易参与度"。

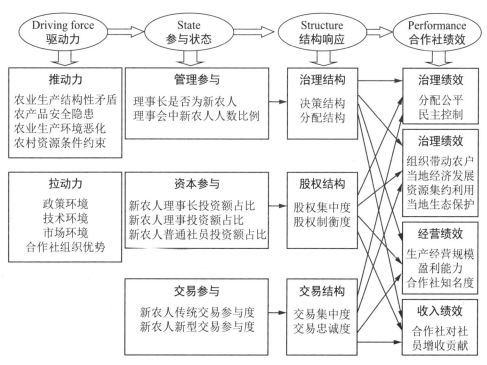

图4.3　DSSP理论模型框架

本章小结

本章从理论上刻画了合作社的新农人参与,具体包括三个层级:

① 刻画新农人参与决策,即新农人是否选择成为合作社成员,有新农人社员的合作社才存在新农人参与;

② 刻画新农人以何种身份参与合作社,即以管理者、所有者还是惠顾者身份参与,相应地,合作社发生新农人管理参与、新农人资本参与和新农人交易参与三种参与方式;

③ 刻画新农人参与合作社的状态,具体来说,新农人管理参与状态是指理事长是否为新农人以及理事会成员中新农人的人数占比,新农人资本参与状态是指新农人理事长投资额占比、新农人理事投资额占比以及新农人普通社员投资额占比,新农人交易参与状态是指新农人传统交易参与度和新农人新型交易参与度。

同时,本章根据合作社的双重属性和多维目标,界定了合作社绩效的内涵及维度,具体包括治理绩效、社会绩效、经营绩效以及收入绩效四个方面,并基于此构建了合作社绩效评价体系。

在以上基础之上,本章借鉴产业组织理论SSP范式和生态经济理论DSR模型,构建了"驱动力(Driving force)—参与状态(State)—结构响应(Structure)—合作社绩效(Performance)"的DSSP理论分析框架,以剖析新农人管理参与、资本参与和交易参与通过合作社的治理结构、股权结构和交易结构响应,进而影响合作社各个维度绩效的内在机理。

根据理论分析,本章提出理论假说:即新农人的管理参与、资本参与和交易参与会影响合作社治理绩效、社会绩效、经营绩效以及收入绩效。之后的章节将采用微观调查数据对上述理论假说进行实证检验。

第五章　新农人参与的选择与合作社绩效问题

第四章从理论上分析了新农人参与影响合作社绩效的内在机制,并据此提出3项理论假说。理论假说H1:新农人参与会影响合作社绩效;理论假说H2:新农人参与方式会影响合作社绩效;理论假说H3:新农人参与状态会影响合作社绩效。

本章将根据课题组实地调查获取的微观数据,采取AHP层次分析法测度合作社绩效,选取PSM倾向得分匹配法对比合作社有无新农人参与下的多维绩效表现,论证新农人不同参与方式对合作社多维绩效的影响,以对理论假说1和理论假说2进行实证检验。

第一节　数 据 说 明

一、实地调查数据

新农人参与合作社是我国部分合作社微观层面的新生现象,宏观统计数据难以解释相关问题,因此,为了研究我国现阶段新农人参与合作社的问题,本课题组自2019年3月至9月对安徽省农民专业合作社进行了专题调查,具体通过结构化访谈与调查问卷相结合的方式开展实地调研工作。本次调查包括两个阶段,即预调查阶段和正式调查阶段。调查前须提前完成访谈提纲和调查问卷的设计,再选取样本地展开预调查工作,目的是检验问卷的有效性和可行性,根据预调查的反馈完善问卷内容之后,开展正式调查工作。课题组于2019年3月在安徽省砀山县开展预调查工作,于2019年7月至9月前往安徽省灵璧、界首、颍上、霍邱、固镇、谢家集等县(区)进行正式调查。

调查问卷的设计步骤具体包括:首先,课题组成员根据各自研究方向拟出相关研究问题,然后开会研讨各自研究问题的必要性,再整理和筛选出部分相对重要的问题,汇编为结构化访谈提纲和调查问卷初稿;其次,基于研究问题选取合适的预调查对象,对其进行半结构化访谈以论证拟研究问题的实践合理性,挖掘前期研讨未考虑到的新问题,从而规避"拍脑袋"式研究,避免理论脱离实际;同时,对预调查对象开展预问卷调查,以检验问卷设计的有效性和相关信息的可获取性;再次,依据预调查的反馈修改并完善调查问卷设计,运用Likert方法编制格式化问卷,以确保问卷的科学性及合理性;最后,调查问卷的内容涉及合作社运营、新农人识别及新农人参与情况三大部分,具体涵盖:调查对象的基础信息、领办人基本情况、合作社生产经营基本信息、合作社投入与产出情况、合作社治理机制与外部扶持情况、社员收入及满意度情况、合作社所在地区社会经济与环境情况,以及新农人在先前经历、生态自觉、互联网技能、创新意识及参与合作社生产经营、规范治理、资源利用等方面的情况。

为最大限度地保证田野调查的质量,获取真实有效的微观样本数据,本次实地调查队伍由笔者及5名农业经济博士生、6名硕士生共计12人组成。在正式调查前,笔者对全体调查人员进行了为期一天的培训,针对此次调查的目的、对象、询问技巧、记录要求以及注意事项等作了详细说明,并对问卷内容逐一进行了解释,针对调查人员提出的疑问一一解答,以确保每位调查人员都能够深刻理解并执行此次田野调查;同时,在调查过程中,要求每位调查人员根据调查问卷和访谈提纲对被访对象进行一对一的面对面访谈并据其回答代其填写问卷,对被访对象迟疑的关键问题进行多角度征询以验证其回答的信度和效度,以防止因被访对象主观误解造成数据失效;另外,要求每位调查人员将当天调查中发现的问题在晚上集体汇总时进行讨论和交流,以及时发现并纠正实际调查中发生调查人员主观误判或操作偏差。在此基础之上,课题组对所有问卷进行汇总整理,对相关信息进行编码处理,为后续展开统计分析和计量分析做好基础工作。本次实地调查合计派发问卷380份,删除部分信息明显错误或者关键信息遗漏的问卷,合计有效问卷337份,问卷回收率达88.7%。

在确定调查的空间范围时,课题组综合考虑各区域的社会经济发展、农业资源潜力、合作社运营及新农人发展等方面的情况,最终选取安徽省作为样本区域,原因如下:首先,安徽省位于华北平原,其中平原、丘陵和山地各占三分之一,是我国农业生产的主要省份,农村人口规模大。2017年,安徽省粮食总产量达到347.6万公斤,处于全国第八位,乡村人口约占总人口的46.5%。其次,安徽省是我国农业改革试点的重要省份,省内合作社发展时间较长、数量较多、运行较为规范。最后,安徽省作为劳务输出大省,农业社会化服务发展较快,近年来在政策引导下返乡入乡投身农业的各类人才不断增加,形成一定的新农人基础。因此,以安徽省合作社作为调查对象研究合作社的新农人参与问题,代表性较强、可信度较高,同时具备现实意义与理论价值。本次正式调查的对象共涉及安徽省内6个县区的合作社,调查对象的选取采用四阶段非概率抽样。首先,在安徽省辖市中抽取5个市(阜阳市、六安市、淮南市、宿州市、蚌埠市)开展调查;接着从每个市抽取1到2个县(区),每个县(区)抽取2到4个乡镇作为调查地;最后结合典型抽样和随机抽样等方式选择部分合作社作为调查对象。就区域分布而言,本次选取的样本合作社覆盖了安徽省合作社发展的主要区域,且在各县(区)间的分布较为均衡,如图5.1所示。从类型分布来看,本次调查对象覆盖粮食作物种植,蔬菜、水果等特色农业种植,以及畜禽水产养殖三类合作社,且比例较为均衡,如图5.2所示,其中粮食种植类合作社占35.01%,特色种植类合作社占42.14%,养殖类合作社占22.85%。同时,样本地区各县(区)的三类合作社比例分布也大致相似,具体见表5.1。由此可见,本书研究所选取的样本合作社具备相当的代表性,能够较为客观、全面、准确地反映安徽省各种类型合作社的发展现状。

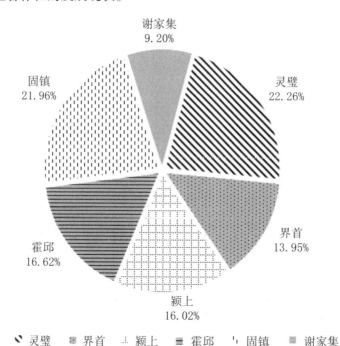

图5.1 样本合作社的区域分布

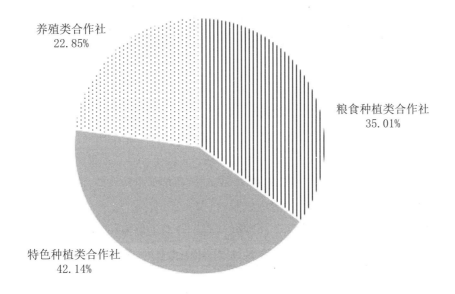

图5.2 样本合作社的类型分布

表5.1 样本合作社的统计特征描述

地区	灵璧	界首	颍上	霍邱	固镇	谢家集	总样本数
粮食种植类合作社	31	17	15	14	29	12	118
特色种植类合作社	27	18	28	23	35	11	142
养殖类合作社	17	12	11	19	10	8	77
总样本数	75	47	54	56	74	31	337

注:根据2019年本课题组调研数据整理。

二、其他数据

除了上述课题组实地调查所获得的一手微观数据,本书研究所需其他数据的来源主要包括:《中国统计年鉴》《中国农村统计年鉴》、中国农业农村部官方网站、社会科学官方网站、中国农业普查数据公开报告、中国经济网站、全国农村固定观察点农户调查数据以及相关文献资料等。

三、数据的统计性描述

1. 合作社的基本情况

本次调查有效问卷的337家合作社中被评为示范社的共有92家,其中国家级示范合作社仅有4家,省级示范合作社有31家,市级示范合作社有23家,县级示范合作社有34家,具体见表5.2。实地调查发现,国家级示范合作社通常能够创造良好的经济效益,在社员规模、资产规模及基地规模方面均具有较高水平,建有较为完善的标准化生产规范、产品可追溯机制,以及生产、储藏、加工、包装、运输、销售、社员交易等记录制度,对当地合作社发展具有显著的示范作用。

表5.2 调研县(区)示范合作社数量对照表

示范社级别	非示范社	县级	市级	省级	国家级
合作社数量(个)	245	34	23	31	4
占总样本比例(%)	72.70	10.09	6.82	9.20	1.19

337家合作社中有34.72%的合作社拥有自建基地,其中基地面积在300亩[①]以内的有82家,300亩到1000亩之间的有21家,1000亩到2000亩的有6家,2000亩以上的有8家,具体见表5.3所示。

表5.3 调研合作社基地建设概况

自建基地面积(亩)	0	0~300	300~1000	1000~2000	2000以上
合作社数量(个)	220	82	21	6	8
占总样本比例(%)	65.28	24.33	6.23	1.78	2.37

总体来看,样本合作社的社员规模普遍有限。由表5.4中的数据可知,94.96%的合作社规模都在100户以内,其中社员规模不足20户的合作社有239家,占总样本数量的70.92%。有效样本中仅有17家合作社的社员规模超过100户。

表5.4 调研合作社社员规模概况

社员数(户)	5~20	21~100	100以上
合作社数量(个)	239	81	17
占总样本比例(%)	70.92	24.04	5.04

除了社员规模,合作社对非社员农户的带动效应也是考察其社会功能的重要方面。由表5.5中的数据可知,337家合作社中82.79%的合作社带动非社员的规模在20户以下,仅有7.42%的合作社能够带动超过100户的非社员农户。

---

① 1亩约为0.0667公顷。

表5.5 调研合作社带动的非社员规模概况

带动非社员数(户)	5~20	21~100	100以上
合作社数量(个)	279	33	25
占总样本比例(%)	82.79	9.79	7.42

本次调研的337家合作社中有46.29%的合作社注册资本不到100万人民币,注册资本在500万以上规模的合作社仅有18家,占样本总量的5.34%;而注册资本规模在100万至200万人民币之间和200万至500万人民币之间的合作社数量相当,共占样本总量的48.37%,具体见表5.6。

表5.6 调研合作社带动的资本规模概况

注册资本(万元)	100以下	100~200	200~500	500以上
合作社数量(个)	156	83	80	18
占总样本比例(%)	46.29	24.63	23.74	5.34

2. 合作社的生产经营情况

本次调查的337家合作社涉及粮食种植类合作社118家,特色种植类合作社142家,养殖类合作社77家。粮食种植类合作社生产经营的品种主要有小麦和玉米;特色种植类合作社生产经营的品种主要有:红薯、西红柿、菌菇等蔬菜,西瓜、葡萄、草莓、梨、桃等瓜果,以及药材、棉花、苗木等。养殖类合作社生产经营品类包括:鸽子、鸭、鸡、鹅等禽类,猪、牛等畜类,以及小龙虾、泥鳅、鱼等水产类。

整体来看,337家合作社的加工程度普遍较低,83.98%的合作社仅出售初级农产品。涉及农产品初级粗加工的合作社共有42家,其中进行果蔬类初加工的有19家,进行粮食类初加工的有10家,进行畜禽水产类初加工的有13家。涉及农产品精细化深度加工的合作社共有12家,其中进行果蔬类深加工的有6家,进行粮食类深加工的有4家,进行畜禽水产类深加工的有2家。数据反映出现阶段安徽省合作社大部分仍处于初级生产阶段,农产品附加值的提升空间较大,详细情况见表5.7。

表5.7 调研合作社加工概况

合作社数量(家)	初级农产品	粗加工	深加工
总样本	283	42	12
占总样本比例(%)	83.98	12.46	3.56
粮食种植类	104	10	4
特色种植类	117	19	6
养殖类	62	13	2

3. 合作社的资源状况

理事长的人力资本禀赋是合作社重要的内部资源,对于合作社获取外部资源以及组织农户生产等起着至关重要的作用。理事长具有较高的文化素养能够对农业经济政策有更强的解读能力,具有更前沿的战略眼光为合作社引入先进的生产技术和经营管理理念,具有更强的学习能力,带领合作社创新生产经营模式(李敏,2015)。在本次调查的337家合作社中,理事长普遍具有初高中以上文化程度,初中学历的理事长占比38.58%,中专/高中学历的理事长占比32.34%,本科以上学历的理事长占比19.59%,具体见表5.8。

表5.8 调研合作社理事长受教育程度概况

理事长文化程度	小学及以下	初中	中专/高中	大专/本科	研究生及以上
合作社数量(个)	32	130	109	65	1
占总样本比例(%)	9.50	38.58	32.34	19.29	0.30

理事长担任社会职务,如乡镇政府工作人员、村书记、村长等,也是合作社重要的内部资源,有利于合作社获取外部合法性。由表5.9中的数据可知,在本次调查的337家合作社中,78.04%的合作社理事长是普通农民(并未担任任何社会职务),12.46%的合作社理事长担任村社管理者,9.5%的合作社理事长在企业或乡镇站所任职。

表5.9 调研合作社理事长担任社会职务概况

理事长社会职务	普通农民	村社管理者	乡镇站所或企业负责人
合作社数量(个)	263个	42个	32个
占总样本比例(%)	78.04	12.46	9.50

另外,政府补贴和税收减免是合作社重要的外部资源。由表5.10中的数据可知,在本次调查的337家合作社中,享受过政府补贴的合作社仅有61家,且多为各级示范合作社的奖励性补贴;享受税收减免的合作社仅有65家;而没有获得任何形式政府扶持的合作社高达80.71%。可见,单单依靠政府的支持很难推动合作社长期发展,合作社自身也需要具备一定的资金筹备能力。而合作社的特殊性质造成其往往没有可以融资的抵押物,故开展内部资金互助成为解决合作社融资困境的可能路径(李敏,2015)。实地调查中发现,资金互助的实现困难重重,难以从根本上解决融资难问题,原因在于:其一,监管难。如果不能建立有效的内部监督机制,资金很容易挪作他用;其二,互助难。由于合作社往往联合的是同一类型农业生产的农户,社员的生产周期具有同质性,因此对资金的需求在时间上没有错位,合作社内部难以互相拆借资金。本次调查所得数据也显示,仅有23.44%的合作社制定并执行了内部资金互助计划。

表5.10 调研合作社外部扶持概况

处部扶持情况	享受政府补贴	享受税收减免	无政府扶持	开展资金互助
合作社数量(个)	61	65	272	79
占总样本比例(%)	18.10	19.29	80.71	23.44

4. 合作社的治理情况

据《中华人民共和国农民专业合作社法》第二十四条,合作社每年必须召开1次以上成员大会,全体社员通过成员大会对合作社重大事项进行表决,以实现公平办社、民主决策。在本次调查的337家合作社中,14.54%的合作社全年未组织召开成员大会,50.15%的合作社全年仅召开了1次成员大会,仅有2.97%的合作社全年召开了6次以上成员大会,具体见表5.11。

表5.11 合作社成员大会召开情况调查表

成员大会召开次数(次/年)	0	1	2~6	6以上
合作社数量(个)	49	169	109	10
占总样本比例(%)	14.54	50.15	32.34	2.97

相比于成员大会,合作社治理更多是由理事会成员会议完成的(刘同山 等,2013)。召开理事会成员会议,由全体理事会成员参与合作社重大事项的决策,能够在一定程度上规避理事长独断专行,制约理事长的投机行为,防止合作社治理异化为"一言堂"。由表5.12中的数据可知,本次调查的337家合作社中有37.09%的合作社全年没有召开理事会成员会议,28.49%的合作社全年仅召开了1次理事会成员会议,28.78%的合作社全年召开了2至6次理事会成员会议,5.64%的合作社全年召开了6次以上理事会成员会议。

表5.12 调研合作社理事会召开情况

理事会召开次数(次/年)	0	1	2~6	6以上
合作社数量(个)	125	96	97	19
占总样本比例(%)	37.09	28.49	28.78	5.64

另外,本次调查数据还显示,仅有17.80%的合作社做决策是通过成员大会表决完成,而37.09%的合作社是由理事长"一言堂"进行决策,45.10%的合作社是由核心社员共同参与决策,具体见表5.13。

表5.13 调研合作社决策方式概况

决策方式	理事长一人决策	核心社员共同决策	通过成员大会表决
合作社数量(个)	125	152	60
占总样本比例(%)	37.09	45.10	17.80

监管机制也是合作社治理的重要组成部分,监事会即是合作社的监管机构。监事会成员来自社员,由全体社员通过成员大会选举产生。监事会的职权通常由合作社章程规定,一般包括对管理人员(理事长、理事会或经理人等)的职务行为及合作社财务状况等进行检查及监督。监事会有利于增强合作社内部监督,减少合作社负责人以权谋私的投机行为(李敏,2015)。本次调查的337家合作社中有43.62%的合作社上一年度没有召开过监事会,28.19%的合作社上一年度仅召开

了1次监事会,具体见表5.14。在实地调研中还发现,大部分合作社社员并没能有效实行其监督权,这也制约着合作社的规范发展。

表5.14 调研合作社监事会情况

监事会召开次数(次/年)	0	1	2~6	6以上
合作社数量(个)	147	95	87	8
占总样本比例(%)	43.62	28.19	25.82	2.37

实际上,合作社的合作是将所有社员的资源进行整合,再把社员权利交由合作社统一管理和调配,以实现合作收益的帕累托改进,并根据社员投入占比重新分配帕累托改进后的收益(王敏,2013)。根据《中华人民共和国农民专业合作社法》第三十七条,合作社可分配盈余的60%以上应按交易量(额)比例返还。由表5.15中的数据可知,本次调查的337家合作社中有25.82%的合作社没有履行按交易量(额)返还盈余的规定。除此之外,250家合作社虽然有按交易量(额)向社员返还盈余,但是比例远未达到《中华人民共和国农民专业合作社法》的规定,其中仅有2家合作社按交易量(额)原则返还盈余的比例达到了60%这一标准,说明当前合作社治理的规范性尚存较大缺陷。

表5.15 调研合作社盈余分配概况

盈余分配方式	未按交易额(量)返还	按交易额(量)返还
合作社数量(个)	87	250
占总样本比例(%)	25.82	74.18

5. 合作社的电商采纳情况

传统农产品销售渠道主要包括农贸批发市场、客商上门收购、农产品超市等,普遍存在产销链条长、中间消耗大、信息获取不完全等弊端,使得合作社在销售环节往往面临诸多障碍(胡俊波,2011)。电子商务的出现创造了一个全新的虚拟贸易平台,以新商业情境、新支付手段、新渠道理念给传统贸易平台带来挑战,也为合作社突破桎梏带来机遇(李骏阳,2014)。首先,通过电子商务进行线上交易具有低成本、虚拟化、不受时空限制等特征,合作社采纳电商能够有效压缩中间销售环节,高效匹配农产品供给与市场需求(李骏阳,2014);其次,合作社可以通过追踪电商平台的数据记录,分析消费者偏好,精准圈定目标受众,形成以销定产的运营模式,避免生产过剩带来的损失;最后,合作社采纳电商有助于改变传统销售情境中小农户作为"价格接受者"的被动地位,使其跨越繁杂的中间商收购环节,有效对接市场,从而控制交易成本,提升交易效率(王胜 等,2015)。本次调查的337家合作社中,采用电商销售农产品的合作社有77家,占样本总量的22.85%,但是绝大部分合作社仍是依赖传统渠道进行销售。表5.16中的数据反映出目前安徽省合作社的电商采纳尚不成熟,覆盖率及普及率均不高。

表5.16 调研合作社电商采纳情况

销售渠道	电商销售	传统渠道销售
合作社数量(个)	77	260
占总样本比例(%)	22.85	77.15

此外,在实地调查中还了解到,限制合作社采纳电商的原因主要有:其一,由于农产品重量大、易腐烂的特性,造成农产品仓储和运输难度高,线上销售的成本难以控制;其二,由于农产品质量难以标准化,而线上销售面临的市场竞争是没有地域限制的,因此线上销售如果没有品牌加持则容易陷入价格竞争,导致农产品线上销售的利润低;其三,由于当地互联网基础设施建设不完善,线上交易的安全性难以保障,依托成熟的互联网平台销售农产品需要花费大量的管理费用、运营费用和流量费用等,使得合作社不愿采纳电商;其四,合作社成员缺乏互联网使用技能或者线上运营经验,使得合作社无法使用电商平台进行农产品销售;其五,合作社生产规模过小,通过传统渠道销售农产品已然供不应求,没有必要通过电商平台销售农产品。

6. 合作社的新农人参与情况

本次调查问卷设计了识别被访者是否为新农人的问题,从意识和行为两个维度考察被访者是否具备生态自觉、社群思维、互联网技能和创新能力。具体来说,具有农产品安全意识并且有实际生态种植养殖行为的被访者才被认定具备生态自觉;认为互联网社群重要并有共享意愿的被访者才被认定具备社群思维;会使用互联网软件且能够编辑信息并发布于互联网平台的被访者才被认定具备互联网技能;有创新的生产经营模式构想并实际投入的被访者才被认定具备创新能力。只有同时具备生态自觉、社群思维、互联网技能和创新能力的被访者,才被认定为新农人。在此判定基础之上,若有新农人选择参与某合作社,则认为该合作社存在新农人参与,否则该合作社不存在新农人参与。本次实地调查的最终有效样本涉及安徽省5市6县(区)337家合作社,其中有新农人参与的合作社有130家,占总样本的38.58%,无新农人参与的合作社有207家,占总样本的61.42%。粮食种植、特色种植和养殖三类合作社中新农人参与的分布情况如图5.3所示。特色种植类合作社和养殖类合作社中分别有49.30%和48.05%的比例存在新农人参与,而粮食种植类合作社中仅有19.49%的比例存在新农人参与。

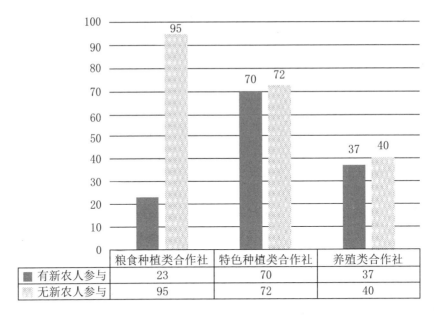

图 5.3　不同合作社类型间新农人参与的分布

同时,本次调查所获数据显示,新农人参与更多会发生于特色种植类合作社。如图 5.4 所示,在有新农人参与的 130 家合作社样本中,养殖类合作社占比高达 53.85%,而粮食种植类合作社占比仅为 17.69%,养殖类合作社占比为 28.46%。

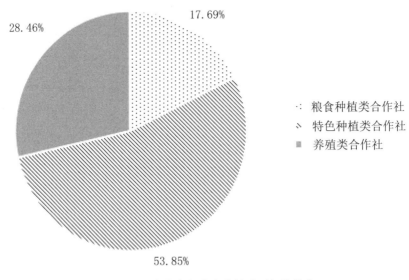

图 5.4　新农人参与在合作社类型间的分布

另外,本次调查显示,在存在新农人参与的 130 家合作社样本中,新农人管理参与的合作社有124家,占比95.38%;新农人资本参与的合作社有110家,占比84.62%;新农人交易参与的合作社有127家,占比97.69%。粮食种植、特色种植和养殖三类合作社中新农人的管理参与、资本参与和交易参与情况也大致呈现出类似的分布状态。由表5.17中的数据可知,粮食种植类合作社的新农人管理参与、资本参与和交易参与均较少,特色种植类合作社的新农人管理参与、资本参与和交易参与均较多,而养殖类合作社的新农人资本参与相较于管理参与和交易参与略低。

表5.17 新农人参与的样本分布

参与方式	粮食种植类		特色种植类		养殖类		合计	
	数量	比例(%)	数量	比例(%)	数量	比例(%)	数量	比例(%)
合作社有新农人参与	23	19.49	70	49.30	37	48.05	130	38.58
新农人管理参与合作社	21	17.80	66	46.48	37	48.05	124	36.80
新农人资本参与合作社	21	17.80	64	45.07	25	32.47	110	32.64
新农人交易参与合作社	22	18.64	68	47.89	37	48.05	127	37.69
合作社无新农人参与	95	80.51	72	50.70	40	51.95	207	61.42
样本数	118	100.00	142	100.00	77	100.00	337	100.00

注:根据2019年本课题组调研数据整理。

第二节 合作社多维绩效测度

一、绩效测度方法

指标权重的确定是构建合作社绩效评价体系的重要环节之一,方法多采用专家赋权法、因子分析法和层次分析法等。专家赋权法是指基于专家的主观判断设置各指标的权重值,但是随着评价指标的增加,产生循环判断的概率陡增,并且赋值的随意性较大,评价结果的可信度不易保障。因子分析法是指基于方差贡献率,相对客观地计算出不同指标的权重值,但是由于公共因子所代表的含义模糊,随着指标维度的减少,容易丢失部分关键信息。层次分析法(Analytic Hierarchy Process,AHP)虽然也通过专家判断获得各指标的权重值,但是由于必须对专家判断矩阵进行一致性检验,因而能够相当程度地弱化主观干扰,进而获得相对准确的指标权重值。另外,层次分析法可将复杂的问题进行切分,并逐层分析量化主观判断情况,随后以加权方法计算不同方案对整体目标的权数,从而可以较为理想地处理复杂的决策过程模型。合作社因属性的多重性及目标的多元化,其绩效评价是一个复杂的决策系统(崔宝玉 等,2017)。因此,对比以上三种指标权重的赋值方法,层次分析法对于测度合作社绩效是更为适合的方法。

层次分析法的实施主要有四个关键步骤。第一步,构建递结层次结构模型,分别明确目标层、准则层和指标层的指标;第二步,分别对准则层和指标层进行两两比较以判断相对权重,构建判断矩阵;第三步,对判断矩阵进行一致性检验,具体来说:计算最大特征值和一致性指标CI值,查找平均随机一致性指标RI值,进而计算出一致性比率CR值(公式:CR=CI/RI)。判断若CR<0.1,说明判断矩阵通过一致性检验;反之若CR≥0.1,则说明判断矩阵一致性检验失败,应重新调整判断矩阵后再次进行一致性检验,直至满足CR<0.1方可采纳判断矩阵;第四步,归一化处理满足一致性检验的判断矩阵,可得到各方案的相对权重,进而构建评价指标体系。

二、变量说明

第四章中已说明了合作社绩效的内涵与维度,并构建了合作社绩效评价体系,本章将对具体指标的选取加以说明,指标的测量方法主要是合作社自我核查评定,再辅以当地农业相关部门的审核。

1. 治理绩效

如第四章所述,合作社治理绩效主要反映在"分配公平"和"民主控制"两个方面。

一方面,合作社为社员所有并为社员服务,其分配的公平性体现在是否按交易量(额)返还盈余。根据浙江省农业厅(2008)和徐旭初(2009)的研究,本书研究以"盈余按交易额返还的比例"这一定量指标来衡量合作社分配的公平性。具体来说,该指标是指上一年度合作社根据社员与合作社交易额(量)从盈余中返还给社员的总金额占总盈余的比例。

另一方面,合作社受惠顾者民主控制主要体现在:惠顾者(即社员)通过成员代表大会对合作社重大决策进行投票表决,实行一人一票表决机制,合作社具备规范的章程和完善的财务公开制度,接受全体惠顾者监管等。实践中,我国合作社由于发展周期有限、制度环境不成熟,很多合作社未能落实完善的监管和表决机制,因此,合作社的民主性难以被直接量化。徐旭初(2009)等提出以社员对合作社治理的满意度间接反映合作社运行的规范性。本书研究使用该指标刻画合作社的民主控制程度,具体来说,调查社员对合作社制度安排、内部管理、身份归属等多个维度的满意程度并打分,非常满意记"5分",较满意记"4分",一般记"3分",不太满意记"2分",不满意记"1分"。

2. 社会绩效

如第四章所述,合作社社会绩效由"组织带动农户""促进当地农业经济发展""集约利用资源""保护当地生态环境"四个方面组成。

在评价合作社对当地农民的组织带动方面,崔宝玉等(2017)以"合作社提供的就业岗位数"和"合作社带动的农户数"两项指标评估合作社的社会服务能力,徐旭初(2009)以"合作社为非社员农户销售的本社同类主产品的年度金额"和"合作社带动当地非社员农户数量"两项指标衡量合作社在当地的社会影响力。基于前人研究,本书研究选取"合作社带动当地非社员农户数"作为合作社社会绩效的二级指标,该指标能够较为直观地反映合作社在当地农村社会的组织带动能力,且指标概念清晰,数据获取难度不大。具体来说,该指标是指上一年度与合作社发生各种服务、培训等业务往来的当地非社员农户的总数。

合作社的社会绩效还体现在其能够对当地农业经济发展起到积极的促进作用。浙江省农业厅(2008)和徐旭初(2009)都以"合作社在当地的综合影响度"评估合作社对当地农村社会的贡献情况。本书研究沿用这一指标,具体来说,调查合作社对当地产业发展、科技应用、劳动力就业、精神文明建设、合作社联合等方面产生积极影响的程度并打分,非常显著记"5分",较显著记"4分",一般记"3分",不太显著记"2分",不显著记"1分"。

在体现资源的集约利用方面,赵佳荣等(2009)认为土地和水是我国最重要且稀缺的农业资源,应作为反映合作社资源利用情况的重点考察对象,提出以"土地复种指数""土地集约化水平""土地净生产率""节水高产品种栽培比率"等指标衡量合作社资源利用情况。本书所研究的合作社覆盖农业种植业和养殖业,水资源利用的逻辑具有显著差异性,但是土地资源是具有共性的资源要素,同时考虑到生产环节的资源利用数据难以获取,本书研究从产出结果的角度,选取"土地资源利用水平"指标反映合作社的资源集约化利用水平,具体来说,是指上一年度合作社销售总收入(百万元)除以合作社土地面积(亩)的比值。

作为我国农村组织小农户的重要制度安排,新时代赋予了合作社一项新的社会责任,既保护当地生态环境,也成为评价合作社社会绩效的重要维度。为度量合作社的环境保护情况,赵佳荣等(2009)选取"有机农产品生产与销售比率""环保型农药化肥投入比率""安全标准化生产比率"等指标,李敏(2015)选取"合作社绿色农产品种植面积占土地经营总面积的比例"这一指标。就本书研究而言,环保型农业生产资料的投入和农产品安全标准化生产的施行,其结果都表现为绿色农产品的产出,因此本书选取"绿色农产品生产比例"指标反映合作社对当地生态环境的保护。具体来说,该指标是指上一年度合作社绿色农产品的销售额(生产量)占全部农产品销售额(生产量)的比例。

3. 经营绩效

如本书第四章所述,合作社经营绩效主要体现在其"盈利能力""组织规模"以及"知名度"三个方面。

合作社作为经济组织,同企业一样以实现利润为经营目标,因此盈利能力是评价合作社经营绩效首先要考虑的维度。崔宝玉等(2017)以"经营收入""分配后盈余"和"利润"三项指标评估合作社的经营效果。徐旭初(2009)选取"年度经营收入"和"年度纯盈余"两项指标评估合作社持续经营的能力。综合考虑指标概念的重叠性和数据的可得性,本书研究选取"合作社年利润"这一指标来反映合作社的盈利能力,具体来说,该指标是指上一年度合作社经营所有业务的利润总额。

与企业组织不同的是,合作社还是弱势地位群体自愿联合的共同体,仅使用财务指标评价合作社规模难以反映其共同体属性,因此赵佳荣等(2009)选取"社员数量""社员出资"和"合作社年产值"三项指标综合评价合作社规模。为减少因财务指标之间的概念重叠而影响合作社绩效评价的准确性,本书研究选取"社员数量"这一指标衡量合作社规模,具体来说,该指标是指上一年度合作社登记在册的社员总数。

知名度既是合作社经营的效果,也是合作社获取外部合法性和关键资源的基础,因此其是评价合作社经营绩效的重要维度。本书研究沿用浙江省农业厅(2008)和徐旭初(2009)的观点,以"主营农产品的品牌度"指标表征合作社的知名度情况。具体来说,考察合作社上一年度主要生产经营的农产品是否注册了品牌、是否获取了绿色认证及品牌荣誉称号等,并予以评分,若主营农产品获国家级品牌称号或国家级绿色认证,具有全国范围的影响力,则记"5分";若主营农产品获省级品牌称号或省级绿色认证,具有省域范围影响力,则记"4分";若主营农产品品牌获市级荣誉或认证,具有市辖区范围影响力,则记"3分";若主营农产品品牌获县级地方性荣誉或认证,在县域具备影响力,则记"2分";若主营农产品没有注册品牌,但在当地具有一定影响力,则记"1分";若主营农产品既无品牌也无地方影响力,则记"0分"。

4. 收入绩效

收入绩效是指合作社对社员增收的贡献,是合作社组织功能和服务本质的体现。浙江省农业厅(2008)和徐旭初(2009)都以"社员纯收入""社员纯收入高于当地平均收入水平的比率""社员与合作社交易额与合作社全年经营收入的比值"三项指标反映合作社社员的收益情况。值得注意的是,社员纯收入中除了农业经营性收入,还包含个人外出务工等工资性收入、流转土地等财产性收入,以及政府补贴等转移性收入。用"社员纯收入"作为表征合作社对社员收入贡献的指标有失偏颇,因此本书研究选取"社员人均农业经营性年收入(万元)"和"社员高于当地相同种养殖类型农户平均收入的比例"两项指标来表征合作社对社员增收的贡献。具体来说,前者是指上一年度社员家庭农业经营性收入的人均值,转移性收入、财产性收入以及从事非农业相关工作的工资性收入等部分不计入其中;后者是指社员人均收入高于当地相同种养殖类型非社员农户人均收入的比例,这里的"人均收入"均指上一年度农户家庭农业经营性收入的人均值。

综上所述,本书研究共选取10项一级指标和11项二级指标以表征合作社绩效在治理规范、社会贡献、生产经营以及社员增收四个方面的目标实现。选取绩效指标时,本书研究充分考虑指标覆盖范畴的全面性,慎重比较各指标概念边界的重合性;合理选取指标数量,保证绩效评价的全面与准确;合理分配定量指标与定性指标的比例,通过定量指标控制主观评价偏差,保证评价的实效性,通过定性指标补充部分不可得或不易得的数据,提高了评价的可操作性。表5.18显示了合作社绩效评价各层级指标的具体内容。

表5.18 合作社绩效的指标选取

准则层	一级指标层	二级指标层	指标内涵
治理绩效	分配公平	盈余按交易额返还的比例(%)	上一年度合作社根据交易额(量)从盈余中返还给社员的总金额占总盈余的比例
	民主控制	社员满意度(分)	社员对于合作社制度安排、内部管理、身份归属等方面的满意度,非常满意"5分",较满意记"4分",一般"3分",不太满意记"2分",不满意记"1分"
社会绩效	组织带动农户	带动非社员农户规模(户)	上一年度与合作社发生服务、培训等业务往来的非社员农户数
	促进当地农业经济发展	合作社在当地综合影响度(分)	合作社对当地产业发展、科技应用、劳动力就业、精神文明建设、合作社联合等方面产生积极影响的程度,非常显著记"5分",较显著记"4分",一般"3分",不太显著记"2分",不显著记"1分"
	集约利用资源	土地资源利用水平(%)	上一年度合作社销售总收入(百万元)与合作社土地面积(亩)的比值
	保护当地生态环境	绿色农产品生产比例(%)	上一年度合作社绿色农产品的销售额(生产量)占全部农产品销售额(生产量)的比例

续表

准则层	一级指标层	二级指标层	指标内涵
经营绩效	合作社规模	社员数量(户)	上一年度合作社登记在册的社员总数
	盈利能力	合作社年利润（百万元）	上一年度合作社经营所有业务的利润总额
	知名度	主营农产品的品牌度(分)	主营农产品获国家级品牌称号或国家级绿色认证,具有全国范围的影响力,记"5分";获省级品牌称号或省级绿色认证,具有省域影响力,记"4分";获市级荣誉或认证,具有市域影响力,记"3分";获县级地方性荣誉或认证,具有县域影响力,记"2分";没有注册品牌,但在当地具有一定影响力,记"1分";既无品牌也无地方影响力,记"0分"
收入绩效	合作社对社员增收的贡献	社员人均农业经营性年收入(万元)	上一年度社员家庭农业经营性收入的人均值（转移性收入、财产性收入、非农工资性收入不计入）
		社员高于当地相同种养殖类型农户平均收入的比例(%)	合作社成员上一年度人均农业经营性年收入高于当地相同种养殖类型非社员农户农业经营性年收入的比例

三、基于AHP的合作社综合绩效测度

基于既有研究,本章构建合作社绩效评价递结层次结构模型,具体见表5.19。目标层是合作社综合绩效,准则层包括合作社治理绩效、社会绩效、经营绩效和收入绩效。治理绩效指标层由按交易额返还盈余的比例和社员满意度构成,反映了合作社民主公平治理带来的制度收益。社会绩效指标层由带动农户数、综合影响度、土地资源利用水平和绿色农产品生产的比例构成,反映了合作社带来的社会收益。经营绩效指标层由社员数量、经营利润和主产品品牌度构成,反映了合作社的经济收益。收入绩效指标层由社员收入和社员高于当地相同种养殖类型非社员农户收入的比例构成,反映了合作社带来的社员增收收益。

表 5.19　合作社绩效评价递结层次结构模型表

目标层	准则层	指标层
综合绩效（A）	治理绩效（B）	B1按交易额返还盈余的比例；B2社员满意度
	社会绩效（C）	C1合作社带动非社员户数；C2合作社综合影响度；C3土地资源利用水平；C4绿色农产品生产比例
	经营绩效（D）	D1社员数量；D2合作社经营利润；D3合作社主产品品牌度
	收入绩效（E）	E1社员收入；E2社员高于当地相同种养殖类型非社员农户收入的比例

注：这里的"收入"均指农户家庭年度农业经营性收入的人均值，不包含非农工资性收入、转移性收入、财产性收入等。

根据此绩效评价递结层次结构模型，笔者首先采用1~5标度法作为判断尺度设计调查问卷向合作社研究领域专家征询意见，专家们对各层级指标进行两两比较形成判断矩阵。然后，回收所有专家的判断矩阵并展开分析论证，经过数轮征询与反馈确定最终判断。本章利用Yaahp软件构建判断矩阵模型并检验一致性，通过一致性检验的判断矩阵才能进入绩效值计算环节，未通过一致性检验的判断矩阵需要重新构建直至通过一致性检验。最后，将各准则下权数进行合成，获得权重值确定的合作社绩效评价体系。

表5.20为准则层判断矩阵及相应指标权重，表5.21至表5.24分别为合作社治理绩效、社会绩效、经营绩效及收入绩效的判断矩阵与相应指标权重。准则层判断矩阵一致性比例值为0.0227，治理绩效判断矩阵一致性比例值为0.0000，社会绩效判断矩阵一致性比例值为0.0227，经营绩效判断矩阵一致性比例值为0.0082，收入绩效判断矩阵一致性比例值为0.0000，结构模型组合一致性比例值为0.0142，均小于0.1，说明判断矩阵通过一致性检验。最终形成合作社绩效指标的相应权重及其数据特征见表5.25。

表5.20　准则层判断矩阵及相应指标权重

项目	治理绩效（B）	社会绩效（C）	经营绩效（D）	收入绩效（E）	权重
治理绩效（B）	1	2	0.5	1	0.2390
社会绩效（C）	0.5	1	0.5	0.5	0.1404
经营绩效（D）	2	2	1	1	0.3397
收入绩效（E）	1	2	1	1	0.2808

表5.21　治理绩效判断矩阵及相应指标权重

治理绩效（B）	按交易额返还盈余的比例（B1）	社员满意度（B2）	权重
按交易额返还盈余的比例（B1）	1	0.5	0.3333
社员满意度（B2）	2	1	0.6667

表5.22 社会绩效判断矩阵及相应指标权重

社会绩效(C)	带动非社员户数(C1)	合作社综合影响度(C2)	土地资源利用水平(C3)	绿色农产品生产比例(C4)	权重
带动非社员户数(C1)	1	2	0.5	2	0.2781
合作社综合影响度(C2)	0.5	1	0.5	1	0.1634
土地资源利用水平(C3)	2	2	1	2	0.3952
绿色农产品生产比例(C4)	0.5	1	0.5	1	0.1634

表5.23 经营绩效判断矩阵及相应指标权重

经营绩效(D)	社员数量(D1)	合作社利润(D2)	主产品品牌度(D3)	权重
社员数量(D1)	1	0.3300	0.5	0.1627
合作社利润(D2)	3.0303	1	2	0.5407
主产品品牌度(D3)	2	0.5	1	0.2966

表5.24 收入绩效判断矩阵及相应指标权重

收入绩效(E)	社员收入(E1)	社员高于当地相同种养殖类型非社员农户收入的比例(E2)	权重
社员收入(E1)	1	2	0.6667
社员高于当地相同种养殖类型非社员农户收入的比例(E2)	0.5	1	0.3333

表5.25 综合绩效权重设置与相应数据特征

目标层	准则层指标	权重	指标层指标	权重	均值	标准差	最小值	最大值
综合绩效(A)	治理绩效(B)	0.2390	按交易额返还盈余比例B1	0.0797	0.08	0.08	0	0.60
			社员满意度(分)B2	0.1593	3.97	0.90	1	5
	社会绩效(C)	0.1404	带动非社员数(户)C1	0.0390	28.74	92.93	0	1000
			综合影响度(分)C2	0.0229	3.75	1.03	1	5
			土地资源利用水平C3	0.0555	0.83	0.96	0.07	4.5
			绿色农产品生产比例C4	0.0229	0.27	0.37	0	1
	经营绩效(D)	0.3397	社员数量(户)D1	0.0553	20.30	45.06	5	360
			合作社利润(百万元)D2	0.1837	0.34	1.56	0	24
			主产品品牌度(分)D3	0.1008	0.61	1.01	0	5
	收入绩效(E)	0.2808	社员收入(万元)E1	0.1872	0.68	0.59	0.20	4.00
			社员高于当地相同种养殖类型非社员农户收入比例E2	0.0936	0.12	0.24	0	2.08

从表5.20至表5.25可知,在合作社绩效评价体系中,充分考虑了合作社绩效的多重性,但最主要的考核方面应是经营绩效(权重为0.3397)。合作社若无经营绩效,不能实现盈利,就难以生存于激烈的市场环境中,经营绩效是其他绩效的基础。其次是收入绩效(权重为0.2808)和治理绩效(权重为0.2390)。社员是合作社的基础,社员收入若不能提高,治理若不能实现民主公平,合作社会损失内部信任和存续的价值。最后,社会绩效(权重为0.1404)也是评价合作社绩效不可或缺的部分。除了实现盈利的经济责任和实现社员增收与规范治理的组织责任以外,我国合作社还肩负着社会责任,需要组织带动小农户,提高资源集约化利用水平,示范绿色生产并促进当地发展。各指标层权重排序如下:E1>D2>B2>D3>E2>B1>C3>D1>C1>C4=C2。社员收入和合作社利润的权重值分别为0.1872、0.1837,被研究者和实践者最为看重。在激烈的市场竞争下,合作社首先是作为经济组织嵌入供应链,盈利能力以及为社员带来的经济效益成为衡量其能力禀赋和绩效表现的最重要指标。社员满意度(权重为0.1593)的权重值紧随之后,可见,不同于一般经济组织,合作社作为所有者和惠顾者同一的合作组织,由全体社员共同所有并服务于全体社员,社员对合作社满意与否也是衡量合作社绩效表现的关键指标。主产品品牌度(权重为0.1008)的权重值也相对较高,说明除了盈利能力,品牌建设和品牌影响力反映了合作社嵌入市场以及获取外部合法性的能力,是衡量合作社绩效表现的重要方面。社员高于当地相同种养殖类型非社员农户收入的比例(权重为0.0936)的权重值比社员收入的权重值低,合作社按交易额返还盈余比例(权重为0.0797)的权重值比社员满意度的权重值低,可见,研究者和实践者认为相较于收入高于非社员农户的比例和按交易额返还盈余的比例,社员的实际收入和综合满意度对合作社绩效评价的意义更大,这一点值得深思。土地资源利用水平(权重为0.0555)是合作社社会绩效四个指标中权重值最高的一项,可见,资源的集约化利用是合作社绩效表现不可或缺的方面。社员数量(权重为0.0553)、合作社带动的非社员农户数(权重为0.0390)、绿色农产品生产比例(权重为0.0229)、合作社综合影响度(权重为0.0229)等权重值相对较低,可能是相对于其他指标,合作社的规模和带动能力对其绩效的重要性相对不突出,绿色生产是最近几年才引起社会关注,在评价合作社绩效时其影响刚刚显现,而合作社综合影响度指标因其考察维度多,使其在衡量合作社绩效水平时的作用受到了影响。当然,判断矩阵具有一定的主观性,由此计算出的权重值偏低的指标并不是无足轻重的,随着合作社规范化和规模化发展,这些指标在合作社绩效评价体系中必然会发挥更大的作用(崔宝玉等,2017)。

第三节 新农人是否参与对合作社绩效的影响

一、模型设定与研究方法

1. 新农人参与方程与合作社绩效方程

经过大量实地调查发现,作为新兴群体,目前新农人尚处于自我赋能而非组织赋能的发展阶段。换言之,现阶段新农人的诞生是个体在自我意识的驱动下,通过自我学习发生的,而不是组织内部孕育和培养的。高学历毕业生、退伍军人、农民工、企业家等各类人才或自发或在政策引导下返乡入乡,自发选择加入新型农业经营主体寻求融合发展(张红宇,2016;刘华彬,2019)。因此,本书研究认为,现阶段合作社的新农人参与①是新农人"自选择"参与合作社的结果,而非合作社所内生。

根据随机效用决策模型,可设置变量 U_{1j} 和变量 U_{0j} 分别代表新农人 j 参与和未参与合作社的效用,将 M_j 定义为二者的差值,即 $M_j = U_{1j} - U_{0j}$。由于微观经济学假设个体完全理性且追求效用最大化,因而,若 $M_j > 0$,则说明新农人 j 会参与合作社,即 $M_j = 1$;反之,则说明新农人 j 不会参与合作社,即 $M_j = 0$。本书设定新农人参与合作社的方程为

$$M_j = \phi(X) + \varepsilon \tag{5.1}$$

在式(5.1)中,M_j 为二值因变量;X 为影响新农人参与合作社的外生解释变量向量;ε 为随机误差项。对于合作社 i 来说,若新农人 j 均选择不参与合作社 i,则合作社 i 不存在新农人参与,即 $M'_i = 0$;否则,合作社 i 存在新农人参与,即 $M'_i = 1$。可见,合作社是否存在新农人参与是由每个新农人个体选择参与或者不参与合作社而构成的决策集。

为了测度新农人参与对合作社绩效的影响效应,本书设定合作社绩效的方程为

$$Y_{ki} = \varphi(Z) + \lambda M'_i + \delta \tag{5.2}$$

在式(5.2)中,Y_{ki} 为合作社绩效变量,$k = 1, 2, 3, 4, 5$ 分别代表合作社治理绩效、社会绩效、经营绩效、收入绩效以及综合绩效;Z 为影响合作社绩效的外生解释变量向量;M'_i 为合作社 i 新农人参与变量;δ 为随机扰动项。

考虑到新农人参与合作社(M_j)可能会受到某些不可观测因素的影响,而这些

---

① 本书所讨论的新农人参与仅限于新农人作为合作社社员的参与。

不可观测因素或许与合作社绩效(Y_{ki})相关,从而致使式(5.2)中M'_i与δ相关。因此,若直接对式(5.2)进行回归分析可能导致计量结果发生估计偏误。与传统线性回归方法相比,倾向得分匹配方法(Propensity Score Matching,PSM)能够有效克服有偏估计与样本"自选择"导致的"选择偏误"(Wooldridge,2002)。在解决自选择问题的诸多方法中,PSM方法无需事先设定函数形式、参数约束和误差项分布,也无需解释变量外生以辨明因果效应,是相比于Heckman两阶段模型法和工具变量法更具优势的方法(Heckman et al.,2007;陈飞,2015)。因此,本书采用PSM方法进行模型估计与实证分析。

2. 基于倾向得分匹配的反事实分析框架

PSM方法处理自选择问题的基本思路是:基于无新农人参与的合作社样本集合,为每个有新农人参与的合作社挑选或构造一个无新农人参与的合作社,并保证两个样本合作社除了在新农人参与方面不同外,其他样本特征均近似相同。因此,两样本的结果变量可看作同一个合作社的两次不同实验(有新农人参与和没有新农人参与)的结果,其结果变量差值即新农人参与的净效应。构造得到的没有新农人参与的合作社样本集合称为对照组,有新农人参与的合作社样本集合称为实验组。

PSM方法的具体研究步骤如下:

第一步,选择协变量。梳理相关研究成果,将可能影响合作社绩效和新农人参与的因素纳入模型,具体包括环境特征、领办人特征和合作社特征变量,以保证可忽略性假设得到满足。

第二步,计算倾向得分。通过Logit模型估算出实验组的条件概率拟合值,称为倾向得分(PS_i)。

$$PS_i = P(T_i = 1 | X_i) \tag{5.3}$$

在式(5.3)中,$T_i=1$表示有新农人参与合作社i;解释变量X_i表示可观测到的环境特征、领办人特征和合作社特征。

第三步,进行倾向得分匹配。得到倾向得分之后,用数值方法搜索有新农人参与合作社的无新农人参与合作社"邻居",为每个有新农人参与的合作社匹配一个倾向得分近似的无新农人参与的合作社,构造一个统计对照组。由此,匹配模型实际上创造了一个随机实验条件,使得有新农人参与的合作社和无新农人参与的合作社可以直接进行比较(陈飞,2015)。理论上来说,可以实现匹配的方法很多且并无优劣差别,但是不同方法关于偏差和效率的权衡不同,使得实践中即便是处理相同的样本数据,不同匹配方法得到的结果亦会存有差异(Caliendo et al.,2008)。关于选用何种方法进行匹配更理性,理论界还未达成共识,但是如果运用多种匹配方

法获得的结果相似甚至相一致,则意味着匹配结果稳健,样本有效性良好(陈强,2014)。因此,为了增强研究结果的可靠性,本书研究运用K近邻匹配、卡尺匹配、核匹配三种方法分别进行匹配。其中,K近邻匹配寻找倾向得分最近的K个(K为正整数)不同组个体进行匹配,本书研究参考司瑞石等(2018)的做法,将K设为4,进行一对四匹配。卡尺匹配又称半径匹配,是通过限制倾向得分的绝对距离进行匹配,即$|p_i-p_j|\leqslant\varepsilon$,一般建议$\varepsilon\leqslant 0.25\hat{\sigma}_{pscore}$,其中$\hat{\sigma}_{pscore}$为倾向得分的样本标准差,本书研究参考韩春虹(2019)的做法,将卡尺设为0.02,表示对倾向得分相差2%的样本观测值进行匹配。核匹配方法是通过使用核函数计算权重进行匹配,其权重表达式为

$$w(i,j)=\frac{K[(x_j-x_i)/h]}{\sum_{k:D_k=0}K[(x_k-x_i)/h]} \tag{5.4}$$

在式(5.4)中,h为指定带宽,$K(g)$为核函数。本书研究采取理论界常规做法,将带宽设为0.06进行匹配。

第四步,进行共同支撑域检验以及平衡性检验。PSM方法进行匹配的前提是:实验组与对照组的倾向得分取值范围有重叠部分,否则将无法找到匹配对象(陈强,2014)。为了保障匹配质量,一般只留下倾向得分重叠部分的样本。若倾向得分的共同取值范围过小,则会导致偏差。倾向得分是向量X所包含信息的综合度量,具有相同倾向值的实验组和对照组个体在解释变量X上具有相同的分布,这意味着,虽然在倾向值相同的匹配集内,实验组和对照组个体在某个解释变量上的取值会有所不同,但是这种不同应该是随机的而非系统性的(陈飞 等,2015;Rosenbaum,2002)。平衡性检验就是检验实验组和对照组样本在解释变量上的差异是否已经被消除。检验方法主要基于Sianesi(2004)、Rosenbaum 和 Rubin(1985)的研究。Sianesi指出,与匹配前相比,Pseudo-R^2变低,模型的LR统计量不显著,则说明匹配后的处理组和控制组之间的解释变量分布没有系统性差异,并且解释变量的联合显著性检验被拒绝。Rosenbaum和Rubin(1985)提出,匹配之后如果变量X在两组样本之间的标准化偏差(Mean Bias)大于20,则说明该匹配过程并不成功。

第五步,计算平均处理效应。平均处理效应包含三类:一是处理组的平均处理效应(ATT),即有新农人参与的合作社的绩效变化平均值;二是对照组的平均处理效应(ATU),即没有新农人参与的合作社的绩效变化平均值;三是全样本的处理效应(ATE),即随机样本合作社的绩效变化平均值。由于本书研究探讨的是新农人参与对合作社绩效的影响效果,因而选用新农人参与的平均处理效应(ATT)进行分析更为合适,具体公式为

$$ATT = \frac{1}{N} \sum_{i \in I_1 \cap S} \left[y_{1i} - \sum_{k \in I_0} w(i,k) y_{0k} \right] \tag{5.5}$$

在式(5.5)中,I_1为有新农人参与组样本集合,y_{1i}为有新农人参与组样本的合作社绩效值,I_0为对照组样本集合,y_{0k}是与合作社i相匹配的对照组样本的绩效值,S为共同支撑域,N为有新农人参与的合作社样本个数,y_{0k}的加权和被作为有新农人参与组中的合作社i在没有新农人参与假设下的绩效值,权重$w(i,k)$的取值与匹配方法有关。

二、变量选取及描述性统计

(1)被解释变量。本章研究的被解释变量包括合作社的治理绩效、社会绩效、经营绩效、收入绩效以及综合绩效。绩效指标的计算方法如下:首先,对各项指标进行规格化处理。本章研究使用功效系数法(Efficacy Coefficient Method)以消除不同指标量纲的影响并计算分值。功效系数法计算公式如下:

$$A_{ij} = \frac{X_{ij} - X_{sj}}{X_{mj} - X_{sj}} \times 100 \tag{5.6}$$

在式(5.6)式中X_{mj}为所在项的最大值,X_{sj}为所在项的最小值,X_{ij}为当前项数值。经过处理的规格化数值居于0~100。其次,根据本章确定的合作社绩效各项指标权重,利用各项指标的规格化数值计算出合作社各维度绩效的值。

(2)核心解释变量。本章研究的核心解释变量为合作社是否存在新农人参与,若合作社存在新农人参与,则核心解释变量记作1;反之,则记作0。

(3)控制变量。对于PSM方法的控制变量,要尽可能将影响新农人参与合作社及影响合作社绩效的相关变量纳入模型。本章基于已有研究,并结合本次实地调查的样本特征,从三个方面选取控制变量,即环境特征、领办人特征以及合作社特征(崔宝玉 等,2017;崔宝玉 等,2016;徐旭初 等,2010)。具体包括合作社所在地区、产业类型、成立年限等环境特征;理事长年龄、受教育程度、社会职务等领办人特征;社员大会召开次数、社员退出能力、政府扶持等合作社特征。其中,关于社员退出能力这一变量,本章借鉴徐旭初和吴彬(2010)的研究,以"退社是否自由、手续是否简单""退社时是否退还出资额"及"退社时是否分享财政补贴、公共积累等未分配财产"三项指标来表征。若上述三项全部为否,则表示社员的退出能力很弱;若三项均为是,则表示社员的退出能力很强;若拥有其中一项权利,则表示社员的退出能力较弱;若拥有其中两项权利,则表示社员退出能力较强。关于政府扶持这一变量,本章参考崔宝玉等(2016)的研究,以"合作社是否享受政府补贴"和"合作社是否享受税收减免"两项指标来表征。若两项扶持都没有,则表示合作社的外部扶持很弱;若两项扶持都有,则表示合作社的外部扶持很强;若有其中一项扶持,则表示合作社的外部扶持一般。表5.26给出了上述各变量的赋值说明与描述性统计。

表5.26 变量定义及其统计性描述

变量名称	变量定义	均值	标准差	最小值	最大值
新农人参与	合作社有新农人=1,没有新农人=0	0.39	0.49	0	1
地区	灵璧=1,界首=2,颍上=3,霍邱=4,固镇=5,谢家集=6	3.30	1.68	1	6
产业类型	粮食种植=1,特色种植=2,养殖=3	1.88	0.75	1	3
成立年限	自合作社注册至2019年的存续年限	5.49	1.84	1	11
理事长年龄	理事长年龄(岁)	47.26	8.65	24	76
理事长受教育程度	小学及以下=1,初中=2,中专或高中=3,大专或本科=4,研究生及以上=5	2.62	0.91	1	5
理事长社会职务	普通农民=1,村干部=2,乡镇站所或企业负责人=3	1.31	0.64	1	3
社员大会召开次数	上一年度合作社召开社员大会的次数(次)	1.78	1.97	0	12
社员退出能力	很弱=1,较弱=2,较强=3,很强=4	3.05	0.71	1	4
政府扶持	很弱=1,一般=2,很强=3	1.22	0.48	1	3
治理绩效	规格化处理并加权计算结果值	12.89	3.83	0.00	23.90
社会绩效	规格化处理并加权计算结果值	1.34	1.31	0.00	7.98
经营绩效	规格化处理并加权计算结果值	1.72	2.70	0.02	22.12
收入绩效	规格化处理并加权计算结果值	2.90	3.56	0.00	28.08
综合绩效	规格化处理并加权计算结果值	18.85	8.19	3.72	54.89

注:根据2019年本课题组调研数据整理。

表5.27给出了有新农人参与和没有新农人参与的合作社各类指标及其均值差异的统计性描述。其中,实验组为有新农人参与的合作社,用字母A′表示;对照组为无新农人参与的合作社,用字母A表示;两组差异用A′−A表示。双样本t检验结果显示,实验组(A′)和对照组(A)之间存在显著差异。从环境特征来看,有无新农人参与合作社在成立年限上没有显著差别,在产业类型上的差别显著,有新农人参与的合作社更多集中于特色种养类型。从领办人特征来看,有新农人参与的合

作社其理事长年龄普遍低于无新农人参与的合作社,受教育程度高于无新农人参与的合作社,理事长曾担任村干部、乡镇站所或企业负责人的比例普遍高于无新农人参与的合作社,说明有新农人参与的合作社其管理者人力资本和社会资本禀赋可能优于无新农人参与的合作社。从合作社的特征来看,相比无新农人参与的合作社,有新农人参与的合作社召开社员大会的次数较多、社员退出能力较强、政府扶持较多。

表5.27 有新农人参与和无新农人参与的合作社指标均值差异的统计描述

变量名称	A 无新农人参与的合作社	A' 有新农人参与的合作社	A'－A
地区	3.512	2.954	－0.558***
产业类型	1.734	2.108	0.373***
成立年限	5.420	5.592	0.172
理事长年龄	48.415	45.423	－2.992***
理事长受教育程度	2.440	2.915	0.476***
理事长社会职务	1.068	1.708	0.640***
社员大会召开次数	1.348	2.462	1.114***
社员退出能力	2.913	3.269	0.356***
政府扶持	1.101	1.415	0.314***
治理绩效	11.881	14.495	2.614***
社会绩效	0.792	2.220	1.428***
经营绩效	0.802	3.169	2.367***
收入绩效	1.836	4.604	2.768***
综合绩效	15.311	24.488	9.177***

注:(1)实验组:有新农人参与的合作社,用字母A'表示;(2)对照组:无新农人参与的合作社,用字母A表示;(3) *、**、***分别表示在10%、5%和1%的水平显著。

另外,根据表5.27中的统计结果显示,有新农人参与的合作社相比无新农人参与的合作社,在绩效表现上均有显著提高:治理绩效提高2.614,社会绩效提高1.428,经营绩效提高2.367,收入绩效提高2.768,综合绩效提高9.177。但是值得注意的是,由于合作社有无新农人参与是新农人个体自选择参与合作社的行为集,上述各经济指标的统计差异性并不能完全判定是由新农人参与引起的,也可能是由其他因素所致的。因此,进一步采用PSM方法分析新农人参与对合作社绩效的影响是必要的。

三、实证结果与分析

1. 新农人参与的决策方程估计

为保证实验组和对照组的匹配质量,本书首先使用Logit模型估计新农人参与合作社的决定因素,并使用相应的预测值作为新农人参与合作社的倾向分数。基于Logit模型的估计结果见表5.28。由表可见,合作社成立年限($time$)、理事长年龄(age)、社员退社能力($quit$)对新农人选择参与合作社没有显著影响。合作社类型($type$)、理事长受教育程度($educa$)、理事长社会职务(job)、合作社社员大会召开次数($mem\text{-}meeting$)、政府扶持($gov\text{-}help$)对新农人选择参与合作社具有显著的正向影响,而合作社所在地区($place$)对新农人参与合作社的选择具有显著的负向影响。因本章侧重讨论新农人参与对合作社绩效的影响,故下文将重点分析倾向得分匹配的估计结果。

表5.28 基于Logit模型的决策方程估计结果

变量名称	系数	标准差	z值	P>|z|
$place$	−0.219**	0.090	−2.44	0.015
$time$	0.043	0.079	0.55	0.583
$type$	0.454**	0.203	2.23	0.026
age	−0.024	0.017	−1.41	0.159
$educa$	0.430***	0.167	2.58	0.010
job	1.515***	0.302	5.02	0.000
$mem\text{-}meeting$	0.186**	0.086	2.16	0.030
$quit$	0.307	0.219	1.40	0.161
$gov\text{-}help$	1.025***	0.353	2.90	0.004
观测值		337		
LR chi2(9)		141.67		
Pseudo-R^2		0.3152		

注:*、**、***分别表示在10%、5%和1%的水平显著。

2. 共同支撑域检验

本章基于新农人参与方程的估计结果计算合作社i有新农人参与的倾向得分。为保证样本数据的匹配质量,在获得倾向得分后进一步绘制了核密度函数图以检验匹配后的共同支撑域,如图5.5所示,有新农人参与样本与无新农人参与样本的倾向得分重叠区域较广,而且多数观察值都在共同取值范围内。另外,样本在K近邻匹配、卡尺匹配和核匹配三种不同匹配方法下的最大损失结果见表5.29,可见处理组和对照组在损失32个样本后仍保留了305个匹配样本。以上检验说明样本的匹配效果良好。

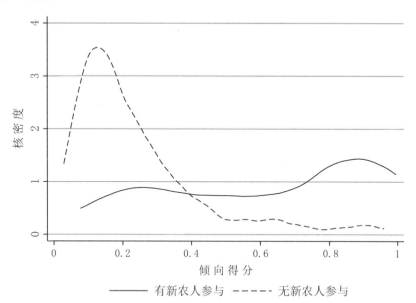

图5.5 新农人参与倾向得分匹配后的核密度函数图

表5.29 PSM匹配样本情况

	未匹配样本	匹配样本	总计
对照组	19	188	207
处理组	13	117	130
总计	32	305	337

3. 平衡性检验

应用PSM方法的一个关键前提是平衡控制变量,即经过匹配后,处理组和控制组除了新农人参与情况有差异外,其余控制变量不应该存在显著差异。表5.30和图5.6显示了匹配前后平衡性检验结果。匹配前控制变量的平均标准偏差为50.9%,通过K近邻匹配、卡尺匹配和核匹配后,平均标准偏差减少到9.5%至10.9%,总偏误明显降低且小于平衡性检验规定的20%红线标准。衡量倾向得分方程拟合优度的Pseudo-R^2值从匹配前的0.315下降到匹配后的0.017至0.023。LR统计量由匹配前的141.42下降到5.01至7.52。似然比检验的p值表明,匹配前控制变量系数是联合显著的,而在匹配后无法拒绝控制变量系数联合为0的原假设,即匹配后控制变量无法决定合作社是否有新农人参与。以上检验结果表明,经过PSM匹配后基本消除了处理组与对照组的可观测变量显性偏差,解释变量分布未呈现系统差异性,样本匹配成功,PSM估计的结果稳健可靠。

表5.30 倾向得分匹配前后的平衡性检验结果

匹配方法	Pseudo-R^2	LR 统计量	P值	平均标准偏差
未匹配	0.315	141.42	0.000	50.9
K近邻匹配	0.022	7.00	0.637	9.5
卡尺匹配	0.017	5.01	0.834	10.9
核匹配	0.023	7.52	0.583	10.4

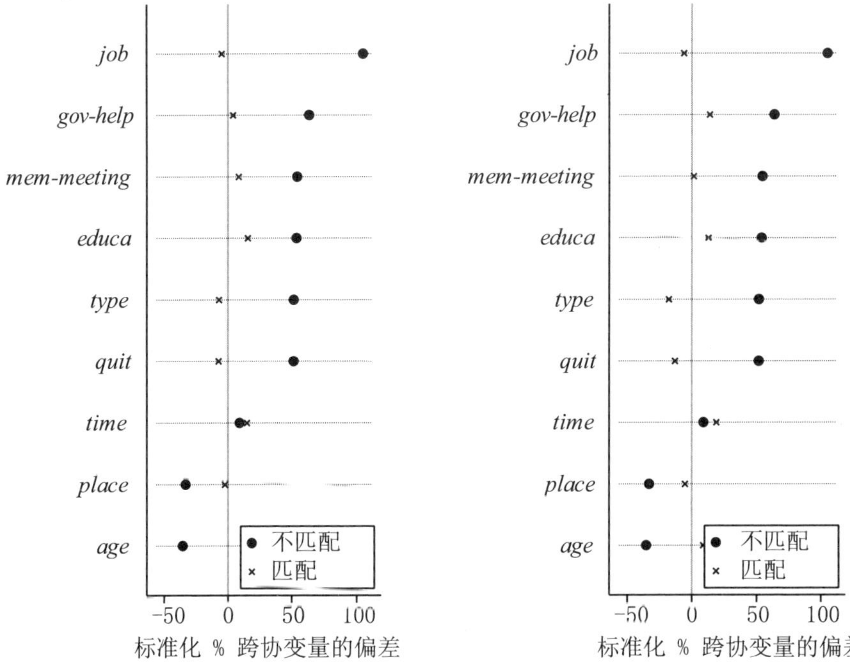

图5.6 匹配前后变量标准化偏差示意图

注:左图为K近邻匹配,右图为卡尺匹配。

4. 新农人参与影响合作社绩效的效果分析

在PSM估计的过程中,估计结果的标准误都是通过bootstrap法获得。本章分别进行了20次、50次、100次、200次和300次检验,发现通过20次、50次和100次bootstrap过程获得的标准误并不稳定,200次及以上的检验获得的标准误是稳定的。考虑到篇幅,本章只报告300次bootstrap过程获得的标准误估计结果。表5.31给出了三种匹配方法的估计结果,可见不论采取何种匹配方法,其测算结果均表明:新农人参与对合作社绩效具有显著影响,该实证结果证实了本书第四章提出的理论假说H1。

具体来说,新农人参与能够显著提高合作社的社会绩效、经营绩效和收入绩效,但是对于合作社治理绩效没有显著影响。可能的解释是:相对于没有新农人参与的合作社,新农人参与下的合作社可以利用新农人技术能力禀赋,实现对传统农业的数字化改造,在生产环节搭建包含自动灌溉、实时监控和产品可追溯系统等功能的数字化生产基地,提高资源集约化利用率;在销售环节搭建互联网平台使供需两端直接匹配,以市场需求倒逼合作社种养生态化、生产标准化以及产品品牌化,提高合作社产业链嵌入能力,拓展合作社增收空间,深化合作社绿色生产,从而提高了合作社经营绩效、社会绩效和收入绩效。而新农人参与下的合作社在实现治理绩效方面可能存在一定矛盾。一方面,新农人参与合作社丰富了合作社成员来源的多样性,通过新农人的信息传递、技术扩散或收益示范,其他合作社成员的行动目标及合作能力可能向新农人趋同,这在一定程度上能够弱化合作社成员的异质性,增强合作社组织的一致性,使得合作社治理趋于公平规范;另一方面,在有新农人参与的合作社中,如果新农人与其他成员之间在人力资本、社会资本等要素禀赋方面存在巨大落差,造成新农人和其他成员在目标需求、风险偏好、技术采纳、制度选择等方面分化,就可能形成组织内业务冲突甚至关系冲突,损害合作社治理的互惠性和可持续性。此外,由于合作社成员与合作社之间同时存在所有关系、控制关系和惠顾关系,合作社中的新农人参与因此表现出资本参与、管理参与和交易参与等不同形式,不同参与方式下的新农人与合作社内其他社员的互动机制有所不同,从而可能形成交互影响或产生不同的效应,扰乱合作社绩效的实现。因此,为了进一步论证此观点,本章将继续探究新农人不同参与方式对合作社绩效的影响。

表5.31 倾向得分匹配平均处理效应测算结果

匹配方法		综合绩效	治理绩效	社会绩效	经营绩效	收入绩效
K近邻匹配 (n=4)	ATT	4.468***	0.426	0.817***	1.831***	1.395***
	(标准误)	(0.977)	(0.593)	(0.209)	(0.433)	(0.532)
	T值	3.46	0.59	3.80	4.34	2.50
卡尺匹配 (cal=0.02)	ATT	3.722***	0.008	0.758***	1.744***	1.213**
	(标准误)	(0.996)	(0.593)	(0.211)	(0.500)	(0.594)
	T值	2.80	0.01	3.40	4.12	2.06
核匹配 (bw=0.06)	ATT	4.224***	0.291	0.858***	1.859***	1.216**
	(标准误)	(0.813)	(0.512)	(0.197)	(0.435)	(0.554)
	T值	3.46	0.42	4.33	4.62	2.27

注:平均处理效应的显著性通过自助法(bootstrap)得到,*、**、***分别表示在10%、5%和1%的水平显著;括号内为通过bootstrap法得到的标准误(重复300次)。

第四节 新农人参与方式对合作社绩效的影响

新农人作为社员参与合作社时,存在管理参与、资本参与、交易参与三种不同的参与方式。前文使用处理组(有新农人参与的合作社)的平均处理效应(ATT)测度新农人参与对合作社治理绩效、社会绩效、经营绩效、收入绩效以及综合绩效的影响净效应,但是ATT仅能反映合作社有无新农人参与的绩效变化平均值,无法体现此绩效变化来自新农人参与方式的结构性差异。因此,探讨新农人不同的参与方式对合作社绩效的差异化影响有助于进一步丰富和深化本章研究内容。

一、研究方法与变量说明

本节继续使用PSM方法进行实证分析,原因如下:首先,合作社是否存在新农人管理参与、资本参与和交易参与依然是个"自选择"问题。新农人在选择参与合作社的那一刻,就选择了以何种方式参与。PSM方法可以有效处理"自选择"问题造成的估计偏误;其次,对于新农人来说,管理参与、资本参与和交易参与三种参与合作社的方式虽然是多值选择,但并不是只能选择其一。

新农人作为管理者参与合作社的同时,也可以选择出资或与合作社交易;同理,作为所有者参与合作社的新农人,也可能是理事长或理事会成员,同时与合作社发生交易;作为惠顾者参与合作社的新农人,也可以是缴纳股金的所有者或者承担管理职责的管理者。因此,处理多值变量的GPSM方法并不适用于本节研究。

GPSM模型的一个重要假定条件是对于样本任意值i,只能观测到并选择多值处理变量集合中的一种(Imbens,2000)。本次实地调研数据显示,337家样本合作社中,新农人管理参与的合作社124家,新农人资本参与的合作社110家,新农人交易参与的合作社127家,可见,新农人参与合作社方式的选择具有非唯一性。因此,使用PSM方法研究新农人参与方式对合作社多维绩效的影响更为适宜。

PSM方法的模型设定和具体步骤,以及控制变量和被解释变量的说明已于本章上一小节阐明,本节重点说明新农人管理参与、资本参与和交易参与三个核心解释变量。

(1) 新农人管理参与。合作社理事会成员(包括理事长)中有新农人,则该合作社存在新农人管理参与,新农人管理参与变量记作1;反之,则记作0。

(2) 新农人资本参与。合作社中有新农人出资,则该合作社存在新农人资本参与,新农人资本参与变量记作1;反之,则记作0。

(3) 新农人交易参与。合作社中有新农人参与了合作社传统交易或新型交易,则该合作社存在新农人交易参与,新农人交易参与变量记作1;反之,则记作0。合作社传统交易包括:收购农产品、采购农业生产资料、统防统治、技术培训、信息服务等;合作社新型交易包括:绿色生产服务、数字化平台、互联网技术培训、商标品牌的授权使用及维护等。

二、实证结果与分析

1. 新农人参与方式的决策方程估计

为保证实验组和对照组的匹配质量,首先使用Logit模型估计新农人选择不同方式参与合作社的决定因素,并使用相应的预测值作为倾向分数。基于Logit模型的估计结果见表5.32。可见,各变量对于新农人选择以管理参与、资本参与还是交易参与的方式参与合作社的影响基本一致。其中,合作社成立年限($time$)、理事长年龄(age)对于新农人的参与选择没有显著影响。社员退社能力($quit$)不影响新农人选择管理参与,但是对于新农人选择资本参与和交易参与具有较为显著的影响。合作社类型($type$)不影响新农人资本参与合作社,但是对于新农人选择管理参与和交易参与具有显著影响。理事长受教育程度($educa$)、理事长社会职务(job)、合作社社员大会召开次数($mem\text{-}meeting$)、政府扶持($gov\text{-}help$)对新农人三种参与方式均具有显著的正向影响,而合作社所在地区($place$)对新农人三种参与方式均具有显著的负向影响。本节将重点分析倾向得分匹配的估计结果。

表5.32 三种新农人参与方式的决策方程估计结果

变量名称	管理参与	资本参与	交易参与
$place$	−0.254***	−0.232***	−0.197**
	(0.093)	(0.087)	(0.091)
$time$	0.092	0.109	0.073
	(0.082)	(0.078)	(0.080)
$type$	0.542**	0.175	0.472**
	(0.212)	(0.202)	(0.206)
age	−0.023	−0.014	−0.017
	(0.018)	(0.017)	(0.017)
$educa$	0.491***	0.411**	0.422**
	(0.173)	(0.166)	(0.169)

续表

变量名称	管理参与	资本参与	交易参与
job	1.665***	1.021***	1.543***
	(0.311)	(0.236)	(0.303)
mem-meeting	0.183**	0.149*	0.199**
	(0.089)	(0.077)	(0.086)
quit	0.192	0.379*	0.403*
	(0.225)	(0.215)	(0.224)
gov-help	1.037***	1.124***	1.029***
	(0.360)	(0.329)	(0.355)
观测值	124	110	127
LR chi2(9)	153.04	110.33	145.98
Pseudo-R^2	0.3452	0.2592	0.3269

注:括号内为标准误;*、**、***分别表示在10%、5%和1%的水平显著。

2. 共同支撑域检验

基于新农人参与方式决策方程的估计结果,分别计算合作社 i 有新农人管理参与、资本参与和交易参与的倾向得分。为了保证样本数据的匹配质量,在获得倾向得分后进一步绘制了核密度函数图以检验匹配后的共同支撑域。图5.7、图5.8和图5.9分别显示了新农人管理参与、资本参与和交易参与倾向得分匹配后的核密度函数图,可见对于合作社的三种新农人参与方式,其处理组和控制组样本的倾向得分重叠区域均较广,多数观察值都在共同取值范围内。

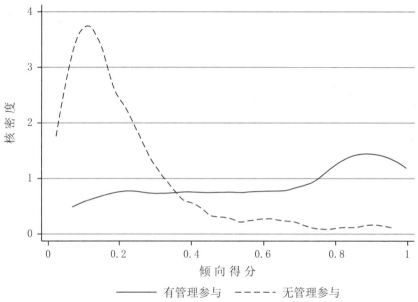

图5.7 新农人管理参与倾向得分匹配后的核密度函数图

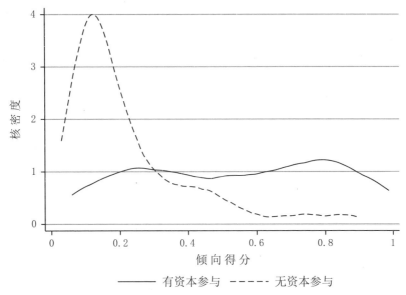

图5.8 新农人资本参与倾向得分匹配后的核密度函数图

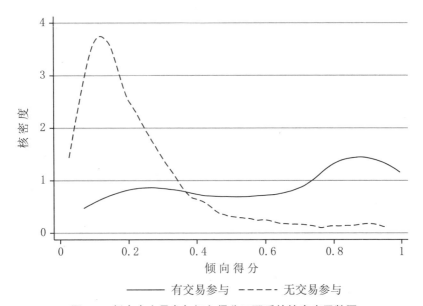

图5.9 新农人交易参与倾向得分匹配后的核密度函数图

K近邻匹配、卡尺匹配和核匹配三种不同匹配方法下样本的最大损失结果见表5.33。由表可见,三种新农人参与方式的处理组和控制组在损失了少量样本后均保留了大部分匹配样本,说明样本的匹配效果良好。

表5.33 新农人参与方式PSM匹配样本情况

变量	分组类别	未匹配样本	匹配样本	总计
新农人管理参与	控制组	25	188	213
	处理组	16	108	124
新农人资本参与	控制组	14	213	227
	处理组	12	98	110
新农人交易参与	控制组	18	192	210
	处理组	15	112	127

3. 平衡性检验

本节采用K近邻匹配、卡尺匹配和核匹配三种方法进行匹配以检验匹配结果的稳健性,表5.34给出了三种新农人参与方式匹配前后平衡性检验结果。可见,解释变量的平均标准偏差由匹配前的47.4%至53.0%降低到匹配后的7.6%至12.9%,总偏误明显降低且小于平衡性检验规定的20%红线标准。LR统计量由匹配前的110.23至152.63下降到匹配后的3.75至8.60。衡量倾向得分方程拟合优度的Pseudo-R^2值也显著下降,新农人管理参与方程从匹配前的0.344下降到匹配后的0.018至0.027;新农人资本参与方程从匹配前的0.259下降到匹配后的0.014至0.026;新农人交易参与方程从匹配前的0.326下降到匹配后的0.023至0.028。似然比检验的p值表明,匹配前控制变量系数均是联合显著的,而在匹配后均无法拒绝控制变量系数联合为0的原假设,即匹配后控制变量无法决定合作社是否有新农人管理参与、资本参与以及交易参与。以上检验结果表明,经过PSM匹配后基本消除了处理组与对照组的可观测变量显性偏差,匹配后的解释变量分布未呈现系统差异性,样本匹配成功,PSM估计的结果稳健可靠。

表5.34 倾向得分匹配前后的平衡性检验结果

参与模式	匹配方法	Pseudo-R^2	LR 统计量	P值	平均标准偏差
新农人管理参与	未匹配	0.344	152.63	0.000	53.0
	K近邻匹配	0.018	5.40	0.798	9.5
	卡尺匹配	0.022	4.96	0.838	10.3
	核匹配	0.027	8.12	0.522	12.2
新农人资本参与	未匹配	0.259	110.23	0.000	47.4
	K近邻匹配	0.014	3.75	0.927	8.5
	卡尺匹配	0.026	6.92	0.646	12.9
	核匹配	0.019	5.08	0.827	12.3
新农人交易参与	未匹配	0.326	145.66	0.000	51.8
	K近邻匹配	0.023	7.17	0.620	7.6
	卡尺匹配	0.025	6.65	0.674	12.5
	核匹配	0.028	8.60	0.475	11.3

4. 处理效应结果

本节在PSM估计的过程中,通过bootstrap法获得估计结果的标准误,分别进行了20次、50次、100次、200次和300次的检验,发现通过20次、50次和100次的bootstrap过程获得的标准误并不稳定,200次及以上的检验获得的标准误较稳定。考虑到篇幅,只报告300次bootstrap过程获得的结果。表5.35给出了K近邻匹配、卡尺匹配和核匹配三种匹配方法对于新农人管理参与、资本参与和交易参与的估计结果。由表可见,不论采取何种匹配方法,其测算结果均表明:管理参与、资本参与和交易参与三种新农人参与方式均显著影响合作社绩效,该实证结果证实了本书第四章提出的理论假说H2。

表5.35 倾向得分匹配平均处理效应测算结果

项目		综合绩效	治理绩效	社会绩效	经营绩效	收入绩效
	新农人管理参与	4.105***	0.359	0.861***	1.574***	1.311**
		(1.050)	(0.559)	(0.224)	(0.487)	(0.570)
	(ATT)	3.14	0.49	3.92	3.37	2.26
K近邻匹配 ($n=4$)	新农人资本参与	3.604***	0.374	0.712***	2.194***	0.324
		(1.253)	(0.653)	(0.189)	(0.500)	(0.635)
	(ATT)	2.71	0.57	3.38	5.24	0.51
	新农人交易参与	4.443***	0.186	0.934***	1.773***	1.549***
		(0.978)	(0.566)	(0.194)	(0.435)	(0.561)
	(ATT)	3.45	0.26	4.44	4.01	2.72
	新农人管理参与	3.792***	0.378	0.801***	1.839***	0.773**
		(1.194)	(0.688)	(0.226)	(0.500)	(0.337)
	(ATT)	2.92	0.55	3.68	3.74	2.29
卡尺匹配 ($cal=0.02$)	新农人资本参与	3.385**	0.425	0.755***	2.161***	0.044
		(1.332)	(0.631)	(0.210)	(0.501)	(0.690)
	(ATT)	2.40	0.61	3.39	4.99	0.06
	新农人交易参与	4.004***	0.096	0.857***	1.933***	1.119*
		(1.131)	(0.613)	(0.210)	(0.514)	(0.597)
	(ATT)	3.16	0.14	4.15	4.29	2.05

续表

项目		综合绩效	治理绩效	社会绩效	经营绩效	收入绩效
核匹配 ($bw=0.06$)	新农人管理参与	3.855***	0.244	0.801***	1.672***	1.138**
		(0.906)	(0.562)	(0.194)	(0.500)	(0.567)
	（ATT）	3.00	0.34	3.79	3.81	2.02
	新农人资本参与	3.109***	0.220	0.700***	2.053***	0.136
		(1.143)	(0.601)	(0.173)	(0.436)	(0.591)
	（ATT）	2.48	0.36	3.51	4.84	0.23
	新农人交易参与	4.192***	0.176	0.832***	1.914***	1.270**
		(0.891)	(0.467)	(0.212)	(0.464)	(0.579)
	（ATT）	3.44	0.26	4.23	4.68	2.34

注：平均处理效应的显著性通过自助法（bootstrap）得到，*、**、***分别表示在10%、5%和1%的水平显著；括号内为通过bootstrap法得到的标准误（重复300次）。

由于K近邻匹配、卡尺匹配和核匹配方法的估计结果基本一致，笔者根据表5.31和表5.35中K近邻匹配估计结果，整理新农人参与与否以及新农人参与方式对合作社多维绩效的影响效应，具体见表5.36。可以发现：

① 新农人管理参与对于合作社社会绩效、经营绩效和收入绩效有显著的改进，对合作社治理绩效影响不显著；

② 新农人资本参与能够显著提高合作社的社会绩效和经营绩效，但是对合作社治理绩效和收入绩效没有显著影响；

③ 新农人交易参与对合作社社会绩效、经营绩效和收入绩效的正向影响显著，对合作社治理绩效没有显著影响；

④ 新农人三种参与方式均可以显著提高合作社经营绩效，其中资本参与对于合作社经营绩效的改进作用最大，其ATT值为2.194，高于其他两种参与方式；

⑤ 新农人三种参与方式对于合作社社会绩效均具有显著的正向影响，且影响效应相当；

⑥ 新农人只有通过管理参与和交易参与能够显著提高合作社收入绩效，资本参与对收入绩效的作用不显著；

⑦ 新农人参与，不管是管理参与、资本参与还是交易参与，对于合作社治理绩效均不具有显著影响。

表 5.36　合作社新农人参与的绩效评价结果比较(ATT)

	综合绩效	治理绩效	社会绩效	经营绩效	收入绩效
新农人参与	4.468***	—	0.817***	1.831***	1.395***
新农人管理参与	4.105***	—	0.861***	1.574***	1.311**
新农人资本参与	3.604***	—	0.712***	2.194***	—
新农人交易参与	4.443***	—	0.934***	1.773***	1.549***

注：平均处理效应的显著性通过自助法(bootstrap)得到,*、**、***分别表示在10%、5%和1%的水平显著；括号内为通过bootstrap法得到的标准误(重复300次)。

三、进一步讨论

我国合作社发轫于农村"熟人圈"的特定场域,由于合作社内部存在信任、认同与互惠等社会机制,新农人与其他合作社成员之间会形成非市场性的社会互动,合作社成员的行为和决策不仅受其自身偏好、期望和约束条件等影响,也会受合作社中新农人的行为和决策影响,而新农人不同的参与方式会形成新农人不同的参与行为和参与决策,使得他们与其他合作社成员之间产生不同的社会互动。

以管理参与方式加入合作社的新农人,其参与行为包括经营决策、人事任免、资源调度、制度安排等。实践中,虽然合作社具有所有者、控制者、惠顾者合一的组织特性,但绝大多数合作社极少召开成员大会,普通成员难以兑现其控制者权力,合作社管理和决策事宜一般由理事长和理事会成员完成。若新农人管理参与合作社,意味着合作社决策主要由新农人完成,其他合作社成员跟随或服从新农人决策,从而放大新农人决策,这一方面可能降低内部交易成本,提高组织一致性,另一方面,合作社也有异化为"科层制"投资者所有企业(IFOs)的风险,而偏离其民主公平的质性规范。因此,新农人管理参与对于实现合作社治理绩效具有不确定性。同时,新农人管理参与合作社,也意味着合作社决策会贯彻新农人理念,如重视绿色种养和生态可持续,合理使用农业投入品；以需求为导向组织生产、集约化利用资源；突破小农思维,乐于与其他合作社成员共享剩余索取权以谋取远期利益；通过互联网提高生产端向消费端流通的效率,并通过品牌化拓展农产品溢价空间等。因此,合作社经营绩效、社会绩效和收入绩效能够因新农人管理参与而得到改进。

以资本参与方式加入合作社的新农人,其参与行为包括出资占股这样的投资行为,或者为获取成员资格而缴纳入社费这样的非投资行为。成员资格股的股金往往不高,缴纳入社费的合作社成员虽然拥有了少量股金,但在实践中往往无法兑现相应的话语权,而是被核心资本外围化。新农人要实现改造传统农业的理念更加依赖于资本。若新农人本人资本参与合作社,无疑更能够推动合作社数字化、智能化和绿色化基础设施建设,投入专用性资产促进农产品包装、储藏、加工、物流一体化,整合乡土资源发展乡村旅游,从而延长合作社产业链,拓展合作社增收空间,促进当地三产融合发展。因此,合作社经营绩效和社会绩效能够因新农人资本参与而提升。同时,不同于新农人管理参与,新农人资本参与具有资本逐利的本性,可能会攫取部分合作收益,或者迫使合作社盈余分配制度倾向按股分配,因此,新农人资本参与对于合作社收入绩效和治理绩效的影响存疑。随着合作社从生产合作转向要素合作,资本对合作社的实际贡献超过惠顾,使得新农人资本参与相较于其他两种参与方式,对经营绩效的提升作用可能更加显著。

以交易参与的方式加入合作社的新农人,其参与行为包括通过合作社购买农资或销售农产品等"买卖"交易行为,以及使用合作社提供的技术培训、商标品牌、销售平台,或者植保、机耕、病虫害防治等服务的"管理"交易行为。进行交易参与的新农人购买无害化农业投入品,接受生态种养技术培训,科学规划资源投入,提高土地集约化利用效率,通过科学绿色生产,他们所产出的农产品优质安全,受消费者认可,在销售市场上表现突出,获得了更大的溢价和更高的销量。这种收益示范会吸引其他合作社成员模仿或跟随新农人行为,缩小自己与新农人行为的偏离度,新农人参与行为因此在合作社内部不断"滚雪球",最终形成合作社的集体行动,产生规模效应,进而提升了合作社经营绩效、社会绩效和收入绩效。此外,合作社其他成员对新农人行为的跟随和模仿,一方面,可能减弱成员异质性,增强组织一致性,缓解合作社内部冲突;另一方面,由于信息不充分、结果不确定或者"理性人"风险规避倾向,新农人的示范传导也可能会陷入"熟人圈"陷阱,只有与新农人处于熟人社会"差序格局"内层的合作社成员跟随其行为和决策,并形成更为紧密的排他性"小群体",造成合作社内部分化和群体冲突,因此,新农人交易参与对于实现合作社治理绩效存疑。

通过本节论证,可以发现,新农人不同参与方式对合作社多维绩效的影响具有差异性,但是不存在互相矛盾的"绩效悖离"。那么,新农人参与对于合作社治理绩效呈现的不显著性,是否存在其他影响因素?为了进一步论证,下一章将继续探究新农人参与状态对合作社绩效的影响。

本章小结

本章以课题组自2019年3月至9月期间对安徽省内337家合作社的调研数据为基础,对本书第四章提出的理论假说进行了实证检验。具体来说,本章首先采取AHP层次分析法测度合作社绩效,然后采用倾向得分匹配PSM方法实证研究有无新农人参与对合作社多维绩效的影响,再进一步对新农人三种不同的参与方式对合作社多维绩效的影响进行了综合评价与比较分析。

本章研究发现,新农人参与能够显著提高合作社绩效,并且,新农人管理参与、资本参与和交易参与这三种参与方式对合作社绩效均具有显著的积极影响,从而验证了第四章提出的理论假说H1和H2。同时,本章还发现,新农人管理参与、资本参与和交易参与这三种不同的参与方式对合作社治理绩效均没有表现出显著影响,但在提高合作社社会绩效、经营绩效和收入绩效方面表现出一定的差异性。具体来说,对于提高合作社社会绩效来说,新农人三种参与方式均发挥了积极作用且作用效应相当;对于提高合作社经营绩效来说,新农人三种参与方式也均能够发挥显著作用,但是相对于其他两种参与方式,新农人的资本参与具有一定的比较优势;对于提高合作社收入绩效来说,新农人只有通过管理参与和交易参与才能够发挥积极作用,新农人的资本参与对此没有显著影响。这些发现为本书下一章的研究提供了切入点,并且使得下一章探讨新农人参与状态对合作社多维绩效的影响更加具有理论价值和实践意义。

第六章 新农人参与的状态与合作社绩效问题

上一章研究了新农人是否参与及参与方式对合作社绩效的影响,实证结果验证了本书第四章提出的理论假说H1和H2,同时发现,新农人不同参与方式对合作社多维绩效的影响具有差异性,但是不存在互相矛盾的"绩效悖论",因此需要探究是否存在其他的新农人参与要素影响合作社绩效的实现。本章为深入探究新农人参与状态对合作社绩效的影响,以实地调查所获微观数据为证据,运用多元线性回归模型测算新农人管理参与、资本参与以及交易参与的状态对合作社多维绩效的影响;构建交互效应模型探讨新农人理事长和新农人理事之间可能存在的交互作用;构建联立方程模型讨论新农人参与状态与合作社绩效之间潜在的内生性问题。

第一节 变量与模型

一、变量说明

1. 被解释变量

本章研究的被解释变量为合作社的治理绩效、社会绩效、经营绩效以及收入绩效。绩效指标的评价体系构建、权重计算与规格化处理等内容前文已述,此处不再赘述。为了更加全面地反映新农人参与下的合作社绩效情况,本章首先将总样本以五种集合方式加以划分并对比其各维度绩效的表现,样本集分别是:没有新农人参与的合作社(样本量为207)、新农人管理参与下的合作社(样本量为124)、新农人资本参与下的合作社(样本量为110)、新农人交易参与下的合作社(样本量为127)以及所有合作社(样本量为337)。相关数据的统计性描述见表6.1。

第六章 新农人参与的状态与合作社绩效问题

表6.1 新农人不同参与方式下合作社绩效的统计性描述

类别	指标	治理绩效	社会绩效	经营绩效	收入绩效
没有新农人参与的合作社 ($N=207$)	平均值	11.881	0.792	0.802	1.836
	标准差	3.558	0.912	1.443	2.008
	最小值	0.000	0.000	0.015	0.000
	最大值	18.589	4.240	12.338	7.531
新农人管理参与下的合作社 ($N=124$)	平均值	14.657	2.255	3.184	4.731
	标准差	3.682	1.378	3.536	4.734
	最小值	1.328	0.013	0.031	0.493
	最大值	23.900	7.983	22.115	28.080
新农人资本参与下的合作社 ($N=110$)	平均值	14.456	2.209	3.396	4.159
	标准差	3.613	1.408	3.582	4.414
	最小值	1.328	0.013	0.038	0.493
	最大值	23.900	7.983	22.115	28.080
新农人交易参与下的合作社 ($N=127$)	平均值	14.529	2.247	3.207	4.674
	标准差	3.681	1.375	3.522	4.704
	最小值	1.328	0.013	0.031	0.000
	最大值	23.900	7.983	22.115	28.080
总样本 ($N=337$)	平均值	12.890	1.343	1.715	2.904
	标准差	3.826	1.312	2.701	3.560
	最小值	0.000	0.000	0.015	0.000
	最大值	23.900	7.983	22.115	28.080

注:根据2019年本课题组调研数据整理。

由表6.1中的数据可知,总样本合作社的治理绩效、社会绩效、经营绩效和收入绩效经规格化处理后的平均值分别为12.890、1.343、1.715和2.904。新农人管理参与、资本参与和交易参与下的合作社相比没有新农人参与的合作社,其治理绩效、社会绩效、经营绩效和收入绩效均有所提高。合作社治理绩效、社会绩效和收入绩效在新农人管理参与下的均值最高,分别达到14.657、2.255和4.731;而合作社经营绩效在新农人资本参与下的均值最高,达到3.396。

2. 核心解释变量

本章研究的核心解释变量为合作社新农人参与状态,具体如下:

(1)新农人管理参与状态

理事会成员往往是合作社的核心圈,参与合作社重大决策的讨论,在合作社中具有支配地位,其中理事长是合作社最直接的决策者,而普通社员在合作社投资、管理、决策、利益分配等活动中参与甚少,甚至其参与并非社员自身的选择行为,而是合作社制度设计的结果,比如社员通过社员大会行使投票权(梁巧 等,2014)。因此,本章以"理事长是否为新农人"和"理事会成员中新农人的人数比例"两项指标来表征合作社新农人管理参与状态。具体来说,若合作社理事长为新农人,则 *mechairman* 记作 1;反之,则记作 0。合作社理事会成员中新农人人数占理事会成员人数的比例(%)记作 *mecouncil* 的数值。

(2) 新农人资本参与状态

我国合作社股权结构具有明显的异质性,很多社员并不进行资本参与,而少数社员的资本参与明显(马彦丽 等,2008;丁建军,2010;邵科 等,2013)。牵头人的资本参与情况使合作社"先天地"具有某种特定的目标偏好,核心社员之间若存在紧密的产权关系,则会产生更为一致的核心圈集体行动,从而引致"普通社员被外围化"的股权现象(马彦丽 等,2008)。因此,本章以"新农人理事长投资额占比""新农人理事投资额占比"和"新农人普通社员投资额占比"三项指标来表征合作社新农人资本参与状态。具体来说,若合作社理事长是新农人,其投资额占合作社总资本的比例(%)记作 *cechairman* 的数值;若合作社理事中有新农人,他们的投资总额占合作社总资本的比例(%)记作 *cecouncil* 的数值;若合作社普通社员中有新农人,他们的投资总额占合作社总资本的比例(%)记作 *cenormal* 的数值。

(3) 新农人交易参与状态

中国合作社形成于家庭联产承包的制度基础之上,具有"生产在户、服务在社"和"统分结合"的特殊性,合作社交易既包括农产品收购、农资购买等"买卖"的交易,也包括植保、机耕、培训、资讯、平台等"管理"的交易(崔宝玉 等,2017)。合作社为社员和非社员提供的服务差别不大,会削弱社员交易参与的意愿。新农人区别于传统农民的核心特征在于生态自觉、社群思维、互联网技能和创新能力,调研中发现有新农人参与的合作社除了提供传统交易,往往还提供绿色生产服务、数字化平台、互联网技术指导、商标品牌的授权使用及维护等新型交易。这些新型交易需要投入大量专用性资本,因此不可能向非社员提供与社员无差别的交易价格。因此,本章以"新农人传统交易参与度"和"新农人新型交易参与度"两项指标来表征合作社新农人交易参与状态。具体来说,合作社传统交易包括收购农产品、采购农业生产资料、技术培训、信息服务、统防统治等,新农人参与以上传统交易的数量记作 *tetra* 的数值。新农人参与合作社所提供的绿色生产服务、数字化平台、互联网技术指导、商标品牌的授权使用及维护等新型交易的数量记作 *tenew* 的数值。以上新农人参与状态各变量的赋值说明与描述性统计见表 6.2。

表6.2 新农人参与状态变量的定义及其统计性描述

变量名称	变量定义	均值	标准差	最小值	最大值
mechairman	合作社理事长是新农人＝1,不是新农人＝0	0.28	0.45	0	1
mecouncil	合作社理事会成员中新农人人数比例(％)	0.19	0.30	0	1
cechairman	新农人理事长投资额占合作社总资本比例(％)	0.16	0.29	0	1
cecouncil	新农人理事投资额占合作社总资本比例(％)	0.19	0.33	0	1
cenormal	新农人普通社员投资额占合作社总资本比例(％)	0.01	0.04	0	0.4
tetra	合作社新农人的传统交易参与度	2.56	2.12	0	7
tenew	合作社新农人的新型交易参与度	0.84	0.94	0	3

注：根据2019年本课题组调研数据整理。

由表6.2中的数据可知,样本合作社中只有少部分合作社的理事长是新农人;理事会成员中新农人的人数占比平均只有19％;新农人理事长投资额占合作社总资本的比例平均为16％,新农人理事投资额占合作社总资本的比例平均为19％,而新农人普通社员投资额占合作社总资本的比例平均仅有1％,说明普通社员中新农人出资的情况很少;另外,合作社新农人的传统交易参与度平均达2.56,新型交易参与度平均达0.84。

3. 控制变量

基于相关文献中关于合作社绩效影响因素的研究,本章选取的控制变量包括：合作社所在地区、产业类型、成立年限、理事长年龄、受教育程度、社会职务、社员大会召开次数、社员退出能力、政府扶持。以上控制变量的选取依据、含义说明及统计性描述在第五章已详细阐述,此处不再赘述。

二、模型建构

1. 新农人管理参与状态与合作社绩效

为了检验新农人管理参与状态对合作社多维绩效的影响,本章构建一组多元线性回归模型如下：

$$performance_k = \alpha_0 + \alpha_1 mechairman + \alpha_2 mecouncil + \alpha_3 X + \varepsilon \quad (6.1)$$

在式(6.1)中,被解释变量$performance_k$为合作社绩效变量,$k=1,2,3,4$分别代表合作社治理绩效、社会绩效、经营绩效和收入绩效；$mechairman$和$mecouncil$是核心解释变量,$mechairman$表示理事长是否为新农人,$mecouncil$表示理事会成员中新农人的人数比例;X表示影响合作社绩效的其他控制变量向量;ε表示随机干扰项;α_1、α_2和α_3为回归系数,α_0为截距项。

2. 新农人资本参与状态与合作社绩效

为了检验新农人资本参与状态对合作社多维绩效的影响,本章构建一组多元线性回归模型如下:

$$performance_k = \beta_0 + \beta_1 cechairman + \beta_2 cecouncil + \beta_3 cenormal + \beta_4 X + \varepsilon \quad (6.2)$$

在式(6.2)中,被解释变量$performance_k$为合作社绩效变量,$k=1,2,3,4$分别代表合作社治理绩效、社会绩效、经营绩效和收入绩效;$cechairman$、$cecouncil$和$cenormal$是核心解释变量,$cechairman$表示新农人理事长投资额占合作社总资本的比例,$cecouncil$表示新农人理事投资额占合作社总资本的比例,$cenormal$表示合作社新农人普通社员投资额占合作社总资本的比例;X表示影响合作社绩效的其他控制变量向量;ε表示随机干扰项;β_1、β_2、β_3和β_4为回归系数,β_0为截距项。

3. 新农人交易参与状态与合作社绩效

为了检验新农人交易参与状态对合作社多维绩效的影响,本章构建一组多元线性回归模型如下:

$$performance_k = \delta_0 + \delta_1 tetra + \delta_2 tenew + \delta_3 X + \varepsilon \quad (6.3)$$

在式(6.3)中,被解释变量$performance_k$为合作社绩效变量,$k=1,2,3,4$分别代表合作社治理绩效、社会绩效、经营绩效和收入绩效;$tetra$和$tenew$是核心解释变量,$tetra$表示新农人传统交易参与度,$tenew$表示新农人新型交易参与度;X表示影响合作社绩效的其他控制变量向量;ε表示随机干扰项;δ_1、δ_2和δ_3为回归系数,δ_0为截距项。

4. 新农人理事长和新农人理事之间可能存在的交互作用

在实地调研中发现,新农人多出现于理事长或理事中,普通社员中出现新农人的情况很少。理事长和理事中如果同时存在新农人,他们之间会产生相互影响,或形成资源要素互补,扩大新农人绩效;或形成排他性核心利益集团,损害合作规范。考虑到随着合作社由生产合作向要素合作深化,资本和管理者禀赋的贡献会愈发显著,本章主要讨论新农人理事长和新农人理事在进行管理参与和资本参与时的交互作用。因此,在式(6.1)和式(6.2)的多元回归模型中加入交互项,得到交互效应模型如下:

$$\begin{aligned} performance_k = & \xi_0 + \xi_1 mechairman + \xi_2 mecouncil \\ & + \xi_3 mechairman \times mecouncil + \xi_4 X + \varepsilon \end{aligned} \quad (6.4)$$

在式(6.4)中,交互项$mechairman \times mecouncil$表示在影响合作社多维绩效的过程中,理事长是否是新农人与理事会成员中新农人的人数比例之间的交互作用;ξ_1、ξ_2、ξ_3和ξ_4为回归系数,ξ_0为截距项。

$$performance_k = \zeta_0 + \zeta_1 cechairman + \zeta_2 cecouncil \\ + \zeta_3 cenormal + \zeta_4 cechairman \times cecouncil + \zeta_5 X + \varepsilon \quad (6.5)$$

在式(6.5)中,交互项$cechairman \times cecouncil$表示在影响合作社多维绩效的过程中,新农人理事长投资额比例与新农人理事投资额比例之间的相互作用;ζ_1、ζ_2、ζ_3、ζ_4和ζ_5为回归系数,ζ_0为截距项。

5. 新农人参与和合作社绩效之间可能存在的内生性问题

新农人参与和合作社绩效之间可能存在内生性问题,表现在:社会绩效和经营绩效表现更好的合作社,在当地的知名度和影响力较大,与地方政府职能部门的工作交往较为密切,动用和整合资源的能力较强,新农人在政策引导下更愿意参与这样的合作;治理绩效和收入绩效良好的合作社,能够形成内部示范带动机制,激励普通社员通过学习转化为新农人,从而改变合作社新农人参与的状态。新农人参与和合作社绩效之间可能存在的这种相互促进关系,有可能会造成式(6.1)、式(6.2)和式(6.3)中核心解释变量的系数被高估。为检验新农人参与和合作社绩效之间的内生性问题,本章构建联立方程组如下:

$$\begin{cases} performance_k = \alpha_0 + \alpha_1 mechairman + \alpha_2 mecouncil + \alpha_3 X + \varepsilon \\ mechairman = \alpha'_0 + \alpha'_1 performance_k + \alpha'_2 mecouncil + \alpha'_3 X + \varepsilon \\ mecouncil = \alpha''_0 + \alpha''_1 mechairman + \alpha''_2 performance_k + \alpha''_3 X + \varepsilon \end{cases} \quad (6.6)$$

$$\begin{cases} performance_k = \beta_0 + \beta_1 cechairman + \beta_2 cecouncil + \beta_3 cenormal + \beta_4 X + \varepsilon \\ cechairman = \beta'_0 + \beta'_1 performance_k + \beta'_2 cecouncil + \beta'_3 cenormal + \beta'_4 X + \varepsilon \\ cecouncil = \beta''_0 + \beta''_1 cechairman + \beta''_2 performance_k + \beta''_3 cenormal + \beta''_4 X + \varepsilon \\ cenormal = \beta'''_0 + \beta'''_1 cechairman + \beta'''_2 cecouncil + \beta'''_3 performance_k + \beta'''_4 X + \varepsilon \end{cases}$$

$$(6.7)$$

$$\begin{cases} performance_k = \delta_0 + \delta_1 tetra + \delta_2 tenew + \delta_3 X + \varepsilon \\ tetra = \delta'_0 + \delta'_1 performance_k + \delta'_2 tenew + \delta'_3 X + \varepsilon \\ tenew = \delta''_0 + \delta''_1 tetra + \delta''_2 performance_{ki} + \delta''_3 X + \varepsilon \end{cases} \quad (6.8)$$

第二节 实证结果与分析

一、新农人管理参与状态与合作社绩效

新农人管理参与状态与合作社治理绩效、社会绩效、经营绩效以及收入绩效的回归结果见表6.3,四个回归模型的拟合优度分别为0.292、0.608、0.304以及0.639,这说明式(6.1)的模型解释能力较强,构建较为合理。

表6.3 新农人管理参与的回归结果

变量	治理绩效	社会绩效	经营绩效	收入绩效
mechairman	3.254***	0.804***	1.092**	2.826***
	(0.701)	(0.179)	(0.491)	(0.466)
mecouncil	−3.347***	0.422*	0.905	−1.371**
	(0.995)	(0.254)	(0.696)	(0.661)
place	0.197*	0.0841***	0.130*	−0.172**
	(0.111)	(0.028)	(0.078)	(0.074)
time	−0.146	0.019	0.009	0.030
	(0.102)	(0.026)	(0.071)	(0.068)
type	0.795***	0.963***	0.167	3.074***
	(0.258)	(0.066)	(0.181)	(0.172)
age	0.013	−0.001	−0.005	0.014
	(0.022)	(0.006)	(0.015)	(0.015)
educa	0.329	0.068	0.334**	−0.247*
	(0.214)	(0.055)	(0.149)	(0.142)
job	1.084***	0.063	0.161	0.402
	(0.373)	(0.095)	(0.261)	(0.248)
mem-meeting	0.307***	0.015	0.008	0.038
	(0.098)	(0.025)	(0.069)	(0.065)
gov-help	0.559	0.317***	1.567***	0.330
	(0.425)	(0.109)	(0.298)	(0.283)
quit	0.381	0.023	0.236	0.003
	(0.269)	(0.069)	(0.188)	(0.179)

续表

变量	治理绩效	社会绩效	经营绩效	收入绩效
Constant	5.981***	−1.837***	−3.056***	−4.026***
	(1.650)	(0.421)	(1.155)	(1.096)
Observations	337	337	337	337
R-squared	0.292	0.608	0.304	0.639

注：*、**、***分别表示在10%、5%和1%的水平显著。

回归结果显示，理事长是新农人对合作社治理绩效、社会绩效、经营绩效以及收入绩效的提高均起到显著且积极的促进作用。合作社理事会成员中新农人的人数比例在10%的显著性水平下正向影响合作社的社会绩效，却在1%和5%的显著性水平下对合作社的治理绩效和收入绩效产生负向影响，也就是说，随着合作社理事会成员中新农人人数比例的提高，合作社社会绩效有所提升，而合作社治理绩效和收入绩效反而更差。此外，理事会成员中新农人的人数比例并未对合作社经营绩效产生显著影响，也就是说，合作社经营绩效的提高主要依赖新农人理事长的管理参与。这说明，理事长是新农人对于提升合作社绩效的各个方面都至关重要，但理事会成员中新农人的人数比例过高的话，非但贡献不明显，甚至会损害合作社规范，抑制社员增收。

究其原因，可能的解释是：实践中合作社的经营决策和制度安排基本依赖理事长，新农人担任理事长无疑是最直接有效的管理参与，能够充分落实新农人关于生态种养、资源集约、数字化改造以及模式创新等方面的设想，从而提升合作社社会绩效和经营绩效。此外，新农人的"新"还在于他们突破了小农思维，是一批具有农业农村情怀的理性人，这就意味着，新农人一方面追求自己的人力资本兑现收益，另一方面也乐于与其他社员共享剩余索取权以谋取远期利益，因此，新农人担任合作社理事长可以实现合作社公平分配和社员增收，从而提高合作治理绩效和收入绩效。然而，由于新农人与其他合作社成员之间在观念、能力以及资本禀赋等方面存在落差，若理事会成员中新农人的人数比例过高，就容易形成排他性的核心集团，导致合作社异化为科层制企业，损害合作社民主公平的质性规定，攫取其他合作社成员的合作收益，从而抑制合作社治理绩效和收入绩效的实现。

二、新农人资本参与状态与合作社绩效

新农人资本参与状态与合作社治理绩效、社会绩效、经营绩效以及收入绩效的回归结果见表6.4，四个回归模型的拟合优度分别为0.265、0.605、0.307以及0.667，

这说明式(6.2)的模型解释能力较强,构建较为合理。

表6.4 新农人资本参与的回归结果

变量	治理绩效	社会绩效	经营绩效	收入绩效
$cechairman$	2.319***	0.976***	0.883	4.093***
	(0.830)	(0.209)	(0.569)	(0.520)
$cecouncil$	−1.218*	0.515***	1.450***	−1.990***
	(0.661)	(0.166)	(0.453)	(0.414)
$cenormalmember$	2.977	2.263*	2.029	3.276
	(4.612)	(1.160)	(3.163)	(2.891)
$place$	0.189*	0.088***	0.130*	−0.159**
	(0.114)	(0.029)	(0.078)	(0.072)
$time$	−0.134	0.016	0.011	0.021
	(0.104)	(0.026)	(0.072)	(0.065)
$type$	0.666**	0.955***	0.192	2.918***
	(0.265)	(0.067)	(0.182)	(0.166)
age	0.016	0.000	−0.004	0.017
	(0.022)	(0.006)	(0.015)	(0.014)
$educa$	0.365*	0.086	0.353**	−0.148
	(0.216)	(0.054)	(0.148)	(0.135)
job	1.334***	0.175**	0.372	0.647***
	(0.353)	(0.089)	(0.242)	(0.221)
$mem\text{-}meeting$	0.325***	0.041	0.068	0.025
	(0.100)	(0.025)	(0.069)	(0.063)
$gov\text{-}help$	0.584	0.326***	1.519***	0.589**
	(0.436)	(0.110)	(0.299)	(0.273)
$quit$	0.407	0.017	0.210	0.075
	(0.275)	(0.069)	(0.188)	(0.172)
$Constant$	5.598***	−2.084***	−3.415***	−4.724***
	(1.662)	(0.418)	(1.139)	(1.041)
$Observations$	337	337	337	337
$R\text{-}squared$	0.265	0.605	0.307	0.667

注:*、**、***分别表示在10%、5%和1%的水平显著。

回归结果显示,新农人理事长的投资额占比在1%的显著性水平下正向影响合作社的治理绩效、社会绩效以及收入绩效,但并未对合作社经营绩效产生显著影响。新农人理事投资额占合作社总资本的比例则在1%显著性水平下正向影响合作社的社会绩效和经营绩效,但却在10%和1%显著性水平下对合作社的治理绩效和收入绩效产生负向影响。也就是说,随着提高新农人理事投资额比例,合作社的社会绩效和经营绩效得到改进,而治理绩效和收入绩效却受到冲击。此外,新农人普通社员投资额占合作社总资本的比例仅在10%的显著性水平下对合作社社会绩效产生正向影响,但对合作社治理绩效、经营绩效和收入绩效并未产生显著影响。

究其原因,可能的解释是:新农人理念的实现高度依赖资本,诸如建设自循环生态种养基地、数字化监管系统、农产品"生产—仓储—加工—物流"一体化等,都需要投入大量的专用性资本。新农人理事长本人投资额比例高,有利于资本运作遵循新农人意志,增进新农人资本利用效率,节约内部交易费用。新农人理事长虽然有兑现其人力资本和获取投资红利的需求,但是为了激励组织相容、促进社员合作、实现合作社可持续发展,他们往往能够与其他社员分享合作剩余,在盈余分配方式上兼顾按股分红和按交易额返还。若新农人理事的投资额占合作社总资本的比例高,一方面,可能强化新农人的博弈力量,使得合作社经营绩效和社会绩效受益;另一方面,可能形成核心圈紧密的产权关系,产生更为一致的核心圈集体行动,迫使合作社盈余分配向按股分配倾斜,边缘化普通社员利益,从而损害合作社治理绩效和收入绩效。此外,普通社员出资大多是为获取成员资格而缴纳的入社费,身份股股金一般不高,也不兑现其相应的投资回报收益,容易被核心资本外围化,因此,新农人普通社员的投资额占比对合作社经营绩效和治理绩效的影响甚微。但是,普通社员出资能够强化其身份归属感,提高合作意愿,因此新农人普通社员投资额比例高,能够增进新农人自我身份认同,提高合作社绿色种养比例,通过技术扩散和收益示范带动更多非社员农户,提高合作社在当地的影响力,从而提升合作社社会绩效。

三、新农人交易参与状态与合作社绩效

新农人交易参与状态与合作社治理绩效、社会绩效、经营绩效以及收入绩效的回归结果见表6.5,四个回归模型的拟合优度分别为0.253、0.589、0.313以及0.597,这说明式(6.3)的模型解释能力较强,构建较为合理。

表6.5 新农人交易参与回归结果

变量	治理绩效	社会绩效	经营绩效	收入绩效
tetra	0.113	0.106***	0.210***	0.105
	(0.110)	(0.028)	(0.074)	(0.075)
tenew	0.319	0.156**	0.365**	0.066

续表

变量	治理绩效	社会绩效	经营绩效	收入绩效
	(0.273)	(0.069)	(0.185)	(0.186)
$place$	0.147	0.055*	0.088	−0.243***
	(0.112)	(0.029)	(0.076)	(0.077)
$time$	−0.092	0.038	0.041	0.073
	(0.105)	(0.027)	(0.071)	(0.072)
$type$	0.832***	1.032***	0.298*	3.129***
	(0.266)	(0.068)	(0.180)	(0.182)
age	−0.004	−0.011	−0.025	0.007
	(0.027)	(0.007)	(0.018)	(0.019)
$educa$	0.297	0.089	0.337**	−0.172
	(0.218)	(0.055)	(0.148)	(0.149)
job	1.529***	0.356***	0.576***	1.084***
	(0.327)	(0.083)	(0.222)	(0.224)
$mem\text{-}meeting$	0.317***	0.003	−0.040	0.089
	(0.104)	(0.027)	(0.071)	(0.071)
$gov\text{-}help$	0.394	0.394***	1.650***	0.448
	(0.425)	(0.108)	(0.288)	(0.291)
$quit$	0.341	0.020	0.213	0.019
	(0.276)	(0.070)	(0.187)	(0.189)
$Constant$	5.910***	−2.208***	−3.450***	−4.997***
	(1.723)	(0.438)	(1.166)	(1.177)
Observations	337	337	337	337
R-squared	0.253	0.589	0.313	0.597

注：*、**、***分别表示在10%、5%和1%的水平显著。

回归结果显示，新农人的传统交易参与度在1%的显著性水平下正向影响合作社的社会绩效和经营绩效，但对合作社治理绩效和收入绩效并未产生显著影响。而新农人的新型交易参与度在5%的显著性水平下正向影响合作社的社会绩效和经营绩效，但同样对合作社治理绩效和收入绩效未产生显著影响。

究其原因，可能的解释是：合作社传统交易包括收购农产品、采购农业生产资料、统防统治、技术培训和信息服务等，新农人积极参与合作社传统交易，意味着新农人与合作社交易额度大或交易频率高，进行重复交易的意愿强，具有一定的交易忠诚度。而合作社新型交易主要包括绿色生产服务、数字化平台、互联网技术指导、商标品牌的授权使用及维护等，新型交易需要大量的专用性资本投入，一般不会向非社员提供与社员同质的交易内容和交易价格,新农人积极参与合作社新型交易能够强化其社员身份认同,从而也提高了交易忠诚度。交易忠诚塑造内部信任,社员相信合作契约可以得以履行,有助于信息的无偏传递,从而节约合作社内部交易费用;另外,交易忠诚促进内部凝聚,社员行动一致有利于减少制度摩擦,为合作社赢得外部合法性,从而带动更广泛的农户组织生产。因此,新农人的传统交易参与度和新型交易参与度都可能改进合作社的经营绩效和社会绩效。

第三节　模型稳健性检验

由于养殖类合作社与粮食种植类合作社、特色种植类合作社在土地使用、固定资本投入量以及利润率等方面存在一定差异,且在本次实地调研样本中养殖类合作社的样本数量占比相对较少,在考虑尽可能不损失样本量的情况下,本节采用剔除养殖类合作社样本并再次进行回归的方法来进行模型稳健性检验。

剔除养殖类合作社样本后对新农人管理参与、资本参与和交易参与下的合作社绩效模型式(6.1)、式(6.2)和式(6.3)进行重复回归,回归结果见表6.6、表6.7和表6.8。从三个重复回归的模型估计结果来看,新农人管理参与、资本参与以及交易参与回归模型的核心解释变量与控制变量在显著性与作用方向上与主回归模型的回归结果大致相同,这说明主回归模型的回归结果是稳健的。同时,在模型拟合优度方面,剔除养殖类合作社样本后的三个重复回归模型的拟合优度与主回归模型并未出现明显差异,进一步说明主回归模型的回归结果是较为稳健的,模型解释能力较强。

表6.6　稳健性检验:剔除养殖类样本后新农人管理参与回归结果

变量	治理绩效	社会绩效	经营绩效	收入绩效
$mechairman$	3.099***	0.642***	0.986**	1.529***
	(0.829)	(0.194)	(0.495)	(0.251)
$mecouncil$	−3.109***	0.462*	0.244	−0.376
	(1.136)	(0.266)	(0.678)	(0.344)
$place$	0.310**	0.075**	−0.007	−0.043
	(0.126)	(0.029)	(0.075)	(0.038)
$time$	−0.129	0.001	−0.023	0.006
	(0.119)	(0.028)	(0.071)	(0.036)
$type$	−0.805*	0.840***	0.491*	1.323***
	(0.419)	(0.098)	(0.250)	(0.127)

续表

变量	治理绩效	社会绩效	经营绩效	收入绩效
age	0.005	0.000	−0.008	−0.001
	(0.025)	(0.006)	(0.015)	(0.007)
educa	0.577**	0.096*	0.262*	0.014
	(0.237)	(0.056)	(0.142)	(0.072)
job	0.921*	−0.022	0.863***	−0.027
	(0.491)	(0.115)	(0.293)	(0.149)
mem-meeting	0.338***	0.000	−0.101	0.126***
	(0.104)	(0.024)	(0.062)	(0.032)
gov-help	0.906**	0.327***	1.497***	0.110
	(0.454)	(0.106)	(0.271)	(0.137)
quit	−0.061	0.082	0.260	−0.051
	(0.308)	(0.072)	(0.184)	(0.093)
Constant	8.457***	−1.724***	−3.049***	−0.955
	(1.934)	(0.453)	(1.154)	(0.585)
Observations	260	260	260	260
R-squared	0.257	0.490	0.388	0.551

注：*、**、***分别表示在10%、5%和1%的水平显著。

表6.7 稳健性检验：剔除养殖类样本后新农人资本参与回归结果

变量	治理绩效	社会绩效	经营绩效	收入绩效
cechairman	1.836	0.580**	0.703	1.614***
	(1.123)	(0.254)	(0.652)	(0.344)
cecouncil	−0.123	0.702***	0.913**	−0.065
	(0.788)	(0.178)	(0.457)	(0.242)
cenormalmember	1.380	3.090*	5.241	−2.827
	(7.194)	(1.628)	(4.176)	(2.206)
place	0.285**	0.073**	−0.012	−0.052
	(0.130)	(0.030)	(0.076)	(0.040)
time	−0.097	−0.004	−0.029	0.024
	(0.122)	(0.028)	(0.071)	(0.038)
type	−1.037**	0.749***	0.345	1.294***
	(0.441)	(0.100)	(0.256)	(0.135)
age	0.009	0.002	−0.005	−0.001
	(0.026)	(0.006)	(0.015)	(0.008)

续表

变量	治理绩效	社会绩效	经营绩效	收入绩效
educa	0.539**	0.097*	0.251*	0.043
	(0.242)	(0.055)	(0.141)	(0.074)
job	1.191***	0.081	0.975***	0.286**
	(0.457)	(0.103)	(0.265)	(0.140)
mem-meeting	0.384***	0.033	−0.056	0.147***
	(0.109)	(0.025)	(0.063)	(0.034)
gov-help	0.772*	0.308***	1.452***	0.122
	(0.466)	(0.106)	(0.271)	(0.143)
quit	−0.055	0.068	0.236	−0.020
	(0.317)	(0.072)	(0.184)	(0.097)
Constant	8.339***	−1.741***	−2.990***	−1.447**
	(1.971)	(0.446)	(1.144)	(0.604)
Observations	260	260	260	260
R-squared	0.224	0.502	0.394	0.518

注：*、**、***分别表示在10%、5%和1%的水平显著。

表6.8 稳健性检验：剔除养殖类样本后新农人交易参与回归结果

变量	治理绩效	社会绩效	经营绩效	收入绩效
tetra	0.098	0.050*	0.186***	0.004
	(0.123)	(0.029)	(0.071)	(0.040)
tenew	0.471	0.151**	0.237	0.079
	(0.297)	(0.070)	(0.171)	(0.096)
place	0.232*	0.038	−0.045	−0.108***
	(0.124)	(0.030)	(0.072)	(0.040)
time	−0.049	0.024	−0.005	0.053
	(0.121)	(0.029)	(0.070)	(0.039)
type	−0.972**	0.912***	0.536**	1.365***
	(0.416)	(0.099)	(0.240)	(0.134)
age	−0.018	−0.010	−0.020	−0.010
	(0.030)	(0.007)	(0.017)	(0.010)
educa	0.472*	0.103*	0.215	0.043
	(0.242)	(0.058)	(0.140)	(0.078)
job	1.376***	0.299***	1.209***	0.481***
	(0.418)	(0.099)	(0.241)	(0.135)

续表

变量	治理绩效	社会绩效	经营绩效	收入绩效
mem-meeting	0.349***	−0.003	−0.134**	0.163***
	(0.108)	(0.026)	(0.063)	(0.035)
gov-help	0.739	0.397***	1.492***	0.221
	(0.453)	(0.108)	(0.262)	(0.146)
quit	−0.063	0.116	0.239	0.033
	(0.313)	(0.074)	(0.181)	(0.101)
Constant	8.821***	−2.053***	−3.250***	−1.607**
	(1.964)	(0.467)	(1.135)	(0.633)
Observations	260	260	260	260
R-squared	0.230	0.456	0.404	0.471

注：*、**、***分别表示在10%、5%和1%的水平显著。

另外，为了排除模型中存在的潜在异方差影响，本节选取稳健性标准误方法对主回归模型式(6.1)、式(6.2)和式(6.3)进行了重复回归，回归结果见表6.9、表6.10和表6.11。从稳健性标准误的回归结果来看，新农人管理参与、资本参与以及交易参与回归模型的核心解释变量以及控制变量在显著性和作用方向上与主回归模型基本一致，这再次说明主回归模型的回归结果是稳健的，模型解释能力较强。

表6.9 稳健性检验：新农人管理参与的标准误回归结果

变量	治理绩效	社会绩效	经营绩效	收入绩效
mechairman	3.254***	0.804***	1.092**	2.826***
	(0.608)	(0.207)	(0.480)	(0.650)
mecouncil	−3.347***	0.422	0.905	−1.371*
	(1.045)	(0.294)	(0.764)	(0.808)
place	0.197*	0.084***	0.130	−0.172***
	(0.115)	(0.031)	(0.101)	(0.066)
time	−0.146	0.019	0.009	0.030
	(0.094)	(0.028)	(0.065)	(0.068)
type	0.795***	0.963***	0.167	3.074***
	(0.271)	(0.068)	(0.202)	(0.188)
age	0.013	−0.001	−0.005	0.014
	(0.023)	(0.005)	(0.013)	(0.011)
educa	0.329	0.068	0.334**	−0.247*
	(0.226)	(0.052)	(0.146)	(0.131)
job	1.084***	0.063	0.161	0.402

续表

变量	治理绩效	社会绩效	经营绩效	收入绩效
	(0.341)	(0.113)	(0.286)	(0.330)
mem-meeting	0.307***	0.015	0.008	0.038
	(0.078)	(0.028)	(0.092)	(0.081)
gov-help	0.559	0.317***	1.567***	0.330
	(0.382)	(0.121)	(0.358)	(0.357)
quit	0.381	0.023	0.236	0.003
	(0.296)	(0.063)	(0.163)	(0.184)
Constant	5.981***	−1.837***	−3.056**	−4.026***
	(1.707)	(0.474)	(1.389)	(1.124)
Observations	337	337	337	337
R-squared	0.292	0.608	0.304	0.639

注：*、**、***分别表示在10%、5%和1%的水平显著。

表6.10 稳健性检验：新农人资本参与的标准误回归结果

变量	治理绩效	社会绩效	经营绩效	收入绩效
cechairman	2.319***	0.976***	0.883	4.093***
	(0.801)	(0.274)	(0.610)	(0.891)
cecouncil	−1.218*	0.515***	1.450***	−1.990***
	(0.679)	(0.184)	(0.502)	(0.464)
cenormalmember	2.977	2.263*	2.029	3.276
	(3.271)	(1.251)	(3.308)	(3.338)
place	0.189	0.088***	0.130	−0.159**
	(0.120)	(0.032)	(0.103)	(0.065)
time	−0.134	0.016	0.011	0.021
	(0.095)	(0.028)	(0.065)	(0.065)
type	0.666**	0.955***	0.192	2.918***
	(0.277)	(0.067)	(0.203)	(0.159)
age	0.016	0.000	−0.004	0.017
	(0.024)	(0.005)	(0.013)	(0.012)
educa	0.365	0.086	0.353**	−0.148
	(0.224)	(0.054)	(0.153)	(0.120)
job	1.334***	0.175	0.372	0.647**
	(0.325)	(0.113)	(0.279)	(0.290)
mem-meeting	0.325***	0.041	0.068	0.025

续表

变量	治理绩效	社会绩效	经营绩效	收入绩效
	(0.078)	(0.027)	(0.088)	(0.078)
gov-help	0.584	0.326***	1.519***	0.589
	(0.410)	(0.121)	(0.366)	(0.358)
quit	0.407	0.017	0.210	0.075
	(0.302)	(0.063)	(0.165)	(0.179)
Constant	5.598***	−2.084***	−3.415**	−4.724***
	(1.705)	(0.489)	(1.439)	(1.163)
Observations	337	337	337	337
R-squared	0.265	0.605	0.307	0.667

注:*、**、***分别表示在10%、5%和1%的水平显著。

表6.11 稳健性检验:新农人交易参与的标准误回归结果

变量	治理绩效	社会绩效	经营绩效	收入绩效
tetra	0.113	0.106***	0.210***	0.105
	(0.108)	(0.029)	(0.075)	(0.084)
tenew	0.319	0.156**	0.365*	0.067
	(0.286)	(0.063)	(0.191)	(0.157)
place	0.147	0.055*	0.088	−0.243***
	(0.118)	(0.032)	(0.098)	(0.075)
time	−0.092	0.038	0.041	0.073
	(0.096)	(0.027)	(0.064)	(0.076)
type	0.832***	1.032***	0.298	3.129***
	(0.277)	(0.072)	(0.205)	(0.216)
age	−0.004	−0.011*	−0.025	0.007
	(0.030)	(0.006)	(0.017)	(0.013)
educa	0.297	0.089*	0.337**	−0.172
	(0.231)	(0.053)	(0.148)	(0.132)
job	1.529***	0.356***	0.576**	1.084***
	(0.315)	(0.100)	(0.251)	(0.288)
mem-meeting	0.317***	0.003	−0.040	0.089
	(0.087)	(0.028)	(0.091)	(0.077)
gov-help	0.394	0.394***	1.650***	0.448
	(0.416)	(0.121)	(0.353)	(0.346)
quit	0.341	0.020	0.213	0.019

续表

变量	治理绩效	社会绩效	经营绩效	收入绩效
	(0.308)	(0.063)	(0.164)	(0.199)
Constant	5.910***	−2.208***	−3.450**	−4.997***
	(1.756)	(0.468)	(1.410)	(1.079)
Observations	337	337	337	337
R-squared	0.253	0.589	0.313	0.597

注:*、**、***分别表示在10%、5%和1%的水平显著。

第四节 关于交互作用和内生性问题的讨论

一、关于交互作用的讨论

已有研究表明,核心社员之间若存在紧密的产权关系和收益分配行为,则容易形成更为一致的核心圈集体行动,边缘化普通社员利益,而在普通社员与核心社员进行博弈的过程中,由于合作社契约不完全,普通社员会倾向于放弃参与,而采取"搭便车"行为(许驰 等,2018)。实地调查中发现,合作社的新农人主要集中于理事长和理事会成员中,他们的参与构成了合作社经营决策、盈余分配、服务内容等关键行为,使得合作社偏向市场契约结构或者偏向一体化企业契约结构,而普通社员中出现新农人的情况很少。表6.3和表6.4中的回归结果表明,新农人理事长和新农人理事在管理参与或资本参与合作社时,对于合作社治理绩效和收入绩效的影响具有相反的效应;而新农人普通社员的参与对合作社绩效的影响微乎其微。因此,本章构建交互效应模型式(6.4)和式(6.5),以检验新农人理事长和新农人理事在管理参与或资本参与合作社时,对于影响合作社绩效是否存在交互作用。

就新农人管理参与而言,添加交互项的模型式(6.4)的回归结果见表6.12。治理绩效、社会绩效、经营绩效和收入绩效四个回归模型的拟合优度分别为0.302、0.609、0.304以及0.639,这说明式(6.4)的模型解释能力较强,构建较为合理。

回归结果显示,理事长是新农人与理事会成员中新农人比例的交互项在5%的显著性水平下对治理绩效产生负向影响,但并未对合作社经营绩效、收入绩效以及社会绩效产生显著影响。同时,表6.3中的主回归结果显示,理事长是新农人对合作社治理绩效有显著正向影响,而理事会成员中的新农人人数比例对合作社治理绩效有显著负向影响。这表明,虽然理事长是新农人可以提高合作社治理绩效,但如果理事会成员中新农人的人数比例过高,则会抑制合作社治理绩效的实现;并且,新农人理事长对合作社治理绩效的积极影响,无从抵消理事会成员中过高比例的新农人对合作社治理绩效造成的负面影响,反而还会加剧这一负面影响。

究其原因,可能的解释是:虽然实践中大多数合作社的日常经营管理依赖理事长一人决策,但是理事会成员作为合作社核心成员,在我国合作社全体成员大会普遍召开次数不多的情况下,是合作社盈余分配、监督机制、选举表决等重大制度安排的重要参与者。理事会成员中新农人的人数占比高,意味着合作社核心圈同质化,新农人理事长和新农人理事在观念认知、资源禀赋以及行为目标方面形成相当的一致性,合作社不再需要考虑如何激励社员的合作能动性以达到促进组织相容、提高决策效率的目的,普通社员作为合作劣势方被外围化,只能被迫让渡剩余控制权,合作社因此异化为科层制企业制度,其治理绩效会偏离民主公平、互助互惠的质性目标。

表6.12 新农人管理参与:添加交互项的回归结果

变量	治理绩效	社会绩效	经营绩效	收入绩效
mechairman	4.292***	0.935***	1.286**	2.748***
	(0.841)	(0.216)	(0.593)	(0.563)
mecouncil	−0.722	0.754*	1.397	−1.569
	(1.547)	(0.397)	(1.091)	(1.036)
mechairman × *mecouncil*	−4.377**	−0.555	−0.821	0.329
	(1.984)	(0.509)	(1.399)	(1.328)
控制变量	已控制	已控制	已控制	已控制
Constant	5.719***	−1.870***	−3.105***	−4.006***
	(1.644)	(0.422)	(1.159)	(1.101)
Observations	337	337	337	337
R-squared	0.302	0.609	0.304	0.639

注:*、**、***分别表示在10%、5%和1%的水平显著。

就新农人资本参与而言,添加交互项的模型式(6.5)的回归结果见表6.13。治理绩效、社会绩效、经营绩效和收入绩效四个回归模型的拟合优度分别为0.272、0.607、0.307以及0.685,这说明式(6.5)的模型解释能力较强,构建较为合理。

回归结果显示,新农人理事长投资额比例与新农人理事投资额比例的交互项在10%的显著性水平下对合作社治理绩效产生负向影响,在1%的显著性水平下对合作社收入绩效产生负向影响,但并未对合作社经营绩效和社会绩效产生显著影响。同时,表6.4中的主回归结果显示,新农人理事长的投资额比例对合作社治理绩效和收入绩效有显著的正向影响,而新农人理事的投资额比例对合作社治理绩效和收入绩效有显著的负向影响。这表明,虽然新农人理事长的投资额比例高可以提高合作社治理绩效和收入绩效,但如果新农人理事的投资额比例高,则会对合作社治理绩效和收入绩效产生负向影响;并且,对于合作社治理绩效和收入绩效来说,新农人理事长投资额比例高对其产生的正面影响,无法抵消新农人理事过高的投资额比例对其造成的负面影响,反而会加剧这一负面影响。

究其原因,可能的解释是:新农人理事的投资额占比高,意味着合作社核心圈可能形成产权关系紧密的新农人利益集团,他们在利益需求上与其他社员产生分化,从而边缘化其他社员利益,甚至裹挟新农人理事长一起攫取合作收益,进而激化合作社内部冲突,引发合作社质性失范。

表6.13 新农人资本参与:添加交互项的回归结果

变量	治理绩效	社会绩效	经营绩效	收入绩效
cechairman	3.295***	1.160***	0.700	5.487***
	(0.981)	(0.247)	(0.676)	(0.601)
cecouncil	−0.283	0.692***	1.275**	−0.654
	(0.830)	(0.209)	(0.572)	(0.509)
cechairman × cecouncil	−3.568*	−0.673	0.670	−5.095***
	(1.929)	(0.486)	(1.329)	(1.182)
cenormalmember	3.264	2.317**	1.975	3.686
	(4.598)	(1.159)	(3.168)	(2.817)
控制变量	已控制	已控制	已控制	已控制
Constant	5.521***	−2.099***	−3.401***	−4.834***
	(1.656)	(0.417)	(1.141)	(1.014)
Observations	337	337	337	337
R-squared	0.272	0.607	0.307	0.685

注:*、**、***分别表示在10%、5%和1%的水平显著。

二、关于内生性问题的讨论

除了核心解释变量之间的交互作用,模型潜在的内生性问题也可能造成主回归模型的估计偏误。本节采用联立方程解决模型潜在的内生性问题,并且为了提高估计精度,选取三阶段最小二乘法对联立方程模型进行参数估计。新农人管理参与、资本参与和交易参与下的联立方程模型式(6.6)、式(6.7)和式(6.8)的估计结果见表6.14、表6.15和表6.16。

表6.14 新农人管理参与:联立方程回归结果

变量	经营绩效	mechairman	mecouncil	治理绩效	mechairman	mecouncil
mechairman	1.595***		0.604***	6.277***		0.640***
	(0.476)		(0.027)	(0.668)		(0.026)
mecouncil	0.909	1.206***		−7.398***	1.253***	
	(0.679)	(0.054)		(0.958)	(0.051)	
经营绩效		0.020***	0.006			
		(0.006)	(0.004)			
治理绩效					0.037***	−0.022***
					(0.004)	(0.003)
控制变量	已控制	已控制	已控制	已控制	已控制	已控制
Constant	−2.780**	−0.028	−0.011	6.158***	−0.291**	0.106
	(1.134)	(0.128)	(0.091)	(1.619)	(0.125)	(0.090)
Observations	337	337	337	337	337	337
R-squared	0.300	0.648	0.594	0.243	0.649	0.592
变量	收入绩效	mechairman	mecouncil	社会绩效	mechairman	mecouncil
mechairman	4.865***		0.642***	1.201***		0.579***
	(0.435)		(0.028)	(0.169)		(0.029)
mecouncil	−3.764***	1.177***		0.292	1.109***	
	(0.638)	(0.051)		(0.244)	(0.055)	
收入绩效		0.062***	−0.026***			
		(0.006)	(0.004)			
社会绩效					0.109***	0.014
					(0.015)	(0.012)
控制变量	已控制	已控制	已控制	已控制	已控制	已控制
Constant	−3.783***	0.196	−0.146	−1.667***	0.121	−0.014
	(1.076)	(0.123)	(0.091)	(0.413)	(0.128)	(0.092)
Observations	337	337	337	337	337	337
R-squared	0.616	0.660	0.594	0.601	0.661	0.603

注:*、**、***分别表示在10%、5%和1%的水平显著。

表6.14显示了管理参与和合作社多维绩效之间的联立方程式(6.6)的估计结果,可以发现合作社经营绩效、治理绩效、收入绩效以及社会绩效在1%的显著性水平下正向影响理事长是新农人,也就是说,经营绩效、治理绩效、收入绩效或者社会绩效更好的合作社更能吸引新农人担任其理事长参与合作社管理。另外,合作社治理绩效和收入绩效在1%的显著性水平下负向影响理事会成员中新农人的人

数比例，也就是说，治理绩效或者收入绩效更好的合作社，对于新农人参与理事会具有挤出效应。以上结果印证了新农人管理参与和合作社多维绩效之间可能存在的互为因果关系，说明有必要构建联立方程模型以解决潜在的内生性问题。

由表6.14中的数据可知，在解决潜在内生性的估计结果基础之上，可以发现理事长是新农人对合作社治理绩效、社会绩效、经营绩效以及收入绩效的估计系数分别为6.277、1.201、1.595以及4.865，均大于未考虑内生性的主回归估计结果（表6.3），且均通过了1%的显著性检验，这说明不考虑内生性问题所造成的估计偏差将低估理事长是新农人对合作社多维绩效的影响。同理可发现，表6.14中解决潜在内生性的估计结果显示，理事会成员中新农人人数比例对合作社治理绩效和收入绩效的估计系数分别为−7.398和−3.764，估计系数的绝对值均大于未考虑内生性的主回归估计结果（表6.3），且均通过了1%的显著性检验，这说明不考虑内生性所造成的估计偏差将低估理事会成员中新农人的人数比例对合作社治理绩效和收入绩效的负向影响。另外，值得注意的是，在未考虑内生性问题的主回归结果中（表6.3），理事会成员中新农人的人数比例对合作社社会绩效是在10%的水平下产生显著正向影响，而在考虑内生性问题之后，该变量的影响不再显著，这说明不考虑内生性问题所造成的估计偏差将高估理事会成员中新农人的人数比例对合作社社会绩效的影响。

表6.15 新农人资本参与：联立方程回归结果

变量	经营绩效	cechairman	cecouncil	cenormal	治理绩效	cechairman	cecouncil	cenormal
cechairman	1.306**		0.522***	−0.009	4.744***		0.634***	−0.012
	(0.556)		(0.064)	(0.010)	(0.805)		(0.064)	(0.010)
cecouncil	2.540***	0.338***		0.023***	−2.779***	0.396***		0.027***
	(0.437)	(0.042)		(0.008)	(0.644)	(0.040)		(0.008)
cenormal	3.289	−0.286	1.068***		6.770	−0.346	1.297***	
	(3.099)	(0.302)	(0.372)		(4.519)	(0.299)	(0.375)	

续表

变量	经营绩效	cechairman	cecouncil	cenormal	治理绩效	cechairman	cecouncil	cenormal
经营绩效		0.012**	0.037***	0.001				
		(0.005)	(0.006)	(0.001)				
治理绩效						0.021***	−0.019***	0.001
						(0.004)	(0.005)	(0.001)
控制变量	已控制	已控制	已控制	已控制	已控制	已控制	已控制	已控制
Constant	−3.039***	−0.073	0.000	0.004	5.713***	−0.219**	−0.018	−0.004
	(1.117)	(0.110)	(0.136)	(0.020)	(1.629)	(0.109)	(0.138)	(0.020)
Observations	337	337	337	337	337	337	337	337
R-squared	0.289	0.387	0.264	0.062	0.238	0.375	0.242	0.059

变量	收入绩效	cechairman	cecouncil	cenormal	社会绩效	cechairman	cecouncil	cenormal
cechairman	7.273***		0.823***	−0.023**	1.659***		0.422***	−0.021**
	(0.473)		(0.065)	(0.011)	(0.198)		(0.067)	(0.010)
cecouncil	−4.152***	0.469***		0.032***	0.787***	0.258***		0.018**
	(0.392)	(0.037)		(0.008)	(0.160)	(0.041)		(0.008)
cenormal	7.688***	−0.586**	1.439***		4.227***	−0.608**	0.868**	
	(2.828)	(0.277)	(0.364)		(1.131)	(0.294)	(0.375)	
收入绩效		0.070***	−0.070***	0.003***				
		(0.005)	(0.007)	(0.001)				
社会绩效						0.110***	0.086***	0.010***
						(0.013)	(0.017)	(0.003)

续表

变量	收入绩效	cechairman	cecouncil	cenormal	社会绩效	cechairman	cecouncil	cenormal
控制变量	已控制	已控制	已控制	已控制	已控制	已控制	已控制	已控制
Constant	−4.606***	0.264***	−0.437***	0.014	−1.864***	0.123	0.039	0.020
	(1.020)	(0.102)	(0.135)	(0.020)	(0.410)	(0.109)	(0.140)	(0.020)
Observations	337	337	337	337	337	337	337	337
R-squared	0.612	0.411	0.241	0.056	0.579	0.408	0.282	0.064

注：*、**、***分别表示在10%、5%和1%的水平显著。

表6.15显示了新农人资本参与和合作社多维绩效之间联立方程式(6.7)的估计结果，可以发现：其一，合作社经营绩效、治理绩效、收入绩效以及社会绩效均在5%以上的显著性水平下正向影响新农人理事长的投资额比例，也就是说，经营绩效、治理绩效、收入绩效或者社会绩效更好的合作社更能吸引新农人理事长参与合作社投资；其二，合作社经营绩效和社会绩效在1%的显著性水平下正向影响新农人理事的投资额比例，而合作社治理绩效和收入绩效在1%的显著性水平下负向影响新农人理事的投资额比例，也就是说，经营绩效或者社会绩效更好的合作社更能吸引新农人理事参与合作社投资，而治理绩效或者收入绩效更好的合作社会抑制新农人理事参与合作社投资；其三，合作社收入绩效和社会绩效在1%的显著性水平下正向影响新农人普通社员的投资额比例，也就是说，收入绩效或者社会绩效更好的合作社更能吸引新农人普通社员参与合作社投资。以上结果印证了新农人资本参与和合作社多维绩效之间可能存在的互为因果关系，说明有必要构建联立方程模型，以解决模型潜在的内生性问题。

由表6.15中的数据可知，在解决潜在内生性的估计结果基础之上，可以发现新农人理事长的投资额比例对合作社治理绩效、社会绩效、经营绩效以及收入绩效的估计系数分别为4.744、1.659、1.306以及7.273，均大于未考虑内生性的主回归估计结果(表6.4)，且均通过了显著性检验。值得注意的是，在表6.15所示联立方程的回归结果中，新农人理事长的投资额比例对合作社经营绩效产生了显著正向影响，而表6.4中的主回归结果中该变量并不显著。以上结果说明不考虑内生性问题所造成的估计偏差将低估新农人理事长投资额比例对合作社治理绩效、社会绩效、经营绩效以及收入绩效的影响。同理可发现，表6.15所示的联立方程回归结果中，新农人理事的投资额比例对合作社治理绩效、社会绩效、经营绩效以及收入绩效的估计系数分别为−2.779、0.787、2.540以及−4.152,估计系数的绝对值均大于未考虑内生性的主回归估计结果(表6.4),且均通过了显著性检验,这说明不考虑内生性问题所造成的估计偏差将低估新农人理事的投资额比例对合作社多维绩效的影响。另外,表6.15所示的联立方程回归结果中,新农人普通社员的投资额比例对合作社社会绩效和收入绩效的估计系数分别为4.227和7.688,均大于未考虑内生性的主回归估计结果(表6.4),且均通过了显著性检验。并且,值得注意的是,在表6.15所示联立方程的回归结果中,新农人普通社员的投资额比例对合作社收入绩效产生了显著正向影响,而在表6.4所示的主回归结果中该变量并不显著,这说明不考虑内生性问题所造成的估计偏差将低估新农人普通社员的投资额比例对合作社社会绩效和收入绩效的影响。

表6.16 新农人交易参与:联立方程回归结果

变量	经营绩效	tetra	tenew	治理绩效	tetra	tenew
tetra	0.330***		0.268***	0.163		0.284***
	(0.072)		(0.019)	(0.107)		(0.018)
tenew	0.490***	1.640***		0.487*	1.764***	
	(0.180)	(0.115)		(0.267)	(0.114)	
经营绩效		0.180***	0.044***			
		(0.039)	(0.016)			
治理绩效					0.042	0.020*
					(0.027)	(0.011)
控制变量	已控制	已控制	已控制	已控制	已控制	已控制
Constant	−3.283***	3.742***	−1.560***	6.171***	3.004***	−1.848***
	(1.145)	(0.845)	(0.336)	(1.691)	(0.861)	(0.336)
Observations	337	337	337	337	337	337
R-squared	0.303	0.330	0.411	0.251	0.315	0.400

变量	收入绩效	tetra	tenew	社会绩效	tetra	tenew
tetra	0.183**		0.287***	0.168***		0.257***
	(0.073)		(0.018)	(0.027)		(0.019)
tenew	0.030	1.772***		0.198***	1.549***	
	(0.183)	(0.113)		(0.067)	(0.115)	
收入绩效		0.100**	0.003			
		(0.040)	(0.016)			

续表

变量	收入绩效	tetra	tenew	社会绩效	tetra	tenew
社会绩效					0.639***	0.125***
					(0.101)	(0.042)
控制变量	已控制	已控制	已控制	已控制	已控制	已控制
Constant	−5.083***	3.749***	−1.727***	−2.158***	4.428***	−1.427***
	(1.156)	(0.865)	(0.341)	(0.430)	(0.854)	(0.345)
Observations	337	337	337	337	337	337
R-squared	0.596	0.314	0.398	0.579	0.342	0.419

注：*、**、***分别表示在10%、5%和1%的水平显著。

表6.16显示了新农人交易参与和合作社多维绩效之间联立方程式(6.8)的估计结果，可以发现合作社经营绩效、收入绩效以及社会绩效显著正向影响新农人在合作社的传统交易参与度，且合作社经营绩效、治理绩效以及社会绩效显著正向影响新农人在合作社的新型交易参与度，这印证了新农人交易参与和合作社多维绩效之间可能存在的互为因果关系，说明有必要构建联立方程模型，以解决潜在的内生性问题。

由表6.16中的数据可知，在解决潜在内生性的估计结果基础之上，可以发现新农人的传统交易参与度对合作社社会绩效、经营绩效以及收入绩效的估计系数分别为0.168、0.330以及0.183，均大于未考虑内生性的主回归估计结果(表6.5)，且均通过了显著性检验。同时，值得注意的是，在表6.5所示未考虑内生性问题的主回归结果中，新农人传统交易参与度并未对合作社收入绩效产生显著影响，而在表6.16所示联立方程的回归结果中，该变量的影响变得显著。以上结果说明，不考虑内生性所造成的估计偏差将低估新农人传统交易参与度对合作社社会绩效、经营绩效和收入绩效的影响。同理可发现，表6.16所示的联立方程回归结果中，新农人在合作社的新型交易参与度对合作社治理绩效、社会绩效以及经营绩效的估计系数分别为0.487、0.198以及0.490，均大于未考虑内生性的主回归估计结果(表6.5)，且均通过了显著性检验。同样需要注意的是，在表6.5所示未考虑内生性问题的主回归结果中，新农人新型交易参与度并未对合作社治理绩效产生显著影响，而在表6.16所示联立方程的回归结果中，该变量的影响变得显著。这说明不考虑内生性所造成的估计偏差将低估新农人新型交易参与度对合作社治理绩效、社会绩效和经营绩效的影响，潜在的内生性问题造成了原回归模型的估计偏差。

前文分析了新农人传统交易参与度和新型交易参与度影响合作社社会绩效和经营绩效的可能原因。考虑内生性问题之后的回归结果显示，新农人传统交易参与度也能够提高合作社收入绩效,而新农人新型交易参与度也能够改进合作社治理绩效。究其原因,可能的解释是:其一,现阶段,传统交易依然是大多数合作社的主要交易内容。新农人积极参与合作社传统交易,能够在合作社内部形成信息传递与收益示范,激励其他社员效仿新农人决策和行为,形成一定的集体行动力,从而可以通过社员联合议价提高产品价格,改进合作社收入绩效;其二,目前很多合作社存在"大农控制"问题,交易量占绝对优势的"大农"社员拥有优于普通社员的信息优势和议价能力,甚至可以操控资源配置,侵占普通社员的利益。合作社新型交易带来社员与非社员之间的交易分化,强化了社员对其身份的认同,社员交易意愿得到提升,从而弱化合作社交易的异质性,缓解交易过度集中带来的"大农控制"问题。同时,身份认同促使普通社员参与监督和管理的意愿得到提高,从而构成对"大农控制"的有效约束,缓解合作社内部委托代理问题,改进合作社治理绩效。

本章小结

本章基于安徽省337家合作社的微观调查数据,首先,运用多元线性回归模型测算新农人管理参与、资本参与以及交易参与的状态对合作社多维绩效的影响,并进行模型的稳健性检验;然后,添加交互项改进原回归模型,进一步讨论新农人理事长和新农人理事之间在管理参与、资本参与合作社时可能存在的交互作用;最后,为了检验新农人参与状态与合作社绩效之间可能存在的内生性问题,构建联立方程模型对主回归的估计结果进行修正。本章研究结论如下:

① 理事长是新农人对于合作社治理绩效、社会绩效、经营绩效以及收入绩效均具有显著的促进作用,而理事会成员中新农人的人数比例过高非但对合作社经营绩效和社会绩效没有显著贡献,甚至会损害合作社规范,抑制社员增收;实现合作社经营绩效主要是依赖新农人理事长的管理参与;

② 新农人理事长投资对于合作社治理绩效、社会绩效、经营绩效以及收入绩效均具有显著的促进作用;随着理事会成员中新农人的投资额比例提高,合作社的社会绩效和经营绩效能够得到改进,而治理绩效和收入绩效却会受到抑制,提高普通社员中新农人的投资额比例,能够提升合作社的社会绩效和收入绩效;

③ 对于合作社的社会绩效和经营绩效,新农人传统交易参与度和新型交易参与度均具有显著的促进作用,另外,新农人传统交易参与度能够提升合作社收入绩效,而新农人新型交易参与度能够改进合作社治理绩效;

④ 新农人理事长和新农人理事在管理参与合作社时,若理事会成员中新农人的人数比例过高,会阻碍合作社治理绩效的实现,即使理事长是新农人能够对合作

社治理绩效有积极影响,也无法抵消理事会成员中过高比例的新农人所造成的负面影响,并且,如果理事会成员中新农人占绝大多数的同时,理事长也是新农人,则会进一步加剧对合作社治理绩效的冲击;

⑤ 新农人理事长和新农人理事在资本参与合作社时,若新农人理事的投资额比例高,会损害合作社的治理绩效和收入绩效,即使新农人理事长投资额比例高对治理绩效和收入绩效能够产生一定的促进作用,也无法抵消新农人理事过高比例的投资所造成的冲击,并且,如果新农人理事的投资额和新农人理事长的投资额比例都很高,这种冲击还会进一步恶化。

第七章　新农人有效参与合作社的案例分析

依据前文分析,新农人参与能够显著提高合作社绩效,但是,新农人不同参与方式对合作社多维绩效的影响具有差异性,同时,新农人参与状态的差异会引致不同的合作社绩效表现,甚至出现互相矛盾的"绩效悖离"现象。比如,新农人理事长对于提升合作社绩效的各个方面都至关重要,而新农人理事在进行管理参与和资本参与合作社时,却有损害合作社规范、抑制社员增收的风险,新农人理事长和新农人理事在相互作用的过程中甚至会强化这种负作用。可见,如何促进新农人有效参与合作社,是值得进一步探讨的课题。本章采取案例研究法,通过剖析案例合作社的新农人参与及其对合作社绩效的影响机制,对新农人有效参与合作社进行经验验证和理论拓展。

第一节　砀山县Y合作社和金寨县S合作社

一、案例选取

本章案例资料来源于课题组自2017年7月至2019年9月在安徽省内的实地调查。本次实地调查对象共涉及400余家合作社,最终选取砀山县Y合作社和金寨县S合作社作为本章案例研究的对象,原因主要是:其一,案例研究方法较适合研究先前无法被观察和分析的现象,适合本章对新农人这一新兴群体以及新农人参与合作社这一新生现象的研究(Yin,2009);其二,本课题组分别于2017年7月、2018年7月和2019年7月对Y合作社和S合作社进行了多次跟踪调查,所掌握的数据和资料具有连续性且相对完整;其三,Y合作社和S合作社分别注册于2013年和2010年,均已历经初创期和快速发展期,目前均已进入相对稳定的成熟期,发展周期较为完整;其四,根据本书研究对新农人和新农人参与的内涵与外延框定,Y合作社和S合作社理事长是新农人,均存在管理参与、资本参与和交易参与三种不同的新农人参与方式,且新农人参与状态有所不同,绩效表现各异,是较为理想的对比研究对象。

案例一手资料源自课题组与调研对象面对面半结构化访谈调查所获。具体来说,笔者事先根据研究问题和理论框架设计调查问卷和结构化访谈提纲,实地调查时被访人员先在封闭的会议室内独自填写问卷,课题组再根据其问卷和事先设计的访谈提纲对被访人员进行针对性的深入访谈,并对其回答进行多角度的征询以检验信度和效度。访谈全程通过录音记录,并于48小时内将录音转录为文档,以避免记忆偏差和理解偏误造成数据失效。案例研究的核心原则是要求资料获取的渠道形成"证据三角",以保障研究结论的准确性和可靠性(Yin,2009)。因此,除了实地调查所获取的一手资料,本章研究还需要从其他渠道获取二手资料,具体来源包括:地方政府官方网站;媒体对案例合作社的报道;合作社的自媒体宣传材料;理事长、部分社员和相关部门人员工作微信发布的信息等。在此基础之上,课题组对各个渠道所获信息进行汇总整理和编码处理,形成本章研究的数据基础。

二、案例描述:砀山县Y合作社

砀山县Y合作社理事长绳某在省会城市从事保险销售工作多年,在回乡探亲期间发现家乡村民种植梨果频发病虫灾害,大量使用农药仍无济于事。当地梨果用药多、成本高、品质差、售价低,农户因逐渐失去农业生产的信心而选择外出务工,越来越多的农地荒废。绳某心怀家乡和农业,有生态自觉,认为农药的过量使用必然危害当地农业生产环境、影响农产品质量安全,使得产品脱离市场需求。同时,绳某拥有社群思维,认为只有联合种植、统防统治才能从根本上解决因各家各户农药施用有时差造成的病虫害传染问题,以及因农药品类差异造成的药物免疫问题。但是,小农户不关心绿色农业和农产品质量安全,只关心农产品的产量和销路。

为组织农户联合种植、统一防治病虫害,绳某于2013年领办注册Y合作社。同年,绳某注册L电商服务公司,打造"电商+合作社"模式,一方面以合作社带动农户生产,开展统一培训、统一采购、统一防治,以优质优价收购机制激励农户按绿色种养标准进行农业生产,从而稳定了产品品质和产量;另一方面通过电商平台直接链接生产端与消费端,拓展销售覆盖的地理空间,塑造品牌创造产品溢价空间,从而提高了产品价格和销售量。农户的农业生产收益因此得到保障,合作意愿得以提升。可见,绳某拥有生态自觉、社群思维、互联网技能和创新能力,正是本书研究所定义的新农人。他在农业生产结构性矛盾、技术环境以及合作社组织优势等驱动力作用下参与了Y合作社。

Y合作社理事会有5名成员,除了理事长绳某,理事沈某也是新农人。沈某曾在当地担任村干部,了解当地农业生态环境的恶化,担心当地梨果种植品质,认为小农户分散种植具有局限性,必须联合生产、发挥社群优势集约资源才能有所突破,同时也认为电商采纳是农业发展新的突破口。沈某与绳某具有相似的生态自觉、社群思维、互联网技能和创新能力,但是理事会其他成员并不具备新农人特质。

Y合作社有社员200余户(1000余人),人均土地面积约1.7亩[①],注册资本120万元,其中理事长绳某出资110万元,理事会成员沈某出资4万元,其余理事会成员和普通社员仅在入社时缴纳身份股(300元每户)。理事长绳某经营管理能力出色,但由于长年背井离乡,脱离农业生产多年,在当地村民中缺乏社会认同,而理事会成员沈某拥有丰厚的社会资本,在村民中声望较高,能够为合作社获取外部合法性,增强合作社内部凝聚力。新农人绳某和沈某在Y合作社主要从事经营管理工作,本身并不进行农业生产,也不参与合作社交易。Y合作社其余社员均是传统的梨果种植农户,普通社员中没有发现新农人,他们缴纳身份股,通过合作社购买农业生产资料、销售农产品,使用合作社提供的信息、服务和品牌授权等,参与合作社交易。

综上所述,Y合作社的新农人参与状态表现为:Y合作社存在新农人管理参与和资本参与,不存在新农人交易参与。就新农人管理参与来说,Y合作社的理事长是新农人,除理事长外,理事会成员中新农人占比25%;就新农人资本参与来说,Y合作社的新农人理事长投资额占合作社总投资额的比例高达91.67%,新农人理事的投资额占合作社总投资额的比例为3.33%,普通社员中没有新农人投资。

三、案例描述:金寨县S合作社

金寨县S合作社理事长童某在上海外资企业从事管理工作多年,由于父母年迈多病无人照顾,决定辞职回乡赡养老人。回乡后,童某发现,包括其父在内的当地养殖户普遍使用含有激素的劣质饲料喂养鸡鸭禽类,出栏快但是肉质差,因此只能销往就近的农贸市场,利润微薄,养殖户几乎没有防范禽流感、鸡瘟等突发疫情的能力,很容易陷入血本无归的窘境。当地越来越多的年轻人选择弃农务工,农村人力资源要素流失严重,用工成本逐年攀升,进一步压缩了养殖户的利润空间。童某虽然在外求学工作数十年,但自幼生长于农村的经历使他心怀农业,记忆里家乡有琳琅满目的美味土特产,但外地人却鲜有人知晓。早在2009年,童某于上海工作期间,就曾在上海开过一家销售农产品的实体店,他一直认为在家乡开展农业创业将大有可为。由于长年背井离乡,返乡初期的童某对当地农业生产不甚了解,社会资本匮乏,业务模式不清晰,无论是经营家庭农场还是创办农业公司,风险都将

---

① 1亩约为0.0667公顷。

难以控制。童某发现,合作社"生产在户、服务在社"的组织特性具有显著优势,通过整合农户的土地、生产工具以及劳动力等资源,合作社可以实现在资金投入和运营风险可控的前提下扩大生产经营规模,从而规避童某自身在农业生产技能方面的劣势;同时,创办合作社还可享受一定的政策扶持。因此,童某于2010年牵头注册S合作社。童某具有生态自觉,认为劣质饲料的过量施用必然影响农产品质量安全,使得产品脱离市场需求,同时造成环境污染,破坏农业生产的可持续性。此外,童某也拥有社群思维和创新能力,以"集中育种、联合养殖、统一回收"的模式集约资源利用,提高合作社风险防控能力。同时,童某还拥有互联网技能,打造了"线上零售+线下团购"的销售模式,突破传统销售渠道的桎梏。可见,童某拥有生态自觉、社群思维、互联网技能和创新能力,正是本书研究所定义的新农人。他在农村资源条件约束、农产品质量安全隐患、政策环境以及合作社组织优势等驱动力作用下参与了S合作社。

S合作社最初注册资本为30万元,童某出资27万元,投资额占比90%。2013年,王某和张某加入合作社,组建了包含4名成员的合作社理事会。除了理事长童某,理事王某和张某也都是新农人,三人均受过本科以上高等教育,具备生态自觉、社群思维、互联网技能和创新能力,经营理念一致,资源要素互补,组成了产权关系紧密、要素互嵌自洽的S合作社核心圈。理事长童某管理经验丰富、经营能力出色,但由于离乡多年、不懂农业生产,在当地村民中缺乏社会认同;而理事王某在当地拥有广泛而紧密的社会网络,社会资本丰腴,与地方农业主管部门联系密切,熟谙农业政策,能够为合作社获取稀缺的外部资源;理事张某自营一家广告策划公司,精通互联网技术,善于宣传策划,且资金雄厚。2013年,合作社变更注册资本和股权结构,合作社总投资额扩充至500万元,其中理事长童某出资245万元,理事张某出资155万元,理事王某出资100万元,三位新农人出资额占比分别为49%、31%和20%。

发展至今,S合作社共有社员500余户,其中大部分是贫困户,截至2018年底,S合作社共带动485户贫困户社员参与养殖,农户加入S合作社无需缴纳入社股金。在S合作社普通社员中发现3位新农人,他们均是曾在外工作多年再返乡务农的年轻人,平均年龄为35岁,因能力出众被乡政府选聘为"扶贫专员",在乡政府挂职,后被知晓情况的王某招纳入社。S合作社除设有专业的研发团队进行种苗的改良和培育外,还向社员农户免费发放鸡苗并统一培训饲养技术,统一采购有机饲料等农业投入品。社员农户按照统一饲养标准分散养殖,再由合作社统一回收达到销售标准的成鸡,经过统一的品牌包装,通过线下直销中心和线上电商平台进行销售,因此,新农人广泛参与合作社传统交易和新型交易。

综上所述,S合作社的新农人参与状态表现为:S合作社存在新农人管理参与、资本参与和交易参与。就新农人管理参与来说，S合作社的理事长是新农人，除理事长外，理事会成员中新农人占比达66.7%；就新农人资本参与来说，S合作社新农人理事长投资额占比达49%，新农人理事的投资额占合作社总投资额比例为51%，普通社员中没有新农人资本参与；就新农人交易参与来说，新农人传统交易参与度和新型交易参与度均较高。

两个案例合作社的新农人参与描述见表7.1。

表7.1 案例合作社新农人参与描述

参与方式	参与状态	Y合作社	S合作社
新农人管理参与	新农人理事长	是	是
	新农人理事	25%	66.7%
新农人资本参与	新农人理事长投资额占比	91.67%	49%
	新农人理事投资额占比	3.33%	51%
	新农人普通社员投资额占比	无	无
新农人交易参与	参与传统交易	无	有
	参与新型交易	无	有

第二节　新农人参与、组织结构与合作社绩效

一、新农人管理参与、治理结构与合作社绩效

砀山县Y合作社的普通社员中没有新农人，理事会中有新农人但占比不高，包括理事长在内，新农人在Y合作社理事会中的占比仅有20%，使得合作社内部在认知、观念、意识、动机等方面形成落差，导致集体行动的非一致性。为了提高决策效率以及保障决策符合新农人意志，Y合作社将决策权集中到理事长绳某一人手中，每年只召开一次社员大会进行财务公开和分红激励，普通社员并不通过社员大会兑现其投票决策权。同样作为新农人的理事沈某，在管理参与Y合作社的过程中能够对绳某形成一定制衡，威慑其投机行为。同时，由于理事会中新农人占比不高，不足以形成新农人核心圈集体行动，因此Y合作社的盈余分配并没有完全倾向于兑现新农人的人力资本产权，而是结合了按股分红、以高于市场价15%的收购价按交易量分红、按农资采购量二次返还、按劳分配等多种盈余分配方式。

其一，决策集中使得Y合作社得以高效落实新农人理念，合作社建成700亩标准化生态果园，严格控制农药化肥施用，改善了当地农业生产环境；出资40余万与

政府共建双孢菇养殖基地,合作社租用荒废的村集体用地,雇用周边贫困户,并让渡10%的剩余利润给村集体,从而推动村集体经济"三变"改革,赋能地方政府扶贫攻坚,显著提升了合作社社会绩效。其二,决策集中使得新农人人力资本效能最大化,新农人理事长绳某从合作社成立伊始就摒弃传统销售而选择电商平台,不以低价进行批发,而是按果形、糖分、色泽、重量等指标进行差异化销售,并培育自有品牌,使得Y合作社梨果的平均售价提高至市场平均价格的2至3倍。2017年,Y合作社销售额达3000余万元,2018年提高至近5000万元,自有品牌获得"寻找最好吃的砀山酥梨"三等奖,显著提升了合作社经营绩效。其三,为有效控制产品质量,新农人理事长绳某制定了梨果收购标准,为社员提供种植技术指导、病虫害统防统治和定期农残检测服务等,大大提高了社员农户梨果种植水平,合作社以高于市场价15%的收购价向社员农户收购符合标准的所有梨果,使得社员农业生产性收入相比非社员提高了20%,显著改进了社员收入绩效。其四,Y合作社为每一位社员设立了专属账户,详细记录其农资购买、农产品销售、接受服务的数量,以此计算每一户社员的惠顾额并在年底以农资、生活用品等实物形式返还。合作社财务公开,社员可以随时查看账户,从而激励社员行使其监督权。Y合作社退社自由,社员提交退社申请并经审核后即可拿回入社时缴纳的300元身份股,在自由退社的制度下,Y合作社并没有发生"用脚投票"的情况,说明社员满意度较高。但是,Y合作社每五年才召开一次社员代表大会以投票选举理事会和监事会成员,拥有更多人力资本、社会资本和货币资本的新农人理事长绳某和理事沈某于2018年选举时连任,并且能够干预其他成员的人选,说明Y合作社并未真正实现民主控制,其治理绩效一般。

综上所述,Y合作社的新农人管理参与引发合作社治理结构响应,进而提升了合作社社会绩效、经营绩效和收入绩效,但并未改进其治理绩效。

二、新农人资本参与、股权结构与合作社绩效

砀山县Y合作社只有核心圈发生了新农人资本参与,普通社员中没有新农人资本参与。但是,新农人理事长绳某和新农人理事沈某的资本参与程度较为悬殊,绳某投资额占合作社总资本91.67%,而沈某投资额占比仅3.33%。Y合作社的股权结构因此表现出集中度高但均衡性弱。

一方面,股权的高度集中使得Y合作社的资本利用高效灵活、内部交易费用少。2017年,Y合作社在电商销售中发生约3.5万公斤坏果事故,造成损失近20万元,事后追查原因发现人工筛选定级容易伤害梨果,随即于2018年斥资90余万元引进色选机,使用光谱技术对梨果的颜色、形状、重量以及糖分进行筛选分级来替

代人工筛选,2019年又追加投资进行软件升级和流水线延长,使色选机能够适配油桃、黄桃、酥梨等多品类的筛选定级工作,有效降低了坏果率,节约了用工成本,Y合作社利润较2017年提高60%,合作社经营绩效得到大幅提升。同时,Y合作社斥资20余万元为社员农户的果园统一安装杀虫灯,形成种植区连片杀虫效应,相比各户果园单独安装杀虫设备,统一规划病虫害治理能够扩大单一设备的有效辐射面积,从而节约设备安装的数量,实现资源的集约利用,并且有效控制农药化肥的施用,提高当地绿色生产覆盖率。Y合作社还积极建设产学研一体化示范基地,推广生态农业理念和绿色种植技术,在当地起到良好的辐射带动和模范标杆作用,显著提升了合作社社会绩效。

另一方面,股权的高度集中强化了新农人绳某和沈某对普通社员的代理,弱化了普通社员的议价能力,但是由于股权结构不均衡,难以形成对绳某的有效制衡,使得Y合作社的剩余索取权和控制权逐渐从全体社员转移集中至绳某一人手中。绳某利用其名下的L电商服务公司,在合作社与市场之间增加了一个利益相关者,形成"社员—合作社—L公司—市场"的结构。具体来说,合作社收购社员生产的农产品,再转售给L公司,再由L公司最终销往消费市场,绳某将"L公司收购合作社农产品的价格"与"合作社收购社员农产品的价格"之差额计入合作社的账面利润,而将"市场最终价格"与"L公司收购合作社农产品的价格"之差额计入L电商服务公司的账面利润,这实际上是将合作社的部分利润转移至了L电商服务公司,从而攫取了普通社员的部分合作收益,损害了合作社的收入绩效。同时,由于绳某拥有制定收购价格和盈余分配规则的强话语权,使得Y合作社的治理绩效难以实现。

综上所述,Y合作社的新农人资本参与引发合作社的股权结构响应,进而提升了合作社经营绩效和社会绩效,但是阻滞了合作社治理绩效和收入绩效。

三、新农人交易参与、交易结构与合作社绩效

金寨县S合作社核心圈的3位新农人只管理参与或资本参与合作社,而普通社员中的3位新农人只交易参与合作社。他们从合作社购买无公害有机饲料,参加合作社生态养殖技术培训,从合作社免费领取优质鸡苗,主动与合作社交互信息防控疫情,严格按照合作社饲养标准养殖,成鸡交由合作社统一商标和包装销售而不自行售卖。通过这些深度交易参与,新农人所生产的成鸡达到合作社收购标准的比例高达90%,合作社除了按高于市场价20%的价格收购其生产的成鸡,还会额外给予奖励补贴。新农人这种收益示范在S合作社内引发扩散效应,普通社员农户开始模仿新农人的行为,新农人也逐渐在合作社内部获得合法性,新农人通过

技术指导、信息传递与行为示范,帮助普通社员缩小与新农人动机的偏离度。由此,S合作社内部交易普遍频繁,社员与合作社重复交易的意愿较强,社内没有明显的交易大户,合作社交易结构呈现均衡性强且紧密度高。

一方面,交易结构均衡一定程度上缓解了S合作社的社员异质性,强化了社员对其身份的认同,增强了合作社内部信任,普通社员因此有意愿形成一定的集体行动参与合作社监管,从而能够对核心圈利益集团的"精英控制"起到一定的制衡作用,提升合作社的治理绩效。同时,也促使社员通过联合议价提高合作社收购农产品的价格,从而缓解内部委托代理问题,提升合作社收入绩效。

另一方面,S合作社交易结构紧密,意味着社员相信合作契约会履行,因此核心社员与普通社员对彼此行为判断的不确定性得到弱化,有利于合作社内部信息的无偏传递,进而达成更高层次上的合作互惠。这一信任促使S合作社内部自发生成互相监督机制,使用非有机饲料或集中养殖的农户会被其他社员说服教育甚至遭到举报,从而极大地提高了合作社的整体生产水平,节约了大量交易费用和管理成本,合作社经营绩效得到显著提升。同时,交易结构紧密使得社员农户的生产量能够100%满足S合作社的成鸡收购需求,合作社产品来源稳定且品质有保障,成为S合作社获取外部合法性的重要基础。合作社于2018年和2019年多次从金寨县政府成功申请专项补贴和扶持项目,大大提升了其在当地的影响力,扩大了合作社帮扶贫困户的辐射范围,合作社社会绩效显著提升。

综上所述,S合作社的新农人交易参与引发合作社交易结构响应,进而提升了合作社治理绩效、收入绩效、经营绩效以及社会绩效。

四、新农人理事长与新农人理事的交互作用

2010年,S合作社成立之初只有理事长童某是新农人,与合作社发生管理参与和资本参与。由于童某与其他社员在观念、认知、动机、能力和资源禀赋等方面存在落差,使得S合作社内部难以完成共同决策。其他社员出于对童某经营管理能力的认可,主动让渡部分控制权,委托童某一人决策合作社经营管理相关事宜,而保留对合作社人事任免和制度安排的投票表决权。合作社初始注册资本30万元,童某一人投资额占比就高达90%,使得合作社股权结构高度集中且缺乏制衡。决策和股权同时集中于童某,使得S合作社的决策和资金都高效服从于新农人意志。童某摒弃了集中养殖的传统生产方式,要求社员农户分散养殖,由合作社统一进行鸡苗培育和疫情防控工作。这种养殖方式能够减少因疫情突发引发大面积损失的风险,并且能降低合作社经营成本,从而提升合作社经营绩效。同时,童某重视生态养殖,要求社员使用天然饲料和无公害饲料,在提高农产品质量安全的同时保护

了当地的农业生产环境,合作社社会绩效显著提升。

生态养殖的成鸡出栏周期较长,社员需按照合作社统一的饲养标准,鸡要养足8个月才能达到合作社收购标准。为了激励社员,S合作社提供两种销售模式,一是社员自行向市场售卖,二是合作社以高于市场价20%的价格收购符合标准的成鸡。可见,新农人童某作为深入进行管理参与和资本参与的合作社实际运营者,虽然有兑现其人力资本产权和最大化投资回报的需求,但是为了促进社员合作、激励组织相容,合作社在盈余分配上还是采取了按惠顾量(额)分配的方式,如此极大地提高了社员合作能动性,社员年均农业生产性收入增加2000元以上,合作社收入绩效和治理绩效得到显著提升。

2013年,新农人理事张某和王某加入合作社,使得S合作社的新农人管理参与和资本参与状态发生变化,相应地,合作社治理结构和股权结构也发生相应改变。具体来说:其一,这时S合作社不但由新农人担任理事长,理事会成员中新农人占比也高达66.7%,新农人管理参与深入,且决策权不再集中于新农人理事长一人手中,而是形成了核心圈"三足鼎立、彼此制衡"的新农人决策结构;其二,这时S合作社资本100%来自新农人,普通社员中没有新农人资本参与,而核心圈中新农人资本参与深入,新农人理事长的股权被稀释,投资额占比由90%降至49%,新农人理事张某和王某的投资额占比增至31%和20%,由此,S合作社内部形成产权关系紧密的新农人核心利益集团,新农人股权结构集中度高且均衡性佳。

S合作社决策结构和股权结构的演变使得新农人效应叠加放大。新农人核心圈决定重新设计产品线深耕细分市场,按鸡的不同生长周期进行差异化销售,以拓展利润空间,如针对儿童消费市场推出五个月出栏的童子鸡,零售价为158元;针对孕妇消费市场推出十个月出栏的月子鸡,零售价为299元;针对老年消费市场推出一年以上出栏的滋补鸡,零售价为239元。自2013年开始,S合作社入驻淘宝和聚农易购等电商平台以突破传统销售渠道的地域限制,但是很快发现生鲜类农产品在物流运输上的难题是单个合作社无法解决的,一只鸡的物流和包装成本高达25~35元,且保鲜难、损耗大,加之成熟的电商平台引流成本高,合作社线上销售遭遇瓶颈。2015年,S合作社注册商标并开发自有电商销售平台,除了销售自家合作社的生鸡和鸡蛋等农产品,也与周边多家合作社联合,整合优质的油、粮、茶叶、泉水等农副产品打造平台全年无空档的完整产品线,共建物流系统,统一使用合作社的商标和品牌。同时,S合作社线下销售也突破农贸市场零售的传统模式,与多家企业签订订单合同,成为企业员工福利的供应商,再在产品包装上附电商平台信息,将客户引流至线上,通过在电商平台销售体验装产品激励客户重复购买。通过这种"线下团购引流线上零售"的经营模式,S合作社提升产品知名度的同时节省了大笔投放费用,2017年自有电商平台销售额突破3000万元,合作社经营绩效显著提升。这一阶段，S合作社除了从饲料和技术方面做品质管理，还建成疫情预防、监测和追溯体系，要求社员共享日常饲养信息并统一防治禽类疫病，合作社收购成鸡时进行初次检验，发现问题及时追溯，宰杀后进行二次核检，确保加工环节无污染，极大地保障了产品质量安全。产品质量的稳定提高了合作社的外部合法性，引起金寨县政府关注。2018年，在金寨县政府的扶持下，S合作社建成产学研基地，吸引了一大批新农人返乡投身农业，为当地农业经济发展作出贡献，合作社社会绩效大幅提升。

由于决策权和股权都高度集中于新农人，使得S合作社形成产权关系紧密且具有排他性的新农人利益集团。原先普通社员主动让渡部分控制权给新农人理事长童某，委托童某决策合作社经营管理相关事宜，新农人王某和张某加入之后，三人在观念、认知、动机和资源禀赋等方面同质，可以高效完成共谋，因此童某不再需要考虑如何激励组织相容以提高决策效率的问题，S合作社逐渐异化为科层制企业，这时普通社员被核心圈边缘化而被迫让渡其选举、表决以及监督等剩余控制权。同时，新农人利益集团有兑现其人力资本产权和最大化投资回报的意愿，由于S合作社股权已由新农人完全掌握，合作社内部产生利益分化，新农人核心圈集体行动促使盈余分配方式向按股分配倾斜，导致合作社利润大幅提高的同时，社员收入却没有显著增加。普通社员的合作收益被新农人利益集团攫取，合作社逐渐偏离了民主公平、互助互惠的质性规定，使得合作社治理绩效和收入绩效受到损害。

综上所述，S合作社的新农人理事长和新农人理事在管理参与和资本参与合作社的过程中发生了交互作用，其作用效应是提升合作社社会绩效和经营绩效，却损害了合作社治理绩效和收入绩效。

第三节　新农人有效参与合作社的理论路径

基于以上案例分析，不难发现：新农人参与合作社，不管是管理参与、资本参与还是交易参与，对于合作社经营绩效和社会绩效的提升均大有助益，这与新农人具备生态自觉、社群思维、互联网技能和创新能力是分不开的。新农人可以因应数字化给农业农村带来的新变革，以及供需矛盾给绿色农业提出的新要求。他们对传统农业进行数字化和绿色化改造，增进农业全要素生产率，保障农产品供应安全，拓展合作社盈利空间。然而，新农人参与能否改进合作社治理绩效和收入绩效，则与新农人参与合作社的方式和状态密切相关。

其一，从管理参与的角度来看，新农人担任理事长是最直接有效的新农人管理参与,能够高效实现新农人理想,如改造传统农业、创新生产经营模式、分享剩余索取权等,从而激励组织相容,缓解合作社内部"精英控制",促使合作社重新安排控制权、索取权等制度,因此得以改进合作社治理绩效和收入绩效。若新农人位列理事会,则可通过理事大会参与合作社盈余分配、监督激励、选举表决等重大制度安排,即使不直接决策合作社日常经营事宜,也能够通过正式或非正式制度影响理事长及其他理事,以达到自己的决策目标。此外,新农人知识新、技术新、理念新,与传统农民在人力资本、资源禀赋、行为动机、观念意识等方面的差距较大。因此,若理事会成员中新农人占比高,而理事长并非新农人,那么新农人理事们则可能因行为和目标的一致性而架空或裹挟理事长;而若在理事会成员中新农人占比高的同时,理事长也是新农人,则会发生两者之间的交互作用,造成核心圈同质化,进而形成具有排他性的新农人利益集团,核心圈共谋使得合作社不再需要考虑如何激励社员的合作能动性以及如何促进组织相容,普通社员作为合作劣势方进一步被外围化,合作社逐渐发生质性漂移,甚至异化为科层制企业,社员剩余收益被攫取,从而损害合作社治理绩效和收入绩效。

其二,从资本参与的角度来看,由于相较于传统农业,新农人理念的实现需要大量专用性投入,因而更加依赖资本。新农人理事长出资是最为直接有效的新农人资本参与,能够促使合作社运行最大程度地遵循新农人意志,提高资本利用效率,节约内部交易费用。由于新农人与普通社员的行为动机不一致,为引导决策符合新农人意志,资本参与深入的新农人理事长有激发社员合作能动性以及促进组织相容的需求,因此在盈余分配制度上能够兼顾按股分红和按交易额返还,从而实现合作社治理绩效和收入绩效。经过大量实地调查发现,新农人理事长基本也会同时进行资本参与,而新农人理事不一定进行资本参与;普通社员中几乎没有资本参与,即使有,大多也仅是为获取社员资格而缴纳入社费,仅构成合作社少量的外围资本。因此,若新农人理事长和新农人理事都进行资本参与,就能够形成一定的股权制衡,约束新农人理事长的投机行为。然而,若新农人理事的资本参与过于深入,合作社核心圈会形成产权关系紧密的新农人利益集团,他们在利益需求上与其他社员产生分化,便会产生更为一致的核心圈集体行动,导致合作社盈余分配制度向按股分配倾斜,普通社员的合作收益被新农人利益集团攫取,合作社治理绩效和收入绩效受到损害。

其三,从交易参与的角度来看,经过大量实地调查发现,新农人交易参与主要由普通社员完成,新农人理事长和新农人理事更多的是管理参与或资本参与,而几乎不实际参与合作社交易。新农人深度交易参与合作社,能够在普通社员中产生收益示范与信息传递的作用,激励普通社员模仿新农人的行为,校准自身与新农人动机的偏离,使得社员的交易频次与交易额度趋同,从而缓解合作社异质性。交易结构均衡且紧密,意味着合作社内没有明显的交易大户,普通社员对自身社员身份的认同感更强,那么参与联合议价、监督和表决的意愿就更强。这一方面可以在相当程度上制衡核心圈新农人的"精英控制";另一方面也有利于合作社内部信息的无偏传递,使得普通社员与核心社员能够完成在更高层次上的合作互惠,从而提升合作社的收入绩效和治理绩效。

综上所述,新农人参与确实能够促进合作社绩效的提升,但是新农人管理参与、资本参与和交易参与对于合作社经营绩效、社会绩效、收入绩效和治理绩效等各维度绩效的影响具有异质性。能否在扩大合作社生产经营规模和社会影响力的同时,确保其质性不发生偏离;能否在提高合作社盈利能力的同时,兼顾公平分配,都依赖于新农人是否有效参与合作社。

基于本章案例分析,新农人有效参与合作社的理论路径是:一,鼓励新农人担任合作社理事长参与合作社管理;二,控制理事会成员中新农人的人数占比,避免合作社理事会出现新农人聚集的情况;三,鼓励新农人理事长资本参与合作社,但需控制其投资额比例,尽量丰富合作社核心资本来源,避免新农人"精英控制";四,积极在普通社员中培育新农人参与,激励普通社员中的新农人深入交易参与合作社。

本章小结

本章采取案例研究法,深入分析砀山县Y合作社和金寨县S合作社的新农人参与经验,揭示案例合作社新农人管理参与、资本参与和交易参与对合作社各个维度绩效的影响,进而对于新农人有效参与合作社进行经验验证和理论拓展。

本章的主要结论包括:新农人管理参与通过合作社治理结构响应影响合作社绩效;新农人资本参与通过合作社股权结构响应影响合作社绩效;新农人交易参与通过合作社交易结构响应影响合作社绩效。新农人理事长的管理参与和资本参与能够提高合作社绩效的各个方面,但是如果理事会成员中也存在深入的新农人管理参与和资本参与,就会形成核心圈交互作用,遏制合作社治理绩效和收入绩效的实现,而新农人深入的交易参与能够在一定程度上制衡这一核心圈新农人的"精英控制"。

基于以上案例研究结论,本章提出新农人有效参与合作社的理论路径:鼓励新农人担任合作社理事长进行管理参与,避免理事会出现新农人聚集的情况,引导新农人适当资本参与,积极在普通社员中培育新农人参与,促进新农人交易参与深化。

第八章　研究结论与政策含义

第一节　研 究 结 论

本书研究基于我国农业生产面临的供需结构、城乡均衡和大国小农等矛盾,以及合作社发展面临的规范危机,提出新农人参与可能成为合作社兼顾效益和规范发展的有效路径的观点。在此背景之下,研究新农人参与对合作社多维绩效的影响兼具理论价值和实践意义。本书研究在系统梳理产业组织理论、集体选择理论、合作社理论和参与理论等基础理论研究,以及国内外关于新农人、合作社以及参与的既有文献的基础上,首先界定新农人及其参与的理论内涵与外延,然后考察新农人参与合作社的现实基础,继而从理论上刻画合作社中的新农人参与,构建合作社绩效评价体系,借鉴产业组织理论SSP范式和生态经济理论DSR模型构建DSSP理论分析框架,以对新农人参与影响合作社绩效的内在机制进行理论分析。本书研究基于安徽省5市6县区337家合作社的微观数据进行了一系列实证研究,具体来说:采取AHP层次分析法测度合作社绩效;选取PSM倾向得分匹配法对比合作社有无新农人参与下的多维绩效表现,以论证新农人是否参与对合作社多维绩效的影响,以及检验新农人不同参与方式对合作社多维绩效影响的异质性;运用多元线性回归模型测算新农人参与状态对合作社多维绩效的影响,构建交互效应模型进一步讨论新农人理事长与新农人理事之间可能存在的交互作用,构建联立方程模型探讨新农人参与与合作社绩效之间可能存在的内生性问题。最后,本书研究以砀山县Y合作社和金寨县S合作社为研究对象,采取案例研究法揭示新农人有效参与合作社的理论路径。本书主要研究结论如下:

其一,既有研究描述的新农人年轻化、文化素质高、异地创业等群体特征不能用于反向识别,即具有以上群体特征的人并不一定是新农人。本书研究从国家和社会宏观视角,厘清新农人区别于传统农民的本质,即新农人行动与国家目标和社会需求相一致。因此,本书研究提出识别新农人的四项核心特征,即具备生态自

第八章 结论与政策含义

觉、社群思维、互联网技能和创新能力。基于此,本书研究将新农人定义为:以其具备的生态自觉、社群思维、互联网技能和创新能力投入农业生产、经营、管理、销售或服务的人;将新农人参与定义为:依法进入合作社的新农人,以社员的身份参与合作社运营相关活动,包括管理参与、资本参与和交易参与三种参与方式。

其二,新农人是我国城乡二元结构的历史产物,是"三农"政策推动下的资源逆向流动,是消费分层倒逼和互联网催生下的新事物。我国农业具有自然且分散的生产特征,合作社是我国组织小农户与现代农业衔接的有效制度安排。但是,我国合作社的成长环境复杂,面临着农业经营体制改革、农业市场化改革以及农业基本矛盾等多重挑战。因此,新农人参与合作社具有可靠的现实基础:一方面,新农人需要加入合作社以突破自身局限性;另一方面,合作社也需要新农人参与,以带领合作社围绕市场重组生产、优化资源配置、组织小农户绿色生产、提高农产品流向市场的效率等。

其三,根据DSSP理论框架分析表明,农业生产结构性矛盾、农产品安全隐患、农业生产环境恶化以及农村资源条件约束等消极因素推动新农人群体出现,而政策环境、技术环境和市场环境等积极因素激励新农人返乡参与农业,合作社的组织优势最终拉动新农人参与合作社。新农人在以上推拉联动下参与合作社,形成不同的参与方式以及参与状态。新农人管理参与状态引发合作社治理结构响应,继而影响合作社绩效;新农人资本参与状态引发合作社股权结构响应,继而影响合作社绩效;新农人交易参与状态引发合作社交易结构响应,继而影响合作社绩效。

其四,实证分析表明:新农人参与合作社能够显著提升合作社绩效,但是不同的参与方式对合作社多维绩效的影响具有差异性。具体来说:新农人管理参与和交易参与能够显著提高合作社社会绩效、经营绩效和收入绩效;新农人资本参与能够显著提高合作社社会绩效和经营绩效;对于提高合作社社会绩效来说,新农人的三种参与方式均能够发挥积极作用且作用效应相当;对于提高合作社经营绩效来说,新农人三种参与方式均能够发挥显著作用,但是相较于其他两种参与方式,新农人资本参与具有比较优势;对于提高合作社收入绩效来说,只有新农人管理参与和交易参与能够发挥积极作用,新农人资本参与对此没有显著影响。值得注意的是,新农人三种参与方式都没有表现出对合作社治理绩效的显著影响,因此,本书研究开展进一步实证分析,以检验新农人参与合作社时是否存在某种机制会阻碍合作社绩效的实现。

其五,进一步实证分析表明:就新农人管理参与而言,理事长是新农人对于提升合作社绩效的各个方面都至关重要,而理事会中若新农人占比过高,非但对合作社经营绩效和社会绩效没有显著贡献,甚至会损害合作社治理绩效和收入绩效;实现合作社经营绩效主要依赖于新农人理事长的管理参与。就新农人资本参与来说,提高新农人理事长投资额比例对于改进合作社绩效的各个方面均具有显著作用;但是,随着新农人理事的投资额比例增加,合作社社会绩效和经营绩效得到改进,而治理绩效和收入绩效却受到冲击;提高普通社员中新农人的投资额比例,能够促进合作社的社会绩效和收入绩效。就新农人交易参与来说,新农人的传统交易参与度和新型交易参与度均能够改进合作社社会绩效和经营绩效,除此之外,新农人传统交易参与还能够提高合作社收入绩效,新型交易参与还能够改进合作社治理绩效。新农人理事长与新农人理事在进行管理参与和资本参与时存在交互作用:理事会中新农人占比高,会阻碍合作社治理绩效的实现,即使理事长是新农人,能够提升合作社治理绩效,也无法抵消理事会中过高比例的新农人造成的负面影响,并且,如果在理事会中新农人占比高的同时,理事长也是新农人,则会进一步加剧对合作社治理绩效的冲击;另外,新农人理事的投资额比例高,会损害合作社的治理绩效和收入绩效,即使新农人理事长投资能够促进合作社的治理绩效和收入绩效,也无法抵消新农人理事过高比例的投资造成的负面影响,并且,如果新农人理事和新农人理事长的投资占比均较高,则会进一步加剧对合作社治理绩效和收入绩效的冲击。

其六,案例研究表明:新农人理事长的管理参与和资本参与能够提高合作社各个维度的绩效,但是如果理事会成员中也存在深入的新农人管理参与和资本参与,就会形成核心圈交互作用,遏制合作社治理绩效和收入绩效的实现,而新农人深入的交易参与能够在一定程度上制衡这一核心圈新农人控制。基于此,本书研究提出新农人有效参与合作社的理论路径:鼓励新农人担任合作社理事长进行管理参与,避免理事会中出现过高比例的新农人聚集;鼓励新农人理事长投资,但是其资本参与需适当;丰富合作社核心资本的来源,避免新农人"精英控制";积极在普通社员中培育新农人参与,激励新农人交易参与深化。

第二节 研究局限与展望

本书研究在理论与实践上尚存一定局限,有待后续研究进行提高与完善。

其一,由于受时间、精力等各种原因的限制,笔者仅调查了安徽省6县(区)合作社的生产经营和新农人参与情况。虽然在一定程度上能够代表安徽省合作社的整体发展情况,但安徽省地域辽阔、资源禀赋各异,各地区合作社生产经营和新农人参与情况难免存在一些差异,这将影响本书研究结论的适用范围。同理,安徽省的调研数据也不能反映全国范围的合作社生产经营以及新农人参与情况。因此,在后续研究中可进一步扩大研究对象的地域范围。

其二,关于合作社新农人参与的考察,笔者仅讨论了新农人作为合作社社员的参与,尚未对以非社员身份参与合作社的情况进行具体探讨,例如合作社聘请的职业经理人、雇佣的会计或网页美工工作人员、政府重要职能部门、农产品供应链从业人员等。同时,关于新农人交易参与状态的度量指标,因相关数据限制,笔者只从参与合作社交易项目的数量层面刻画了新农人传统交易和新型交易的参与度,而缺少从交易频率、交易额等层面进行的刻画。因此,在后续研究中应进一步拓展和细化新农人参与的内涵,进一步丰富表征新农人参与度的指标。

其三,本书所研究的样本数据时间维度只有一年,并且在获取数据时并没有厘清各个合作社新农人参与发生的时间点,因而难以反映新农人参与对合作社绩效影响的动态变化特征。因此,在后续研究中应进一步界定和识别新农人参与发生的时间,并尽可能获取足够长时间的面板数据。

第三节 相关政策建议

一、大力推进新农人"引、留、育"工作

政府方面尤其是地方政府应重视新农人对于乡村振兴的重要作用,大力推进新农人"引、留、育"工作。

首先,为驱动更多新农人返乡入乡,地方政府应不断优化农村创业环境,包括政策环境、技术环境以及市场环境。加强落实农村土地确权工作,保障土地所有权、承包权、经营权归属清晰。加强乡村基础设施建设,尤其是偏远落后地区,提高乡村公路、铁道、水利、通信网络等基础设施和公共服务覆盖率,完善城乡运输网络和信息通路。为返乡入乡新农人提供项目补贴及人才优惠政策,深化行政体制改革,推动"放管服"政府职能转变,使得返乡入乡新农人在乡村投资兴业更加便捷。政府应持续推动返乡入乡创业的观念深入人心。乡镇应建立返乡入乡工作站,协调财政、人社、农粮、税务等部门召开返乡入乡创业座谈会,对在外务工农民因势利导、以情感召,使其了解县情、掌握政策、发现机遇,切实增强返乡入乡源动力。在县级融媒体中心、人社微信公众号等互联网平台开设专栏,集中宣传实绩突出的返乡农民和入乡人才的创新创业先进事迹,切实提升返乡入乡新农人的获得感和自豪感。

其次,为避免返乡入乡人才二次流失,政府应采取相应措施留住新农人。实地

调查发现,新农人创业易陷入"同质化、低水平、高失败"陷阱,导致"返乡容易扎根难"。究其原因,新农人在融资、用地、服务、人才、风险应对等方面存在一些难题,亟需政府完善政策支持和措施保障。乡镇政府应与工信部联合加强本地数字化基础设施和公共服务建设,如5G互联网、工业互联网、数据中心、人工智能、城际高速和轨道交通等,大力发展大数据平台和互联网云计算中心,在各级政府、农业生产经营主体和提供农业配套服务的组织之间建成信息网格系统,从而整合相关涉农信息和数据并在各主体之间共享,使得返乡入乡创业的新农人能够及时且有效地对接信贷、保险、人才招聘等服务。另外,政府应鼓励涉农金融机构在融资模式上创新,支持"政府＋银行＋保险"这样的创新融资模式,并推广到返乡入乡创业项目中,为新农人改造传统农业提供风险共担机制,解决他们的后顾之忧。

最后,除了返乡入乡新农人,地方政府也应积极培育本土化新农人,发掘一批在乡创新创业人才和乡土能工巧匠,打造更为全面的乡村振兴人才队伍。积极举办新农人培训活动,与高校发展产学研项目,聘请相关领域专家授课,邀请优秀新农人分享经验,选派发展潜力较大的本地农民到外地高校或示范基地学习。新农人培训内容应覆盖现代化生态农业、互联网信息技术、商业营销、共享经济、农业政策与相关法律法规等方面;培训方式上应突破传统的课堂教学,结合田间地头实践和互联网平台实操,激励受教者创新思维。另外,应做好优秀新农人个体的宣传和表彰工作,发展农民职业教育体系,制定职业农民中等、高等职称制度,布局应用型、技能型农业人才评定和培养计划。这一方面可以为乡村振兴培育高素质农民,另一方面也可以提高农民作为一种职业类型的社会认可度,从而促进劳动力回流乡土。

二、积极引导新农人有效参与合作社

政府方面尤其是地方政府应重视新农人参与合作社对于新农人个体以及合作社组织发展的积极效用,引导新农人参与合作社。但是,应以客观理性的态度看待新农人参与,过度推进新农人参与可能适得其反。相关各方应紧密关注有新农人参与的合作社实际运行状况,着重做好引导新农人有效参与合作社的工作。

其一,应采取措施提高合作社组织优势,以吸引新农人参与合作社。经过大量实地调查发现,新农人的多元文化经历在形塑其创业优势的同时,也往往导致其与本地农民在认知、动机、行为、构念等方面发生冲突,尤其在返乡入乡创业初期,新农人在本地缺乏社会认同,组织农户、流转土地和信用担保的难度大。乡镇政府和村委会应积极协助返乡入乡新农人与当地农户建立信任,采取一定的措施激励本地农户以土地承包权入股加入新农人合作社,基于农村熟人社会的亲缘、乡缘关系网络,建立本土信用担保、违约监督以及征信追踪制度,补充由合作社或村集体担保新农人创新创业项目的制度。

其二,应采取措施引导新农人合理有效参与合作社,避免新农人不当参与引起合作社绩效"悖离"。乡镇政府和村委会应支持新农人牵头领办合作社,由新农人担任合作社理事长或理事,但是注意不宜在理事会中聚集过多新农人;应鼓励新农人对合作社进行资本投入,但是注意不同身份新农人的投资额比例,新农人理事长的投资额应占据合作社总资本的大部分,新农人理事的投资额不宜过多,新农人理事长和新农人理事的总投资额占比不宜过高,应采取措施提高普通社员新农人的投资额比例;合作社应拓展与社员交易的范畴,促进新农人交易参与深化,提高新农人参与合作社统收统购、统防统治、绿色生产、大数据平台、技术培训以及品牌授权等各种交易的频率和数量。

其三,应充分关注新农人合作社运营中的相关矛盾和利益协调问题。在新农人合作社发展过程中,利益相关方之间产生矛盾和冲突在所难免,需要村两委和村干部及时关注、加以协调。新农人为获取数字经济红利,倾向于推动传统农业的数字化改造,与普通农户之间往往存在"数字鸿沟",从而增强合作社成员异质性,产生"以邻为鉴"和"以邻为壑"两种悖向效应。经过大量实地调研发现,乡村干部充分发挥主观能动性和工作积极性对于新农人办好合作社具有极为重要的现实意义。

附录一 "新农人赋能乡村振兴"结构化访谈纲要

问卷编号	
调查时间	____年____月____日　　□上午/□下午
调查地点	_____省_____市_____□县/□县级市/□区_____□乡/□镇/□街道_____行政村____□自然村/□屯/□堡
调查对象	
调查人员	
联系方式	访谈对象(政府工作人员):_____ 访谈对象(新农人代表):_____ 调查记录人员:_____

第一部分　乡镇村级访谈

说明:访谈对象可以是乡镇政府、乡村振兴工作站工作人员或村长(书记)等。

1. 贵镇(乡)或村户籍人口多少人?现常住人口多少人?

2. 贵镇(乡)有无特色产业?若有,是什么?有无区域品牌?若有,是什么?

3. 贵镇(乡)数字乡村建设情况进展如何？用于数字乡村建设的财政资金去年和今年应到账多少？实际到账多少？使用情况如何？

4. 在数字基础设施建设方面，贵镇(乡)宽带覆盖率、5G网络覆盖率如何？物联网建设情况如何？有无农业电商平台、涉农信息大数据整合服务平台？有无智慧农业所必备的农业传感器、采摘机器人、智能农机、智能节能灌溉系统等设施？村务数字化治理情况如何？有无乡村生活数字化服务？

5. 在数据建设方面，贵镇(乡)有无对土壤、种植情况、病虫害、灾害、污染等情况的监测数据？

6. 村民的互联网普及率如何？比如有多少户家装了无线网络？使用智能手机的情况(尤其老年群体，能否收发短信)如何？村民使用微信、公众号、微博等数字媒体平台，淘宝、京东等电商购物平台，抖音、快手等短视频直播平台的情况如何？有无组织专人专项推广便民应用数字工具，如数字村务、涉农信息平台等？村民们是否真正会用、愿用这些数字工具？

7. 村干部是否参加过有关信息技术的培训？若有，具体有哪些？

8. 贵镇(乡)这几年返乡入乡人员有多少？返乡人员、入乡人员各有多少？贵地如何划定返乡和入乡，是户籍在本地才算返乡吗？还是有别的依据？

9. 返乡人员主要是哪类人群？比如，户籍在本地的进城务工人员返乡、本地户籍的大学生毕业后返乡、本地户籍的退伍军人返乡、户籍在本地的在外创业的企业老板返乡、本地户籍的企业或事业单位职工返乡务农等。其人数或比例的大致情况如何？

10. 入乡人员主要是哪类人群？农村户籍但非本地户籍的人员及城镇户籍入乡人员比例大致如何？比如外乡农民、外乡务工人员、外乡退伍军人、外乡大学生、外乡企业老板、外乡企事业单位职工(以上分类意思是农村户籍但非本地户籍)，或城镇入乡大学生、企业老板、企事业单位员工、退伍军人等(城镇户籍)。

11. 返乡入乡人员主要从事什么工作？其中进行创业的人员比例是多少？创业的内容主要是什么？创业依托的组织形式主要是什么？比如，家庭农场、合作社、农业企业等。

12. 返乡入乡创业人员相比本地农民，具有什么特征？比如，在农药化肥的施用、农业生产方式、销售渠道、品牌建设、技术采纳、投资意向、融资能力、风险承受能力、电商平台、创新新业态新模式等方面。

附录一
"新农人赋能乡村振兴"结构化访谈纲要

13. 贵镇(乡)返乡入乡创业人员的创业成功率如何?成功经营3年以上的案例有几个(或比例)?

14. 贵镇(乡)返乡入乡创业人员有无创业失败案例?有多少?一般在几年内经营失败?失败后这些返乡入乡人员从事什么?失败后继续进行二次创业的有多少?创业失败后这些返乡入乡人员有无再次离开贵镇(乡)的情况?

15. 贵镇(乡)政府对于返乡入乡创业人员有无跟踪了解?有无返乡入乡创业的扶持政策?若有,具体有哪些?对于创业困难或者失败的返乡入乡人员有无帮扶措施?若有,具体有哪些?

16. 据您了解或分析,返乡入乡人员进行农业创业的优势是什么?劣势是什么?有什么因素可能导致其创业失败?其农业创业最大的障碍或困难是什么?这些障碍或困难与本地农民所面临的一致吗?有无本地农民没有,而返乡入乡人员特有的障碍或困难?

第二部分 案例访谈

说明:访谈对象是返乡入乡创新创业项目的负责人或管理者。

一、新农人个人情况

1. 项目名称及基本情况。

2. 您(项目负责人)的姓名、性别、年龄。

3. 您在本项目担任的职务是什么?是创始人吗?

4. 什么契机促使您选择这个项目?

5. 您的求学经历、开展这个项目之前的职业经历是怎样的?之前有无务农经历?在市场、管理、金融方面具备一定的经验和知识吗?

6. 开展本项目之前您有无创业经历?若有,本项目是您第几次创业?是第几次在农业领域的创业?可否谈谈您之前的创业中成功和失败的经历?您如何看待失败的创业经历?

7. 您是否为本地户籍？若不是，在开展本项目之前，您与本地有何渊源？在本地有怎样的社会关系网络？

8. 您是否为农村户籍？若不是，您为何选择农业创业？为何选择来本地创业？您对农业、农村有什么情怀，还是认可农业的投资前景？来本地进行农业创业，有没有受到家人的反对、朋友的质疑？您自己如何看待农民身份和农业事业？

9. 您掌握数字技能吗？比如，会使用电脑、智能手机，会使用word、ppt、excel等文字软件，会使用美图秀秀等修图软件，会使用淘宝、京东等购物软件，会使用美团等团购软件，会使用微信、QQ等社群软件，会使用公众号、微博、大众点评、知乎等新媒体软件，会使用抖音、快手、小红书等短视频直播软件。对于以上软件，有无作为非用户端的经验？

10. 您掌握先进的农业科学技术吗？若有，通过何种途径掌握的这种技术？若无，有无在项目开展过程中引进专业技术人员？

二、项目运营情况

11. 对于传统农业生产方式中农药化肥的施用，您有何看法？您的项目对于农药化肥的施用采取了什么方式？您的项目正在采用诸如自然农法、有机农业、食品可追溯体系等生产方式吗？您认为农产品的绿色和安全重要吗？您的项目在提高农产品绿色和质量安全方面有何措施？

12. 您认为创新对于当前农业创业重要吗？您的项目在生产经营模式、业态、管理机制等方面有何创新？

13. 您的项目在生产资料的共享、资源的集约化利用、合作经营方面有何规划或做法？

14. 您的项目在规模化、标准化生产和精准化、流程化管理以及三产融合方面有何做法？

15. 您的项目有哪些销售渠道？有无利用社区或社群网络进行销售？有无采纳电商进行销售？若有，具体什么形式？比如，购物平台、直播带货、小视频、微信群、公众号、微博等。

16. 您本人在此项目的投资额是多少？占总投资额的比例如何？其他大股东

有几人？这些主要股东有几人是像您这样的新农人？新农人投资额或比例为多少？

  17. 您的项目的重大经营决策是如何作出的？日常事务的决策呢？参与重大决策的人员有几位？其中像您这样的新农人有几位？新农人对于决策的影响重大吗？

  18. 您在创业该项目的过程中经历过哪些困难？现在解决了吗？如何解决的？若没有解决，您希望得到哪些资源或帮扶？

  19. 这几年该项目的经营收入、利润、成本构成如何？

  20. 您的项目带动本地就业的情况如何？帮扶贫困户的情况如何？

  21. 您的项目在促进本地经济发展、技术进步或者区域品牌建设方面，有何建树吗？

22. 您的项目还履行了哪些其他社会责任吗？比如,本地农民的技术培训、关爱留守儿童老人、病残帮扶等。

三、外部环境情况

23. 本地创业氛围如何？乡镇政府有无组织过经销商推介会之类的大型活动？

24. 您对本地的融资政策、土地政策、税收政策、人才保障政策等有所了解吗？您认为相关政策对于您创业项目的开展有所帮助吗？您还希望得到哪些方面的支持？

25. 本地是否能够提供农技、信息、管理等方面专业技术人员的支持？

26. 您觉得本地互联网、物联网等通信网络建设得如何？智慧农业所需的软硬件设施、数据建设、涉农信息服务平台方面如何？现有的信息、软件使用方便吗？希望在哪些方面有所完善？

27. 您觉得本地道路设施和交通网络如何？对于销售渠道的布局和物流运输方面便利吗？希望在哪些方面有所完善？

附录二　新农人参与合作社的调查问卷A（理事长填写）

问卷编号	
调查时间	_____年_____月_____日　□上午/□下午
调查地点	_____省_____市_____□县/□县级市/□区_____□乡/□镇/□街道_____行政村_____□自然村/□屯/□堡

　　调查员保证：我保证本问卷所填各项资料，皆依作业程序规定完成，绝对真实无欺，若发现一份作假，则本人经手的全部问卷作废，并赔偿课题组损失。

调查员签名：_____
调查员电话：_____

尊敬的农民朋友：

您好！

非常感谢您愿意接受本次调查。我们因承担国家自然科学基金等研究项目的需要，组织了此次调查。在调查中，我们旨在了解您加入合作社和从事农业生产的一些情况。本次调查结果主要用于科学研究工作。您的任何回答都不会对您本人、家庭和所在社区造成不良影响。您的回答也将会被严格保密。请根据您的选择，在相应选项下画"√"，或在横线处填上适当的内容。非常感谢您的配合和支持！

附录二
新农人参与合作社的调查问卷A

1. 理事长姓名:_____ 性别:_____ 年龄:_____
   电话:_____
   理事长文化程度:_____
   担任本合作社理事长年限:_____
   理事长过往从业经历及年限:_____

2. 您认为生态种植/养殖重要吗?
   [1] 很不重要　　　　　[2] 不重要　　　　　[3] 一般
   [4] 重要　　　　　　　[5] 很重要

3. 您为合作社在推广生态种植/养殖方面做了哪些工作?(可多选)
   □(A)统一购买有机肥、无公害饲料
   □(B)种植/养殖过程中循环利用或者多次重复利用物资
   □(C)采用种植养殖一体化　　　　□(D)使用微生物技术
   □(E)限制农药化肥使用　　　　　□(F)标准化生产示范
   □(G)生态种植/养殖技能培训　　　□(H)其他:_____
   □(I)没有推广生态种植/养殖

4. 您认为农产品质量安全重要吗?
   [1] 很不重要　　　　　[2] 不重要　　　　　[3] 一般
   [4] 重要　　　　　　　[5] 很重要

5. 您采取了哪些措施保障合作社农产品安全高质?(可多选)
   □(A)种植/养殖环境检测并及时治理
   □(B)标准化生产,制定农业生产投入品使用标准
   □(C)农产品农残检测
   □(D)对社员生产过程进行生产档案记录
   □(E)农产品可追溯监管,对社员设立奖惩制度
   □(F)其他:_____
   □(G)没有采取措施保障农产品安全高质

6. 您会使用的互联网工具和营销平台有哪些?(可多选)
   □(A)微信朋友圈　　　□(B)微信小程序　　　□(C)微信公众号
   □(D)微博　　　　　　□(E)淘宝　　　　　　□(F)京东
   □(G)美团　　　　　　□(H)大众点评　　　　□(I)手机APP
   □(J)其他:_____　　　　　　　　　　□(K)以上都不会

7. 您会编辑、发布信息的互联网工具和营销平台有哪些?(可多选)
   □(A)微信朋友圈　　　□(B)微信小程序　　　□(C)微信公众号

☐(D)微博 ☐(E)淘宝 ☐(F)京东
☐(G)美团 ☐(H)大众点评 ☐(I)手机APP
☐(J)其他平台:＿＿＿＿＿＿ ☐(K)以上都不会

8. 您认为QQ群、微信群等互联网社群对合作社销售农产品重要吗?
[1]很不重要 [2]不重要 [3]一般
[4]重要 [5]很重要

9. 您认为哪种互联网社群对合作社销售农产品有帮助?(可多选)
☐(A)以地域聚集的互联网社群,如小区业主群、老乡群等
☐(B)以职业身份聚集的互联网社群,如工作群、家长群、同学群等
☐(C)以共同爱好聚集的互联网社群,如老年活动群等
☐(D)其他:＿＿＿＿＿＿
☐(E)不知道

10. 您认为互联网社群对合作社的价值主要体现在哪些方面?(可多选)
☐(A)生产者可以直接接触到消费者,了解消费者需求和反馈,快速响应市场
☐(B)直接对话消费者,有利于建立与消费者之间的信任,促进重复购买
☐(C)没有中间商,可以节省销售成本
☐(D)通过网络社群销售可以不用开设实体店
☐(E)其他:＿＿＿＿＿＿
☐(F)不知道

11. 您认为如果像共享单车那样共用农机、农具等农业生产资料的话,是否有利于合作社发展?
☐(A)是 ☐(B)否 ☐(C)不知道

12. 您认为如果像共享单车那样共用农机、农具等农业生产资料的话,可以在哪些方面帮助合作社?(可多选)
☐(A)可以减少专用性资产投入,降低合作社运营风险
☐(B)提高农机、农具等利用率,投入产出最大化
☐(C)其他:＿＿＿＿＿＿
☐(D)以上都不会 ☐(E)不知道

13. 您有创新的农业生产、经营、销售模式吗?(可以只是想法,尚未付诸实施)
☐(A)有(请注明:＿＿＿＿＿＿) ☐(B)没有

14. 您认为合作社每年用于新产品开发的费用需要投入＿＿＿＿＿＿万元;实际投入了＿＿＿＿＿＿万元;实际投入额占营业收入的比重是＿＿＿＿%。

15. 您认为合作社需要与高校、研究机构合作吗?
　　□(A)需要　　　　　□(B)不需要　　　□(C)不确定

16. 您是否拥有专利?
　　□(A)是　　　　　□(B)否

17. 您所在的合作社是否拥有专利?
　　□(A)是　　　　　□(B)否

18. 您是否曾经创建自有品牌?
　　□(A)是　　　　　□(B)否

19. 您所在的合作社是否创建了品牌?
　　□(A)是　　　　　□(B)否

20. 您所在合作社全称:＿＿＿＿＿＿＿＿＿＿＿＿＿＿＿＿＿
　　该合作社组建(即召开成立大会)时间(年/月):＿＿＿＿＿＿＿
　　该合作社工商注册登记时间(年/月):＿＿＿＿＿＿＿＿＿＿
　　该合作社最近变更注册时间(年/月):＿＿＿＿＿＿＿＿＿＿

21. 该合作社成立之初,社员人数有＿＿＿＿＿＿人,目前社员人数＿＿＿＿＿＿人,其中重视农产品质量安全、会使用互联网、乐意共享资源、容易接受新事物的社员有＿＿＿＿＿＿人。

22. 该合作社理事会成员最初有＿＿＿＿＿＿人,目前有＿＿＿＿＿＿人;理事会成员中,和您一样重视农产品质量安全和互联网社群,且拥有互联网技能和创新能力的人有＿＿＿＿＿＿人。

23. 该合作社成立之初注册资本＿＿＿＿＿＿万元,您出资＿＿＿＿＿＿万元,占合作社总资本比例＿＿＿＿＿＿%;目前合作社总出资额＿＿＿＿＿＿万元;您目前出资＿＿＿＿＿＿万元,占合作社总资本比例＿＿＿＿＿＿%。

24. 理事会成员共出资占股＿＿＿＿＿＿万元,占合作社总资本比例＿＿＿＿＿＿%,理事会成员出资额分别为＿＿＿＿＿＿＿＿＿＿＿＿＿＿＿＿＿＿＿＿＿＿＿＿＿＿万元;其中,和您一样重视农产品质量安全和互联网社群,且拥有互联网技能和创新能力的理事会成员,共出资占股＿＿＿＿＿＿万元,占合作社总资本比例＿＿＿＿＿＿%,这几位理事会成员的出资额分别为＿＿＿＿＿＿＿＿＿＿＿＿＿＿＿＿万元。

25. 普通社员中出资成员有＿＿＿＿＿＿人,普通社员出资额总数＿＿＿＿＿＿万元,占合作社总资本比例＿＿＿＿＿＿%;出资的普通社员中,重视农产品质量安全、会使用互联网、乐意共享资源、容易接受新事物的社员有＿＿＿＿＿＿人,这几人的总出资额＿＿＿＿＿＿万元,占合作社总资本比例＿＿＿＿＿＿%。

26. 占股10%以上的社员有＿＿＿＿＿＿＿人；其中重视农产品质量安全、会使用互联网、乐意共享资源、容易接受新事物的社员有＿＿＿＿＿＿＿人，这几位社员的总出资额＿＿＿＿＿＿＿万元，占合作社总资本比例＿＿＿＿＿＿＿%。

27. 您所在的合作社提供以下哪些实物和服务交易？(可多选)
    ☐(A)收购农产品　　　　　　☐(B)采购生产资料
    ☐(C)提供技术培训　　　　　☐(D)提供信息服务
    ☐(E)统防统治　　　　　　　☐(F)社员享有价格优惠
    ☐(G)管理维护销售平台　　　☐(H)以上都没有

28. 您所在的合作社提供以下哪些新型交易？(可多选)
    ☐(A)有机绿色植保　　　　　☐(B)互联网平台
    ☐(C)品牌维护　　　　　　　☐(D)以上都没有

29. 您所在的合作社制定了以下哪些制度？(可多选)
    ☐(A)标准化生产　　　　　　☐(B)自动化筛选定级
    ☐(C)优质优价收购　　　　　☐(D)追溯监管系统
    ☐(E)以上都没有

30. 您所在的合作社是：
    ☐(A)国家级示范社　　　　　☐(B)省级示范社
    ☐(C)市级示范社　　　　　　☐(D)其他示范社
    ☐(E)不是示范社

31. 您所在的合作社享受哪些政府补贴？(可多选)
    ☐(A)国家级补贴,补贴名称：＿＿＿＿＿＿＿,数额：＿＿＿＿＿＿＿万元
    ☐(B)省级补贴,补贴名称：＿＿＿＿＿＿＿,数额：＿＿＿＿＿＿＿万元
    ☐(C)市级补贴,补贴名称：＿＿＿＿＿＿＿,数额：＿＿＿＿＿＿＿万元
    ☐(D)县级补贴,补贴名称：＿＿＿＿＿＿＿,数额：＿＿＿＿＿＿＿万元
    ☐(E)其他补贴,补贴名称：＿＿＿＿＿＿＿,数额：＿＿＿＿＿＿＿万元
    ☐(F)没有享受政府补贴

32. 若您所在的合作社享受了政府补贴,补贴用于何种用途？(可多选)
    ☐(A)基础设施建设　　　　　☐(B)农业机械和投入品
    ☐(C)技术引进或研发　　　　☐(D)商标申请、品牌培育
    ☐(E)产品认证　　　　　　　☐(F)市场拓展和营销
    ☐(G)标准化生产建设　　　　☐(H)互联网平台和数据系统建设
    ☐(I)培训　　　　　　　　　☐(J)其他：＿＿＿＿＿＿＿＿＿＿

33. 您所在的合作社是否享受国家税收减免?
   □(A)享受国税减免,减免的税种名称:＿＿＿＿＿＿,金额＿＿＿＿万元
   □(B)享受地税减免,减免的税种名称:＿＿＿＿＿＿,金额＿＿＿＿万元
   □(C)享受其他税收减免,减免的税种名称:＿＿＿＿＿,金额＿＿＿＿万元
   □(D)没有享受国家税收减免

34. 您所在的合作社是否提供内部资金互助?
   □(A)是   □(B)否

35. 您所在的合作社是否为社员购买农业保险?
   □(A)是   □(B)否

36. 您所在的合作社是否自有?(可多选)
   □(A)冷库   □(B)仓储
   □(C)物流   □(D)生产基地
   □(E)加工厂   □(F)以上都没有

37. 您所在的合作社购有以下哪些专用设备?(可多选)
   □(A)用于检测农残的专用设备   □(B)用于筛选分级的专用设备
   □(C)用于整理、包装的专用设备 □(D)用于粗加工的专用设备
   □(E)用于精加工的专用设备   □(F)用于冷藏的专用设备
   □(G)用于运输的专用设备   □(H)其他:＿＿＿＿＿＿
   □(I)没有购买专用设备

38. 您所在合作社的主营农产品(限填1个):＿＿＿＿＿＿;主营农产品生产量占全部农产品生产量的比重:＿＿＿＿＿＿%;无公害有机农产品的生产量占全部农产品生产量的比重:＿＿＿＿%。

39. 您所在合作社主产品的品牌情况如何?(可多选)
   □(A)主产品有国家级品牌称号或绿色认证
   □(B)主产品有省部级以上品牌称号或绿色认证
   □(C)主产品有市县级以上品牌称号或绿色认证
   □(D)主产品有地方品牌称号或绿色认证
   □(E)主产品无品牌无认证,但有一定地方影响力
   □(F)主产品无品牌无认证也无地方影响力

40. 您所在合作社的农产品覆盖供应链中哪个环节?(可多选)
   □(A)初级农产品   □(B)技术难度不大的粗加工农产品
   □(C)技术难度较大的深加工农产品

41. 您所在合作社农产品的营销范围如何?(可多选)
    ☐(A)本市   ☐(B)省内其他地市   ☐(C)国内其他省市   ☐(D)国外

42. 您所在合作社销售农产品主要通过什么渠道?
    ☐(A)农超对接,比重_____%   ☐(B)与龙头企业合作,比重_____%
    ☐(C)农贸市场,比重_____%   ☐(D)自设专卖店,比重_____%
    ☐(E)直供客户,比重_____%   ☐(F)出口国外,比重_____%
    ☐(G)客商上门,比重_____%   ☐(H)网上销售,比重_____%
    ☐(I)其他:_____,比重_____%

43. 您所在合作社的销售渠道是否稳定?
    ☐(A)比较稳定   ☐(B)经常变动   ☐(C)正在扩展新渠道

44. 您本人是否通过互联网销售农产品?
    ☐(A)是,从_____年开始通过互联网销售农产品,通过互联网销售的农产品金额占全年总销售额的比重_____%
    ☐(B)否

45. 您所在的合作社是否通过互联网销售农产品?
    ☐(A)是,合作社从_____年开始通过互联网销售农产品,通过互联网销售的农产品金额占合作社全年总销售额的比重_____%
    ☐(B)否

46. 您所在的合作社如何利用互联网进行农产品销售?(可多选)
    ☐(A)合作社成为网络零售商的供应方
    ☐(B)合作社在淘宝、京东等网络电商平台开设网店销售农产品
    ☐(C)合作社利用微博、微信等互联网平台进行推介宣传,线下销售农产品
    ☐(D)合作社建立APP或微信小程序销售农产品
    ☐(E)合作社自建网站销售农产品
    ☐(F)合作社利用互联网了解市场价格、消费者需求等信息
    ☐(G)其他:_____

47. 您所在的合作社主要利用哪些互联网电子商务平台销售农产品?(可多选)
    ☐(A)阿里巴巴   ☐(B)淘宝/天猫   ☐(C)京东
    ☐(D)中粮我买网   ☐(E)顺丰优选   ☐(F)本来生活
    ☐(G)一号店   ☐(H)亚马逊中国   ☐(I)当当
    ☐(J)美团   ☐(K)微信
    ☐(L)地方政府组建的电商平台

□(M)其他：_____

48. 您所在的合作社使用互联网销售农产品时采用哪种收款方式?(可多选)

　　□(A)支付宝　　　　□(B)微信　　　　□(C)云闪付

　　□(D)网银　　　　　□(E)货到付款　　□(F)找人代付

　　□(G)其他：_____

49. 您所在的合作社在互联网销售农产品过程中,从发出货物到收回货款平均需要_____天,采用非网络销售方式时,从发出货物到收到货款的平均需要_____天。

50. 您所在的合作社在使用互联网销售农产品过程中,遇到的最主要问题是什么?(可多选)

　　□(A)农产品储存、运输困难

　　□(B)农产品缺乏标准化

　　□(C)农作物重量相对大,物流成本高

　　□(D)网络基础设施落后

　　□(E)网络交易安全性差

　　□(F)网络平台不够专业、实用

　　□(G)网络平台收费高,销路不好

　　□(H)自身网络操作技能不够

　　□(I)包装、品牌、宣传等市场营销环节知识技能不够

　　□(J)网上与客户交流太费时间,无法支撑客服

　　□(K)网上销售比线下销售价格低,而线下市场供不应求

　　□(L)自身规模过小,没有必要进行网上销售

　　□(M)其他：_____

　　□(N)未遇到任何问题

51. 您所在的合作社重大事项如何决策?

　　□(A)理事长决定

　　□(B)理事会成员商议决定

　　□(C)通过成员(代表)大会征求社员代表意见

　　□(D)其他：_____

52. 理事会成员以何种方式参与理事会表决?

　　□(A)一人一票　　　　　　　□(B)一股一票

　　□(C)按交易额与入股金额结合实行一人多票

　　□(D)其他：_____

53. 监事会成员以何种方式参与监事会表决？
　　□(A)一人一票　　　　　□(B)一股一票
　　□(C)按交易额与入股金额结合实行一人多票
　　□(D)其他：_____

54. 社员如何成为社员代表参加社员代表大会？
　　□(A)全体社员选举　　　□(B)按片区或者业务类型选拔
　　□(C)理事会任命　　　　□(D)其他：_____

55. 社员代表大会如何进行表决？
　　□(A)一人一票　　　　　□(B)一股一票
　　□(C)按交易额与入股金额结合实行一人多票
　　□(D)其他：_____

56. 您所在的合作社去年共召开全体社员大会_____次，成员代表大会_____次，理事会_____次，监事会_____次。

57. 社员对合作社相关活动有意见时，可以如何发表意见或者建议？
　　□(A)通过与合作社领导私下沟通交流来表达想法
　　□(B)通过在成员大会或代表大会上投票来表达意见
　　□(C)选择退社(的权利)
　　□(D)其他：_____
　　□(E)没有渠道发表意见或建议

58. 您所在的合作社社员可以自由退社吗？
　　□(A)可以,手续简单　　□(B)可以,手续复杂　　□(C)不可以

59. 社员退社时是否能带走参社时的投资额？
　　□(A)能　　　　　　　　□(B)不能

60. 您所在的合作社是否为每位社员设立了专属账户？
　　□(A)是　　　　　　　　□(B)否

61. 您所在的合作社接受财政补贴时，是否量化到每位社员的专属账户？
　　□(A)是　　　　　　　　□(B)否

62. 社员退社时是否能带走量化到社员账户的财政补贴？
　　□(A)能　　　　　　　　□(B)不能

63. 若社员违反合作社规章制度，是否会受到处罚？
　　□(A)是　　　　　　　　□(B)否

64. 社员受到处罚的形式有哪些?(可多选)
    - □(A)批评
    - □(B)罚金
    - □(C)限制交易
    - □(D)清退合作社

65. 您所在合作社的社员股份是否可以交易?
    - □(A)是,可向非社员交易
    - □(B)是,只限社员间交易
    - □(C)不可交易

66. 您所在合作社的社员是否拥有只有分红权、没有投票权的优先股?
    - □(A)有,占总股本的_____%
    - □(B)没有

67. 您所在合作社与社员之间的购销方式是怎样的?
    - □(A)签订购销合同,并以合同规定价收购,规定价格比市价高_____%
    - □(B)不签订合同,以稳定价收购
    - □(C)不签订合同,根据产品质量分级支付不同价格
    - □(D)价格波动随行就市,但比市价略高一点
    - □(E)其他:_____

68. 您所在合作社的社员中是否有交易大户? 其与合作社交易量(包括购销和服务)占合作社总交易量比例很高。
    - □(A)有,共有_____位交易大户,其与合作社交易量占合作社总交易量比例分别是_____
    - □(B)没有,合作社中没有哪家成员交易量明显高于其他成员

69. 您所在合作社的社员通过合作社销售农产品占其全年总产出量的比例是多少?
    - □(A)超过50%
    - □(B)不足50%

70. 您所在合作社的社员是否会将优质绿色农产品优先与合作社交易?
    - □(A)是
    - □(B)否

71. 您所在合作社是否会对社员所交易的农产品进行分级分类?
    - □(A)是
    - □(B)否

72. 您所在合作社去年共召开培训会_____次,培训会的主要内容是_____。(可多选)
    - □(A)技术培训
    - □(B)经营管理培训
    - □(C)法律法规和政策培训
    - □(D)合作社知识培训
    - □(E)其他_____

73. 除培训外,您所在的合作社是否还提供其他交流活动?
　　□(A)是,比如:_____　□(B)否

74. 您所在合作社上一年度分配盈余情况:按股份返还盈余的金额_____万元,占总盈余比重_____%;按交易量返还盈余的金额_____万元,占总盈余比重_____%。

75. 您所在合作社上一年度总销售收入_____万元,经营服务性收入_____万元,利润总额_____万元。

76. 您所在合作社用于生产的土地总面积_____万亩;其中,合作社自建生产基地_____万亩,流转农户的土地面积_____万亩,组织带动农户进行生产的土地面积_____万亩。

77. 您所在合作社带动的非社员农户数有_____人。如何带动非社员农户?
　　□(A)通过提供服务带动　　　□(B)通过培训带动
　　□(C)通过品牌带动　　　　　□(D)通过销售带动
　　□(E)其他:_____

78. 您所在合作社去年向社员收购农产品的收购价格是_____元/公斤,收购数量是_____公斤/年;向非社员收购农产品的收购价格是_____元/公斤,收购数量是_____公斤/年。

79. 农户收入情况(仅限经营性收入,不包括其他类型收入):当地非社员农户上一年度人均可支配收入约_____万元,您所在合作社社员上一年度人均可支配收入约_____万元,高于当地农民平均可支配收入水平的_____%;您所在合作社社员入社之前的年人均可支配收入约_____万元,入社之后收入提高的_____%。

80. 您所在合作社社员对合作社的制度建设、民主管理、归宿感方面满意吗?
　　[1] 非常不满意　　　[2] 不太满意　　　[3] 一般
　　[4] 较满意　　　　　[5] 非常满意

81. 您所在合作社对当地的积极影响显著吗? 包括提高当地相关产业发展、推动当地农业科技应用、带动当地闲散劳动力就业、促进当地农村精神文明、带动当地合作社发展、普及合作社知识等。
　　[1] 非常不显著　　　[2] 不太显著　　　[3] 一般
　　[4] 较显著　　　　　[5] 非常显著

======正式访问结束======

我们的问卷到此结束！非常感谢您的帮助！

受访者签名：_____

受访者电话：_____

提示：问卷结束，请理事长协助提供合作社最新的《总结材料》与《合作社章程》电子版。我们保证，相关资料只用于科学研究，绝不外泄！

附录三　新农人参与合作社的调查问卷B（社员填写）

问卷编号	
调查时间	_____年_____月_____日　□上午/□下午
调查地点	_____省_____市_____□县/□县级市/□区_____□乡/□镇/□街道_____行政村_____□自然村/□屯/□堡

调查员保证：我保证本问卷所填各项资料，皆依作业程序规定完成，绝对真实无欺，若发现一份作假，则本人经手的全部问卷作废，并赔偿课题组损失。

调查员签名：_____

调查员电话：_____

尊敬的农民朋友：

您好！

非常感谢您愿意接受本次调查。我们因承担国家自然科学基金等研究项目的需要，组织了此次调查。在调查中，我们旨在了解您加入合作社和从事农业生产的一些情况。本次调查结果主要用于科学研究工作。您的任何回答都不会对您本人、家庭和所在社区造成不良影响。您的回答也将会被严格保密。请根据您的选择，在相应选项下画"√"，或在横线处填上适当的内容。非常感谢您的配合和支持！

附录三
新农人参与合作社的调查问卷B

1. 您的姓名：_____　　性　别：□男　□女　　年　龄：_____
   联系电话：_____　　您所在合作社全称：_____

2. 您所在村名：_____
   您村离县/市/区中心有_____公里；村委会距离镇政府有_____公里。
   村内是否建有初级交易市场？
   □(A)是
   □(B)否，那么您的生产地距离最近的初级交易市场有_____公里

3. 您的文化程度是什么？
   □(A)没有接受过正式教育　□(B)小学
   □(C)初中　　　　　　　　□(D)高中　　　　□(E)大学及以上

4. 您是否掌握独特技能或专长(如木工、泥瓦活等)？
   □(A)是，具体是　　　　□(B)否

5. 除了务农，您是否还有其他的工作经历？
   □(A)是，请回答如下问题　　□(B)否
   ①□农民工：共_____年，在□本乡/□本县/□本省/□外省
   ②□个体户(含农村经纪人)：共_____年，在□本乡/□本县/□本省/□外省
   ③□私营企业主：共_____年，在□本乡/□本县/□本省/□外省
   ④□集体企业管理人员：共_____年，在□本乡/□本县/□本省/□外省
   ⑤□乡镇政府工作人员(含七站八所等派出机构)：共_____年，在□本乡/□本县/□本省/□外省
   ⑥□村干部(特指村支书和村长)：共_____年，在□本乡/□本县/□本省/□外省
   ⑦□其他社会团体负责人：共_____年，在□本乡/□本县/□本省/□外省
   ⑧□其他(请注明：_____)：共_____年，在□本乡/□本县/□本省/□外省

6. 您是_____年加入的合作社，属于第_____批入社成员

7. 您在合作社中的身份是什么？
   ①管理人员：□副理事长；□理事会成员；□监事长；□副监事长；□监事
   ②工作人员：□财会人员；□销售人员；□办公室其他人员
   ③生产人员：□普通社员；□其他(请注明：_____)

8. 若您是理事会成员，请问您以何种方式参与理事会表决？
   □(A)一人一票　　　　　　□(B)一股一票
   □(C)按交易额与入股金额结合实行一人多票

□(D)其他:_____

9. 若您是监事会成员,请问您以何种方式参与监事会表决?

□(A)一人一票　　　　　　□(B)一股一票

□(C)按交易额与入股金额结合实行一人多票

□(D)其他:_____

10. 您是社员代表吗?

□(A)是,请回答如下问题　　□(B)否

①社员如何成为社员代表参加社员代表大会?

□(a)全体社员选举　　　　□(b)按片区或者业务类型选拔

□(c)理事会任命　　　　　□(d)其他:_____

②社员代表大会如何进行表决?

□(a)一人一票　　　　　　□(b)一股一票

□(c)按交易额与入股金额结合实行一人多票

□(d)其他:_____

11. 您所在的合作社去年共召开全体社员大会_____次,成员代表大会_____次,理事会_____次,监事会_____次。

12. 您所在的合作社重大事项如何决策?

□(A)理事长决定　　　　　□(B)理事会成员商议决定

□(C)通过成员(代表)大会征求社员代表意见

□(D)其他:_____

13. 您对合作社相关活动有意见时,可以如何发表意见或者建议?

□(A)通过与合作社领导私下沟通交流来表达想法

□(B)通过在成员大会或代表大会上投票来表达意见

□(C)选择退社(的权利)

□(D)其他:_____

□(E)没有渠道发表意见或建议

14. 您在加入合作社时,遇到过哪些门槛限制?(可多选)

□(A)资金限制　　□(B)经营规模限制　　□(C)地理位置限制

□(D)与负责人的关系限制　　　　□(E)其他:_____

□(F)没有遇到过门槛限制

15. 您加入合作社时是否出资入股?

□(A)是　　　　　　　　　□(B)否

16. 若您入社时有出资入股,您出资额_____万元,占合作社总资本比例

_____％,入股资金来源于_____。(可多选)
- □(A)自己出资
- □(B)向他人借钱出资
- □(C)政府出资
- □(D)其他:_____

17. 若您入社时没有出资入股,是什么原因?
    - □(A)资金不足
    - □(B)合作社不要求出资
    - □(C)担心风险
    - □(D)其他:_____

18. 您可以自由退社吗?
    - □(A)可以,手续简单
    - □(B)可以,手续复杂
    - □(C)不可以

19. 如果合作社无法为您带来利益,或者您对合作社不满,您是否会选择退社?
    - □(A)是
    - □(B)否,回答以下问题

    ①限制您退社的原因主要是什么?(可多选)
    - □(a)退出手续麻烦
    - □(b)碍于情面
    - □(c)退与不退差别也不大
    - □(d)别人都不退,自己也不退
    - □(e)其他:_____

20. 您退社时是否能带走参社时的投资额?
    - □(A)能
    - □(B)不能
    - □(C)不知道

21. 您所在的合作社是否为您设立了专属账户?
    - □(A)是
    - □(B)否
    - □(C)不知道

22. 您所在的合作社接受财政补贴时,是否量化到您的专属账户?
    - □(A)是
    - □(B)否
    - □(C)不知道

23. 您退社时是否能带走量化到您专属账户的财政补贴?
    - □(A)能
    - □(B)不能
    - □(C)不知道

24. 若您违反合作社规章制度,是否会受到处罚?
    - □(A)是
    - □(B)否
    - □(C)不知道

25. 若受到处罚,通常以什么形式?(可多选):
    - □(A)批评
    - □(B)罚金
    - □(C)限制交易
    - □(D)清退合作社
    - □(E)其他:_____

26. 您的社员股份是否可以交易?
    - □(A)是,可向非社员交易
    - □(B)是,只限社员间交易
    - □(C)不可交易

27. 您是否拥有只有分红权、没有投票权的合作社优先股?

　　　　□(A)有,占总股本的_____%
　　　　□(B)没有

28. 您与合作社之间的购销方式是怎样的?
　　　　□(A)签订购销合同,并以合同规定价收购,规定价格比市价高_____%
　　　　□(B)不签订合同,以稳定价收购
　　　　□(C)不签订合同,根据产品质量分级支付不同价格
　　　　□(D)价格波动随行就市,但比市价略高一点
　　　　□(E)其他:_____

29. 您通过哪些渠道销售农产品?
　　　　□(A)所加入的合作社,比重_____%
　　　　□(B)其他合作社,比重_____%
　　　　□(C)农贸市场,比重_____%
　　　　□(D)直供客户,比重_____%
　　　　□(E)中间商贩,比重_____%
　　　　□(F)超市,比重_____%
　　　　□(G)龙头企业,比重_____%
　　　　□(H)网上销售,比重_____%
　　　　□(I)其他:_____,比重_____%

30. 您通过您所在合作社出售农产品的价格相比从其他渠道出售的价格___。
　　　　□(A)高(高_____%)　　□(B)相等　　□(C)低(低_____%)

31. 您希望通过您所在合作社出售农产品的价格能够相比从其他渠道:
　　　　□(A)高(高_____%)　　□(B)相等　　□(C)低(低_____%)

32. 您通过您所在合作社销售农产品占您全年总产出量的比例:
　　　　□(A)超过50%　　　　□(B)不足50%

33. 您所在合作社去年收购您家农产品的价格是_____元/公斤,收购数量_____公斤/年;收购价高于市场价_____%,高于非社员收购价_____%。

34. 您是否会将优质绿色农产品优先与您所在合作社交易?
　　　　□(A)是　　　　□(B)否

35. 您所在合作社是否会对您所交易的农产品进行分级分类?
　　　　□(A)是　　　　□(B)否

36. 您所在合作社是否制定了收购农产品的质量标准?
　　　　□(A)是　　　　　　　　　　　　□(B)否

37. 为了满足您所在合作社的收购要求,您是否会通过合作社购买更多农资或其他服务?

　　□(A)是,比如:_____　　　　□(B)否

38. 您是否通过互联网销售农产品?

　　□(A)是,请回答如下问题　　　　□(B)否

　　①您从_____年开始通过互联网销售农产品

　　②您去年通过互联网销售的农产品金额占全年总销售额的比重_____%

　　③通过互联网销售农产品的价格相比于传统销售方式的价格:

　　□(a)高,高_____%　　□(b)相等　　□(c)低,低_____%

　　④通过互联网销售农产品对产品质量的要求是否比传统销售方式更高?

　　□(a)是　　　　　　　　□(b)否

　　⑤您是如何利用互联网进行农产品销售的?(可多选)

　　□(a)合作社成为网络零售商的供应方

　　□(b)合作社在淘宝、京东等网络电商平台开设网店销售农产品

　　□(c)合作社利用微博、微信等互联网平台进行推介宣传,线下销售农产品

　　□(d)合作社建立APP或微信小程序销售农产品

　　□(e)合作社自建网站销售农产品

　　□(f)合作社利用互联网了解市场价格、消费者需求等信息

　　□(g)其他:_____

　　⑥您主要利用哪些互联网电子商务平台销售农产品?(可多选)

　　□(a)阿里巴巴　□(b)淘宝/天猫　□(c)京东　□(d)中粮我买网

　　□(e)顺丰优选　□(f)本来生活　□(g)一号店　□(h)亚马逊中国

　　□(i)当当　　　□(j)美团　　　□(k)微信

　　□(l)地方政府组建的电商平台　□(m)其他:_____

　　⑦您使用互联网销售农产品时采用哪种收款方式?(可多选)

　　□(a)支付宝　　□(b)微信　　□(c)云闪付　　□(d)网银

　　□(e)货到付款　□(f)找人代付　□(g)其他:_____

　　⑧采用互联网销售农产品时,从发出货物到收回货款平均需要_____天,采用非网络销售方式时,从发出货物到收到货款的平均需要_____天。

39. 您在使用互联网销售农产品过程中,遇到的最主要问题是什么?(可多选)

　　□(A)农产品储存、运输困难

　　□(B)农产品缺乏标准化

　　□(C)农作物重量相对大,物流成本高

　　□(D)网络基础设施落后

□(E)网络交易安全性差

□(F)网络平台不够专业、实用

□(G)网络平台收费高,销路不好

□(H)自身网络操作技能不够

□(I)包装、品牌、宣传等市场营销环节知识技能不够

□(J)网上与客户交流太费时间,无法支撑客服

□(K)网上销售比线下销售价格低,而线下市场供不应求

□(L)自身规模过小,没有必要进行网上销售

□(M)其他:_____

□(N)未遇到任何问题

40. 您所在合作社是否提供互联网电商销售培训?

　　□(A)是　　　　□(B)否

41. 您家中是否有网络?

　　□(A)是　　　　□(B)否

42. 您家中是否有电脑或智能手机?

　　□(A)是　　　　□(B)否

43. 您是否有网络购物经历?

　　□(A)是　　　　□(B)否

44. 您会使用的互联网工具和营销平台有哪些?(可多选)

　　□(A)微信朋友圈　　□(B)微信小程序

　　□(C)微信公众号　　□(D)微博

　　□(E)淘宝　　　　　□(F)京东

　　□(G)美团　　　　　□(H)大众点评

　　□(I)手机APP　　　□(J)其他:_____

　　□(K)以上都不会

45. 您会编辑、发布信息的互联网工具和营销平台有哪些?(可多选)

　　□(A)微信朋友圈　　□(B)微信小程序

　　□(C)微信公众号　　□(D)微博

　　□(E)淘宝　　　　　□(F)京东

　　□(G)美团　　　　　□(H)大众点评

　　□(I)手机APP　　　□(J)其他:_____

　　□(K)以上都不会

46. 您认为生态种植/养殖重要吗?

[1] 很不重要　　　　　[2] 不重要　　　　　[3] 一般
[4] 重要　　　　　　[5] 很重要

47. 您认为农产品质量安全重要吗？
　　[1] 很不重要　　　　　[2] 不重要　　　　　[3] 一般
　　[4] 重要　　　　　　[5] 很重要

48. 您认为QQ群、微信群等互联网社群对您销售农产品重要吗？
　　[1] 很不重要　　　　　[2] 不重要　　　　　[3] 一般
　　[4] 重要　　　　　　[5] 很重要

49. 您认为哪种互联网社群对您销售农产品有帮助？（可多选）
　　□(A)以地域聚集的互联网社群，如小区业主群、老乡群等
　　□(B)以职业身份聚集的互联网社群，如工作群、家长群、同学群等
　　□(C)以共同爱好聚集的互联网社群，如老年活动群等
　　□(D)其他：_____
　　□(E)不知道

50. 您认为互联网社群的价值主要体现在哪些方面？（可多选）
　　□(A)可以直接接触到消费者，了解消费者需求和反馈，快速响应市场
　　□(B)直接对话消费者，有利于建立与消费者之间的信任，促进重复购买
　　□(C)没有中间商，可以节省销售成本
　　□(D)通过网络社群销售可以不用开设实体店
　　□(E)其他：_____　　　　　□(F)不知道

51. 您认为如果像共享单车那样共用农机、农具等农业生产资料的话，是否有利于您？
　　□(A)是　　　　　□(B)否　　　　　□(C)不知道

52. 您认为如果像共享单车那样共用农机、农具等农业生产资料的话，可以在哪些方面帮助您？（可多选）
　　□(A)可以减少专用性资产投入，降低风险
　　□(B)提高农机、农具等利用率
　　□(C)其他：_____
　　□(D)以上都不会　　　　　□(E)不知道

53. 您有创新的农业生产、经营、销售模式吗？（可以只是想法，尚未付诸实施）
　　□(A)有（请注明：_____）　　　　　□(B)没有

54. 您是否拥有专利？

□(A)是　　　　　　　　　　　　　□(B)否

55. 您是否曾经创建自有品牌？
　　□(A)是　　　　　　　　　　　　　□(B)否

56. 您容易信任别人吗？
　　[1] 很不容易　　　[2] 不容易　　　[3] 一般
　　[4] 容易　　　　　[5] 很容易

57. 您信任目前所加入的合作社吗？
　　[1] 很不信任　　　[2] 不信任　　　[3] 一般
　　[4] 信任　　　　　[5] 很信任

58. 您信任目前的合作社理事长吗？
　　[1] 很不信任　　　[2] 不信任　　　[3] 一般
　　[4] 信任　　　　　[5] 很信任

59. 您所在的合作社是＿＿＿＿＿＿。
　　□(A)国家级示范社　　　　　　　　□(B)省级示范社
　　□(C)市级示范社　　　　　　　　　□(D)其他示范社
　　□(E)不是示范社

60. 您所在的合作社提供以下哪些实物和服务交易？(可多选)
　　□(A)收购农产品　　　　　　　　　□(B)采购生产资料
　　□(C)提供技术培训　　　　　　　　□(D)提供信息服务
　　□(E)统防统治　　　　　　　　　　□(F)社员享有价格优惠
　　□(G)管理维护销售平台　　　　　　□(H)以上都没有

61. 您所在的合作社提供以下哪些新型交易？(可多选)
　　□(A)有机绿色植保　　　　　　　　□(B)互联网平台
　　□(C)品牌维护　　　　　　　　　　□(D)以上都没有

62. 您所在的合作社制定了以下哪些制度？(可多选)
　　□(A)标准化生产　　　　　　　　　□(B)自动化筛选定级
　　□(C)优质优价收购　　　　　　　　□(D)追溯监管系统
　　□(E)以上都没有

63. 您当初加入合作社的最主要原因是什么？(可多选)
　　□(A)获得较高的农产品销售价格　　□(B)获得稳定的销路
　　□(C)降低农资采购成本　　　　　　□(D)获得合同保障

☐(E)获得技术指导 ☐(F)提高产品质量
☐(G)分享生产信息 ☐(H)希望得到归属感
☐(I)分享合作社的设施设备 ☐(J)获得政府项目资助
☐(K)经人介绍或受人影响 ☐(L)是当地政府要我加入的
☐(M)其他：_____

64. 加入合作社后,您从合作社得到了哪些好处?(可多选)
☐(A)获得较高的农产品销售价格 ☐(B)获得稳定的销路
☐(C)降低农资采购成本 ☐(D)获得合同保障
☐(E)获得技术指导 ☐(F)提高产品质量
☐(G)分享生产信息 ☐(H)得到归属感
☐(I)分享合作社的设施设备 ☐(J)获得政府项目资助
☐(K)其他：_____

65. 合作社是否满足了您一开始入社时设想的目标?
[1]很不满足 [2]不满足 [3]一般
[4]满足 [5]很满足

66. 您认为您所在合作社的优势体现在哪些方面?(可多选)
☐(A)市场 ☐(B)技术 ☐(C)资本
☐(D)服务 ☐(E)其他：_____ ☐(F)不知道

67. 您所在合作社是否按交易量返还您盈余?
☐(A)是,去年按交易量返还盈余金额_____(万元) ☐(B)否

68. 您当前所生产的主要农产品是否采用了新品种或新技术?
☐(A)是,请回答以下问题 ☐(B)否
①您是☐(a)率先采用新品种或新技术,还是☐(b)在别人用过见效后采用
②您是如何获得的新品种或新技术?
☐(a)合作社提供 ☐(b)自行购买
☐(c)其他：_____

69. 您认为自己所生产的主要农产品的风险如何?
[1]风险很大 [2]风险较大 [3]适当
[4]风险较小 [5]没有风险

70. 您认为您所生产的主要农产品风险更多来自：
☐(A)自然风险 ☐(B)市场风险 ☐(C)两个同等严重

71. 您所在的合作社是否为社员提供农业保险?

☐(A)是 ☐(B)否

72. 您是否参加了农业保险?
    ☐(A)是 ☐(B)否

73. 您在进行农业生产时,是否遇到过资金不足的问题?
    ☐(A)是 ☐(B)否

74. 遇到资金不足时,您通常如何解决?(可多选)
    ☐(A)向亲戚朋友借款 ☐(B)银行贷款
    ☐(C)民间高利贷 ☐(D)合作社内部资金互助
    ☐(E)其他(请注明:_____)

75. 您所在合作社是否向社员提供资金互助?
    ☐(A)是 ☐(B)否

76. 您在进行农业生产时,是如何获取农业生产技术的?(可多选)
    ☐(A)祖辈经验积累 ☐(B)农技部门
    ☐(C)自费学习 ☐(D)合作社
    ☐(E)邻里互助 ☐(F)其他:_____

77. 您去年参加您所在合作社召开的培训会_____次,培训会的主要内容是_____。(可多选)
    ☐(A)技术培训 ☐(B)经营管理培训
    ☐(C)法律法规和政策培训 ☐(D)合作社知识培训
    ☐(E)其他:_____

78. 除培训外,您是否还参加了您所在合作社提供的其他交流活动?
    ☐(A)是,比如 ☐(B)否

79. 您家劳动力有_____人,是否有人外出打工?
    ☐(A)是
    ☐(B)否,去年家庭年收入总额_____万元,其中农业收入_____万元,占家庭总收入的比例_____%。

80. 您去年可支配收入(限经营性收入,不包括其他类型收入)_____万元/年,是否高于当地农民平均可支配收入水平?
    ☐(A)是
    ☐(B)否;您入社之前的年均可支配收入约_____万元/年,入社之后收入提高_____%

81. 您家去年家庭支出_____元/月,其中基本生活费用支出_____元/月,教育支出_____元/月,用于农业生产的支出_____元/月。

82. 您家是否有负债?

□(A)是,有_____(万元)　　　□(B)否

83. 根据去年的收支情况,您家的生活水平在本地(本村及邻近村子)大体属于哪个层次?

□(A)富裕户　　　　　　　　□(B)中等偏上
□(C)中等　　　　　　　　　□(D)中等偏下
□(E)困难户

84. 您是否了解您所在合作社的财务状况?

[1] 非常不了解　　[2] 不太了解　　[3] 一般
[4] 比较了解　　　[5] 非常了解

85. 您是否了解合作社的性质与运营模式?

[1] 非常不了解　　[2] 不太了解　　[3] 一般
[4] 比较了解　　　[5] 非常了解

86. 您是否担心新社员加入会摊薄您在合作社的利益?

[1] 很担心　　　　[2] 比较担心　　[3] 一般
[4] 不太担心　　　[5] 完全不担心

87. 您对您所在合作社的制度建设、民主管理、归宿感方面满意吗?

[1] 非常不满意　　[2] 不太满意　　[3] 一般
[4] 较满意　　　　[5] 非常满意

88. 您所在合作社对当地的积极影响显著吗?包括提高当地相关产业发展、推动当地农业科技应用、带动当地闲散劳动力就业、促进当地农村精神文明、带动当地合作社发展、普及合作社知识等。

[1] 非常不显著　　[2] 不太显著　　[3] 一般
[4] 较显著　　　　[5] 非常显著

======正式访问结束======

我们的问卷到此结束!非常感谢您的帮助!

受访者签名:_____

受访者电话:_____

参考文献

爱伦·斯密德,1999.财产、权力和公共选择:对法和经济学的进一步思考[M].上海:上海三联书店.

阿尔弗雷德·马歇尔,玛丽·佩利·马歇尔,2015.产业经济学[M].北京:商务印书馆.

柏拉图,1986.理想国[M].郭斌和,张竹明,译.北京:商务印书馆.

蔡定剑,2009.公众参与:欧洲的制度和经验[M].北京:法律出版社:15-19,26-37,196.

蔡荣,马旺林,王舒娟,2015.小农户参与大市场的集体行动:合作社社员承诺及其影响因素[J].中国农村经济(4):44-58.

蔡荣,汪紫钰,钱龙,等,2019.加入合作社促进了家庭农场选择环境友好型生产方式吗:以化肥、农药减量施用为例[J].中国农村观察(1):51-65.

曾亿武,郭红东,2016.农产品淘宝村形成机理:一个多案例研究[J].农业经济问题,37(4):39-48,111.

陈蓓,王雪琴,2012.区域环境管理指标体系研究与水平评价:以大渡口区为例[J]重庆师范大学学报(自然科学版),29(2):42-46.

陈辞,2011.中国农业水利设施的产权安排与投融资机制研究:基于SSP范式的分析视角[D].四川:西南财经大学.

陈飞,翟伟娟,2015.农户行为视角下农地流转诱因及其福利效应研究[J].经济研究,50(10):163-177.

陈家涛,2009.国外合作社理论研究综述[J].海派经济学(1):172-179.

陈璟菁,2013.顾客参与影响新服务开发绩效的机制研究:以组织学习为中介变量[D].江苏:南京理工大学.

陈明,2019.我国农业供给侧结构性改革对策研究[D].辽宁:沈阳工业大学.

陈强,2014.高级计量经济学及Stata应用[M].2版.北京:高等教育出版社:543.

陈婉玲,2008.合作社思想的源流与嬗变:基于合作社法思想基础的历史考察[J].华东政法大学学报(4):120-128.

陈卫平,许悦,王笑丛,等,2018.如何让微信帖子更受欢迎:新农人微信公众号帖子信息特征对在线参与度的影响[J].中国农村经济(6):118-134.

陈锡文,2016.农业供给侧结构性改革的几个重大问题[N].中国经济时报,2016-07-15(12).

崔宝玉,陈强,2011.资本控制必然导致农民专业合作社功能弱化吗?[J].农业经济问题,32(2):8-15,110.

崔宝玉,简鹏,刘丽珍,2017.农民专业合作社绩效决定与"悖论":基于AHP-QR的实证研究[J].

农业技术经济(1):109-123.

崔宝玉,简鹏,王纯慧,2016.农民专业合作社:绩效测度与影响因素:兼析我国农民专业合作社的发展路径[J].中国农业大学学报(社会科学版),33(4):106-115.

崔宝玉,李晓明,2008.资本控制下的合作社功能与运行的实证分析[J].农业经济问题(1):40-47,111.

崔宝玉,刘峰,杨模荣,2012.内部人控制下的农民专业合作社治理:现实图景、政府规制与制度选择[J].经济学家(6):85-92.

崔宝玉,刘丽珍,2017.交易类型与农民专业合作社治理机制[J].中国农村观察(4):17-31.

崔宝玉,张忠根,李晓明,2008.资本控制型合作社合作演进中的均衡:基于农户合作程度与退出的研究视角[J].中国农村经济(9):63-71.

崔宝玉,2011.农民专业合作社中的委托代理关系及其治理[J].财经问题研究(2):102-107.

崔宝玉,2014.政府规制、政府俘获与合作社发展[J].南京农业大学学报(社会科学版),14(5):26-33.

戴维·赫尔德,2008.民主的模式[M].北京:中央编译出版社:1-5,272.

戴祥玉,杜春林,2017.行动者网络视域下农村公共服务的多元合作供给[J].西北农林科技大学学报(社会科学版),17(5):45-54.

德姆赛茨,1999.所有权、控制与企业[M].北京:经济科学出版社.

丁建军,2010.对农民专业合作社内部治理几个问题的思考:基于湖北省荆门市农民专业合作社的调查[J].农村经济(3):116-118.

董晓波,2010.农民专业合作社高管团队集体创新与经营绩效关系的实证研究[J].农业技术经济(8):117-122.

杜亮亮,金爱武,2010.林业类农民专业合作社状况分析:以浙江省丽水市为例[J].林业经济(5):49-53.

杜吟棠,2002.合作社:农业中的现代企业制度[M].南昌:江西人民出版社.

杜志雄,2015.新农人引领中国农业转型的功能值得重视[J].世界农业(9):248-250.

冯才敏,2016.基于DSR模型的铁路环境风险评价的研究[D].四川:西南交通大学.

冯素玲,后小仙,2007.当代产业组织理论研究综述[J].经济纵横(14):84-87.

付刚,2011.奥尔森集体行动理论研究[D].吉林:吉林大学.

傅晨,2003."新一代合作社":合作社制度创新的源泉[J].中国农村经济(6):73-80.

高海,2017.《农民专业合作社法》修改的思路与制度设计[J].农业经济问题,38(3):4-14.

葛红玲,熊晶,2012.产业组织理论与资本结构理论融合研究综述[J].北京工商大学学报(社会科学版),27(1):95-101.

关永玲,2009.我国城市治理中公民参与研究[M].长春:吉林大学出版社:44.

郭红东,钱崔红,2005.关于合作社理论的文献综述[J].中国农村观察(1):72-77,80.

郭锦墉,徐磊,黄强,2019.政府补贴、生产能力与合作社"农超对接"存续时间[J].农业技术经济(3):87-95.

国鲁来,2001.合作社制度及专业协会实践的制度经济学分析[J].中国农村观察(4):36-48.

韩春虹,2019.小农户和现代农业衔接的服务组织模式研究:以安徽和山东粮食主产区为例[D].安徽:安徽大学.

郝小宝,2005.农民合作经济组织的利益机制与治理结构分析[J].理论导刊(4):51-54.

何安华,孔祥智,2011.农民专业合作社对成员服务供需对接的结构性失衡问题研究[J].农村经济(8):6-9.

胡俊波,2011.农产品电子商务发展模式研究:一个模式构想[J].农村经济(11):111-113.

胡冉迪,2012.当前我国农民专业合作社创新发展问题与对策研究[J].农业经济问题,33(11):44-48.

花菲菲,马耀峰,2016.入境旅游流"驱动力—状态—响应"模型构建[J].资源开发与市场,32(10):1238-1243.

黄珺,朱国玮,2007.异质性成员关系下的合作均衡:基于我国农民合作经济组织成员关系的研究[J].农业技术经济(5):38-43.

黄胜忠,林坚,徐旭初,2008.农民专业合作社治理机制及其绩效实证分析[J].中国农村经济(3):65-73.

黄胜忠,徐旭初,2008.成员异质性与农民专业合作社的组织结构分析[J].南京农业大学学报(社会科学版)(3):1-7,43.

黄胜忠,2007.转型时期农民专业合作社的组织行为研究:基于成员异质性的视角[D].浙江:浙江大学.

黄祖辉,扶玉枝,徐旭初,2011.农民专业合作社的效率及其影响因素分析[J].中国农村经济(7):4-13,62.

黄祖辉,徐旭初,冯冠胜,2002.农民专业合作组织发展的影响因素分析:对浙江省农民专业合作组织发展现状的探讨[J].中国农村经济(3):13-21.

黄祖辉,徐旭初,2006.基于能力和关系的合作社治理:对浙江省农民专业合作社治理结构的解释[J].浙江社会科学(1):60-66.

黄祖辉,邵科,2009.合作社的本质规定性及其漂移[J].浙江大学学报(人文社会科学版),39(4):11-16.

黄祖辉,2000.农民合作:必然性、变革态势与启示[J].中国农村经济(8):4-8.

贾蕊,2018.集体行动对农户水土保持措施采用影响研究[D].陕西:西北农林科技大学.

贾瑞稳,赵月皎,2011.探讨当代农民专业合作社[J].农家科技(4):3.

杰克·奈特,詹姆斯·约翰逊,2004.协商民主需要什么样的政治平等[M].上海:上海三联书店:239-266.

卡罗尔·佩特曼,2006.参与和民主理论[M].陈尧,译.上海:上海人民出版社:55-60.

科恩,1988.论民主[M].聂崇信,朱秀贤,译.北京:商务印书馆:7.

孔祥智,2016.农业供给侧结构性改革的基本内涵与政策建议[J].改革(2):104-115.

李刚,刘灵芝,2019.交易额返利率对农民参与度的影响:以贵州省盘州市村级农民专业合作社为例[J].农业经济问题(10):111-120.

李金珊,袁波,沈楠,2016.农民专业合作社的内外协同创新:来自浙江省23家农民专业合作社的证据[J].浙江大学学报(人文社会科学版),46(2):110-125.

李骏阳,2014.电子商务对贸易发展影响的机制研究[J].商业经济与管理(11):5-11.

李敏,2015.基于农民组织化视角的农民专业合作社绩效研究[D].陕西:西北农林科技大学.

李明贤,周蓉,2016.异质性社员参与农村资金互助业务的博弈分析[J].农业经济问题,37(2):77-82,112.

梁巧,吴闻,刘敏,等,2014.社会资本对农民合作社社员参与行为及绩效的影响[J].农业经济问题,35(11):71-79,111.

廖小静,应瑞瑶,邓衡山,等,2016.收入效应与利益分配:农民合作效果研究:基于农民专业合作社不同角色农户受益差异的实证研究[J].中国软科学(5):30-42.

林辉煌,贺雪峰,2016.中国城乡二元结构:从"剥削型"到"保护型"[J].北京工业大学学报(社会科学版),16(6):1-10.

林坚,黄胜忠,2007.成员异质性与农民专业合作社的所有权分析[J].农业经济问题(10):12-17.

林坚,马彦丽,2006.农业合作社和投资者所有企业的边界:基于交易费用和组织成本角度的分析[J].农业经济问题(3):16-20,79.

刘帆,2000.企业员工"参与"类型论[J].武汉市经济管理干部学院学报(2):45-48.

刘红岩,2012.国内外社会参与程度与参与形式研究述评[J].中国行政管理(7):121-125.

刘华彬,张铁成,2019.新农人是操盘手[J].中国农民合作社(9):24-26.

刘洁,2011.农民专业合作社契约选择与运营绩效的理论分析与实证研究[D].湖北:华中农业大学.

刘淑枝,2012.福建农民专业合作社运营绩效评价研究[D].福建:福建农林大学.

刘同山,孔祥智,2013.发展视角下的合作社治理[J].经济问题探索(6):171-178.

刘颖娴,2009.我国农民专业合作社的产权安排研究[D].福建:福建师范大学.

刘勇,2009.西方农业合作社理论文献综述[J].华南农业大学学报(社会科学版),8(4):54-63.

柳晓阳,2005.农村专业合作社机制与职能转型初探[J].农业经济问题(9):10-12,79.

路荣荣,赵微,陆昊天,等,2018.农民参与农地整理后期管护的态度与意愿研究:基于"驱动力—状态—响应"的分析框架[J].中国土地科学,32(5):71-77.

吕钦,2003.论20世纪的西方民主观念[D].北京:首都师范大学.

马亮,杨媛,2019.公众参与如何影响公众满意度:面向中国地级市政府绩效评估的实证研究[J].行政论坛,26(2):86-94.

马彦丽,孟彩英,2008.我国农民专业合作社的双重委托—代理关系:兼论存在的问题及改进思路[J].农业经济问题(5):55-60,111.

马彦丽,2013.论中国农民专业合作社的识别和判定[J].中国农村观察(3):65-71,92.

毛平,张禧,谷光路,2019.乡村振兴视角下民族地区农村妇女政治参与效能提升路径研究:基于四川省凉山州彝族农村地区的调研[J].安徽农业科学,47(4):250-252,257.

牛丽贤,张寿庭,2010.产业组织理论研究综述[J].技术经济与管理研究(6):136-139.

牛若峰,1990.论只完成了一半的农业经营体制改革[J].农业经济问题(7):11-17.

牛若峰,2005.关于农民合作经济组织立法若干问题的认识和建议[J].农村经营管理(1):10-12.

牛晓帆,2004.西方产业组织理论的演化与新发展[J].经济研究(3):116-123.

农业部农村经济体制与经营管理司课题组,2016.农业供给侧结构性改革背景下的新农人发展调查[J].中国农村经济(4):2-11.

潘意志,程丹丹,2018.基于新农人视阈的农产品电商发展策略研究[J].农业农村部管理干部学院学报(4):36-40.

曲承乐,任大鹏,2019.农民专业合作社利益分配困境及对策分析:惠顾返还与资本报酬有限原则本土化的思考[J].农业经济问题(3):100-107.

全国人大农业与农村委员会课题组,2005.农民合作经济组织法立法专题研究报告(五):四、农民合作经济组织法人属性及政府的扶持政策[J].农村经营管理(1):43-47.

任大鹏,李琳琳,张颖,2012.有关农民专业合作社的凝聚力和离散力分析[J].中国农村观察(5):13-20,94.

邵慧敏,秦德智,2018.内部信任对农民合作社绩效的影响分析[J].农村经济(3):124-128.

邵慧敏,2017.内部信任对农民合作社绩效的影响研究[D].云南:云南大学.

邵科,郭红东,黄祖辉,2014.农民专业合作社组织结构对合作社绩效的影响:基于组织绩效的感知测量方法[J].农林经济管理学报,13(1):41-48.

邵科,徐旭初,2013.合作社社员参与:概念、角色与行为特征[J].经济学家(1):85-92.

邵科,2012.农民专业合作社社员参与行为研究[D].杭州:浙江大学.

侍迪敏,2010.农民专业合作社绩效评价研究[D].陕西:西北农林科技大学.

司瑞石,陆迁,张强强,等,2018.土地流转对农户生产社会化服务需求的影响:基于PSM模型的实证分析[J].资源科学,40(9):1762-1772.

孙柏瑛,2005.公民参与形式的类型及其适用性分析[J].中国人民大学学报(5):124-129.

孙亚范,余海鹏,2012.农民专业合作社成员合作意愿及影响因素分析[J].中国农村经济(6):48-58,71.

孙亚范,2003a.合作社组织文化及其对我国农村合作经济组织创新的启示[J].农村经营管理(7):9-11.

孙亚范,2003b.现阶段我国农民合作需求与意愿的实证研究和启示:对江苏农户的实证调查与分析[J].江苏社会科学(1):204-208.

孙亚范,2011.农民专业合作社利益机制、成员合作行为与组织绩效研究[D].江苏:南京农业大学.

谈迎新,於忠祥,2012.基于DSR模型的淮河流域生态安全评价研究[J].安徽农业大学学报(社会科学版),21(5):35-39.

谭智心,孔祥智,2011.不完全契约、非对称信息与合作社经营者激励:农民专业合作社"委托—代理"理论模型的构建及其应用[J].中国人民大学学报,25(5):34-42.

唐宗焜,2003.中国合作社政策与立法导向问题:国际劳工组织《合作社促进建议书》对中国的意义[J].经济研究参考(43):2-23.

田艳丽,修长柏,2014.牧民专业合作社利益分配机制与绩效的典型相关分析:以内蒙古自治区为例[J].农业现代化研究,35(6):727-732.

万健,2010.集体非农建设用地流转制度研究:基于SSP范式的分析视角[D].江苏:南京农业大学.

王冰,李文震,2001.制度经济学中的制度影响理论[J].江汉论坛(2):15-19.

王敏,2013.农民专业合作社绩效评价研究[D].济南:山东财经大学.

王胜,丁忠兵,2015.农产品电商生态系统:一个理论分析框架[J].中国农村观察(4):39-48,70,96.

韦惠兰,赵龙,2018.畜牧业合作社成员参与度及影响因素分析[J].甘肃社会科学(1):153-157.

魏娟,邢占文,2009.产业组织理论三大流派综述及最新进展[J].内蒙古财经学院学报(1):81-87.

吴彬,2014.农民专业合作社治理结构:理论与实证研究[D].浙江:浙江大学.

吴晨,2013.不同模式的农民合作社效率比较分析:基于2012年粤皖两省440个样本农户的调查[J].农业经济问题,34(3):79-86.

吴莹,卢雨霞,陈家建,等,2008.跟随行动者重组社会:读拉图尔的《重组社会:行动者网络理论》[J].社会学研究(2):218-234.

肖建忠,唐艳艳,2001.西方产业组织理论的新进展:一个文献综述[J].江汉论坛(10):25-28.

谢艳华,2019."互联网+"背景下新农人成长的瓶颈及化解[J].农业经济(5):51-52.

谢元,2018.基于行动者网络理论视角下的村支书乡村治理研究[D].江苏:南京大学.

熊万胜,2009.合作社:作为制度化进程的意外后果[J].社会学研究,24(5):83-109,244.

徐旭初,黄胜忠,2009.走向新合作:浙江省农民专业合作社发展研究[M].北京:科学出版社.

徐旭初,吴彬,2010.治理机制对农民专业合作社绩效的影响:基于浙江省526家农民专业合作社的实证分析[J].中国农村经济(5):43-55.

徐旭初,2005.中国农民专业合作经济组织的制度分析[M].北京:经济科学出版社.

徐旭初,2006.农民专业合作:基于组织能力的产权安排:对浙江省农民专业合作社产权安排的一种解释[J].浙江学刊(3):177-182.

徐旭初,2008.新形势下我国农民专业合作社的制度安排[J].农村经营管理(11):13-16.

徐旭初,2009.农民专业合作社绩效评价体系及其验证[J].农业技术经济(4):11-19.

徐旭初,2017.谈谈合作社治理:信任[J].中国农民合作社(1):41-41.

徐亦平,2004.从台州看农民专业合作社演变趋势[J].浙江经济(12):27-29.

许驰,黄怡,许小晶,等,2018.农民专业合作社社员参与度的综合评价研究:基于福建省的调查[J].南方论刊(4):68-71.

许经勇,2008.我国农业市场化改革的回顾与思考[J].财经问题研究(7):19-23.

闫敏,2008.通过职业生涯规划提高核心员工忠诚度[J].才智(4):244-245.

杨丹,唐羽,2019.合谋视角下的农民合作社绩效与评级[J].农业技术经济(3):75-86.

姚山季,范朱灵,2019.顾客参与、资源协同和企业创新绩效:基于众包平台的实证研究[J].南京工业大学学报(社会科学版),18(1):99-110,112.

姚山季,王永贵,2012.顾客参与新产品开发及其绩效影响:关系嵌入的中介机制[J].管理工程学报,26(4):39-48,83.

叶兴庆,2016.推进农业供给侧改革需找准四大着力点[N].粮油市场报,2016-12-17(A01).

叶兴庆,2018.小农分化更需新农人[N].中国农机化导报,2018-01-29(04).

应瑞瑶,2002.合作社的异化与异化的合作社:兼论中国农业合作社的定位[J].江海学刊(6):69-75.

于伯华,吕昌河,2004.基于DPSIR概念模型的农业可持续发展宏观分析[J].中国人口·资源与环境(5):70-74.

袁海平,韦乐盈,2018.乡村振兴视域下新农人与精准扶贫的对接研究[J].绍兴文理学院学报(人文社会科学),38(6):39-44.

苑鹏,2004.关于理顺农民合作组织产权关系的思考[J].中国合作经济(1):35.

约翰·克莱顿·托马斯,2004.公共决策中的公民参与:公共管理者的新技能与新策略[M].孙柏瑛,等译.北京:中国人民大学出版社:10-11,22-26.

张琛,高强,2017.论新型农业经营主体对贫困户的脱贫作用[J].西北农林科技大学学报(社会科学版),17(2):73-79.

张琛,孔祥智,2018.组织合法性、风险规避与联合社合作稳定性[J].农业经济问题(3):46-55.

张红梅,2008.农民专业合作社法人财产制度刍议[J].农村经济与科技(3):74-75.

张俊,章胜勇,2015.合作社营运绩效评价及验证:基于专家、管理者和社员三方视角的对比分析[J].经济学家(9):96-104.

张小梅,2008.县域土地利用总体规划环境影响评价指标体系研究:以罗甸县为例[D].贵州:贵州师范大学.

张晓山,罗远信,国鲁来,2001.两种组织资源的碰撞与对接:四川射洪棉花协会的案例研究[J].中国农村经济(4):17-23.

张晓山,2009.农民专业合作社的发展趋势探析[J].管理世界(5):89-96.

张新蕾,刘福军,2019.我国新农人发展研究综述[J].云南农业大学学报(社会科学),13(2):45-50,128.

张雪占,2018.基于流通视角的新农人培育路径探究[J].农业经济(4):73-74.

张燕,陆惠文,陈同扬,等,2019.顾客参与、顾客创造力与新产品创新绩效的框架模型[J].经济研究导刊(8):24-29,39.

张益丰,2019.社会关系治理、合作社契约环境及组织结构的优化[J].重庆社会科学(4):69-81.

张勇,包婷婷,2017.农村宅基地退出的驱动力分析:基于推拉理论视角[J].农村经济(4):18-23.

赵佳荣,蒋太红,2009.农民专业合作社:一个三重绩效评估模式[J].湖南农业大学学报(社会科学版),10(4):1-7,26.

赵鲲,刘磊,2016.关于完善农村土地承包经营制度发展农业适度规模经营的认识与思考[J].中国农村经济(4):12-16.

赵曜,2000.列宁晚年社会主义思想的三重涵义[J].马克思主义研究(2):55-63.

浙江省农业厅课题组,2008.农民专业合作社绩效评价体系初探[J].农村经营管理(10):31-35.

中共中央马克思恩格斯列宁斯大林著作编译局,1975.马克思恩格斯全集(第36卷)[M].北京:人民出版社:416.

中共中央马克思恩格斯列宁斯大林著作编译局,1995.马克思恩格斯选集(第3卷)[M].北京:人民出版社:59-60.

钟真,穆娜娜,齐介礼,2016.内部信任对农民合作社农产品质量安全控制效果的影响:基于三家奶农合作社的案例分析[J].中国农村经济(1):40-52.

周春芳,包宗顺,2010.农民专业合作社产权结构实证研究:以江苏省为例[J].西北农林科技大学学报(社会科学版),10(6):14-18,23.

周洁红,杨之颖,梁巧,2019.合作社内部管理模式与质量安全实施绩效:基于农户农药安全间隔期执行视角[J].浙江大学学报(人文社会科学版),49(1):37-50.

周立群,曹利群,2001.农村经济组织形态的演变与创新:山东省莱阳市农业产业化调查报告[J].经济研究(1):69-75,83-94.

周敏,2013.土地入股合作社的综合绩效评价:基于吉林省S村9年时间序列数据[J].农村经济(7):78-81.

周应恒,王爱芝,2011.我国农民专业合作社股份化成因分析:基于企业家人力资本稀缺性视角[J].经济体制改革(5):75-78.

朱雯,2009.政策引导与制度创新应协同演进:株洲市农村专业合作组织的调查与思考[J].现代农村科技(2):4-7.

朱政,张振鹏,2018.产业组织理论回溯与研究展望[J].产业创新研究(6):58-63.

祝卫东,陈春良,2016.以问题为导向推进农业供给侧结构性改革[J].中国财政(9):10-12.

Alback S, Schultz C, 1997. One Cow? One Vote?[J]. Scandinavian Journal of Economics, 99(4):597-615.

Borda-Rodriguez A, Vicari S, 2014. Rural Cooperative Resilience: the Case of Malawi[J]. Journal of Cooperative Organization and Management, (1):43-52.

Amburgey T L, Rao H, 1996. Organizational Ecology: Past, Present and Future Directions[J]. Academy of Management Journal, 39(5):1265-1286.

Anderson B L, Henehan B M, 2003. What Gives Cooperatives a Bad Name? Paper presented at the NCR 194 Meeting, Kansas City, Missouri.

Arnstein S R, 1969. A Ladder of Citizen Participation[J]. Journal of the American Institute of Planners, 35(4):216-224.

Bain J S, 1959. Industrial Organization[M]. New York: Harvard University Press.

Baland J M, Platteau J P, 1999. The Ambiguous Impact of Inequality on Local Resource Management[J]. World Development, 27(5):773-788.

Bonus H, 1986. The Cooperative Association as a Business Enterprise: A Study in the Economics of Transactions[J]. Journal of Institutional and Theoretical Economics (JITE) / Zeitschrift Fur Diegesamte Staatswissenschaft, 142(2):310-339.

Borgen S O, 2011. Product Differentiation and Cooperative Governance[J]. The Journal of Socio-Economics, 40(3):327-333.

Borgen S O, 2003. Rethinking Incentive Problems in Cooperative Organizations[J]. Norwegian Agricultural Economics Research Institute:78-79.

Borgström M, 2013. Effective Co-operative Governance: A Practitioner's Perspective[J]. Journal of Co-operative Organization and Management, 1(1):49-50.

Boussemart J P, Briec W, Leleu H, 2010. Linear Programming Solutions and Distance Functions under α-returns to Scale[J]. The Journal of the Operational Research Society, 61(8):1297-1301.

Caliendo M, Kopeinig S, 2008. Some Practical Guidance for the Implementation of Propensity Score Matching[J]. Journal of Economic Surveys, 22(1):31-72.

Cardenas J C, Stranlund J, Willis C, 2002. Economic Inequality and Burden-sharing in the Provision of Local Environmental Quality[J]. Ecological Economics, 40(3):379-395.

Cook M L, 1995. The Future of U.S. Agricultural Cooperatives: A Neo-institutional Approach[J]. American Journal of Agricultural Economics, 77(5):1153-1159.

Cotton J L, 1993. Employee Involvement: Methods for Improving Performance and Work Attitudes[M]. London: SAGE Publications.

Cotton J L, Vollrath D A, Froggatt K L, 1988. Employee Participation: Diverse Forms and Different Outcomes[J]. Academy of Management Review, 13(1):8-22.

Douglas P, 1937. Cooperation: A Middle Way for America?[J]. The Cooperative League:6-7.

Eilers C, Hanf C H, 1999. Contracts Between Farmers and Farmers Processing Cooperatives: A Principal-agent Approach for the Potato Starch Industry[M]//Galizzi G, Venturini L. Vertical Relationship and Coordination in the Food System. Publisher: Heidelberg, Physica:267-284.

Emelianoff I V, 1942. Economic Theory of Cooperation[M]. Ann Arbor: Edward Brothers.

Enke, 1945. Consumer Cooperatives and Economic Efficiency[J]. American Economic Review, 35(1):148-155.

Feinerman E, Falkovitz M, 1991. An Agricultural Multipurpose Service Cooperative: Pareto Optimality, Price-tax Solution, and Stability[J]. Journal of Comparative Economics, 15(1):95-114.

Fultion M, 1999. Cooperatives and Member Commitment[J]. The Finnish Journal of Business Economics, 48(4):418-437.

Fulton M E, Giannakas K, 2000. Organizational Commitment in a Mixed Oligopoly: Agricultural Cooperatives and Investor-owned Firms[J]. American Journal of Agricultural Economics, 83(5):1258-1265.

Fulton M, 1995. The Future of Canadian Agricultural Cooperatives: A Property Rights Approach[J]. American Journal of Agricultural Economics, 77(5):144-152.

Fulton M, Vercammen J, 1995. The Distributional Impact of Non-uniform Pricing Schemes for Cooperatives[J]. Journal of Cooperatives, 10:18-32.

Gasson R, 1997. Farmers' Approach to Co-operative Marketing[J]. Journal of Agricultural Economics, 28(1):27-37.

Goel S, 2013. Relevance and Potential of Co-operative Values and Principles for Family Business

Research and Practice[J].Journal of Co-operative Organization and Management, 1(1):41-46.

Halebian J, Finkelstein S, 1993. Top Management Team Size, CEO Dominance and Firm Performance: The Moderating Roles of Environmental Turbulence and Discretion[J]. Academy of Management Journal, (4):844-863.

Hansmann H B,1999. The Ownership of Enterprise[M]. Cambridge: The Belknap Press:38.

Heckman J J, Vytlacil E J, 2007. Econometric Evaluation of Social Programs, part Ⅱ: Using the Marginal Treatment Effect to Organize Alternative Econometric Estimators to Evaluate Social Programs, and to Forecast Their Effects in New Environments[J]. Handbook of Econometrics, 6:4875-5143.

Helmberger P, Hoos, 1962. Cooperative Enterprise and Organization Theory[J]. Journal of Farm Economics, 44 (2):275-290.

Hendrikse G J, Veerman C P, 2001. Marketing Cooperatives: An Incomplete Contracting Perspective[J]. Journal of Agricultural Economics, 52(1):53-64.

Hendrikse G W J, Bijman J,2002. Ownership Structure in Agrifood Chains: the Marketing Cooperative[J]. American Journal of Agriculture Economics, 84(1):104-119.

Hendrikse G, 2003. Governance of Chains and Networks: A Research Agenda[J]. Journal on Chain and Network Science, 3(1):1-6.

Imbens G W, 2000. The Role of Propensity Score in Estimating Dose-response Functions. Biometrika, 87(3): 706-710.

Jia X, Huang J, 2011. Contractual Arrangements Between Farmer Cooperatives and Buyers in China[J]. Food Policy, 36(5):656-666.

Bryson J M, Quick K S, Slotterback C S, et al., 2013. Designing Public Participation Processes [J].Public Administration Review, 73(1):23-34.

Kaler J,1999. Understanding Participation[J]. Journal of Business Ethics, the Ethics of Participation, 21(2/3):125-135.

Karli B, Bilgic A, Celik Y, 2006. Factor Affecting Farmers' Decision to Enter Agricultural Cooperatives Using Random Utility Model in the South Eastern Anatolian Region of Turkey[J]. Journal of Agriculture and Rural Development in the Tropics and Subtropics, 107(3):115-127.

Kirezieva K, Bijman J, Jacxsens L, et al.,2016. The Role of Cooperatives in Food Safety Management of Fresh Produce Chains: Case Studies in Four Strawberry Cooperatives[J]. Food Control, 62:299-308.

Lasowski O, Kuehl R,2006. Growths Dynamic of Cooperative Croup: An Economic Analysis of Growth Processes and Optimal Number of Group Members[R]. Ⅷ World Congress of International Federation of Scholarly Association of Management (IFSAM),Berlin,2006-09-28.

Latour B, 1992. One More Turn after the Social Turn: Easing Science Studies into the Non-Modem World[M]// McMullin E. The Social Dimensions of Science. South Bend, IN: Notre Dame University Press:272-292.

Latour B, 2005. Reassembling the Social: An Introduction to Actor-network-theory[M]. New York: Oxford University Press: 37.

Laursen C V, Karantininis K, Bhuyan S, 2008. Organizational Characteristics and Member Participation in Agricultural Cooperatives: Evidence from Modem Danish Cooperatives[R]. Paper submitted to the Seminar: The Role of the Cooperatives in the European Agro-food System, Bologna.

Lawler E E III, 1989. Choosing an Involvement Strategy[J]. The Academy of Management Executive (1987—1989), 2(3): 197-204.

Lawler E E, 1992. The Ultimate Advantage: Creating the High-involvement Organization[M]. San Francisco: Jossey-bass.

Levay C, 198. Agricultural Cooperative Theory: A Review[J]. Journal of Agricultural Economics3, 34(1): 1-44.

Liang Q, George H, 2013. Core and Common Members in the Genesis of Farmer Cooperatives in China[J]. Managerial and Decision Economics, Special Issue: Governance of Franchising Networks, Cooperatives and Alliances, 34(3/5): 244-257.

Macey W H, Schneider B, 2008. The meaning of employee engagement[J]. Industrial and Organizational Psychology: Perspectives on Science and Practice, 1(1): 3-30.

Mallin C A. Corporate Governance[M]. Oxford: Oxford University Press, 2004: 14-15

Maslow A H, 1943. A Theory of Human Motivation[J]. Psychological Review, 50(4): 370-396.

Masten S E, Meehan J W, Snyder E A, 1991. The Costs of Organization[J]. Journal of Law, Economics & Organization, 7(1): 1-25.

Mitchell, Terence R, 1973. Motivation and Participation: An Integration[J]. Academy of Management Journal, 16(4): 670-679.

Moore J F, 1996. The Death of Competition: Leadership and Strategy in the Age of Business Ecosystems[M]. New York: Harper Business.

Neshkova M, 2012. Public Involvement and Organizational Performance: Evidence from State Agencies[J]. Journal of Public Administration Research & Theory, 22(22): 267-288.

Nilsson J, 1997. New Generation Farmer Coops[J]. Review of International Cooperation, 90(1): 32-38.

Olson M, 1965. The Logic of Collective Action. Cambridge[M]. MA: Harvard University Press.

Osterberg P, Nilsson J, 2009. Members' Perception to Their Participation in the Governance of Cooperatives: the Key to Trust and Commitment in Agricultural Cooperatives[J]. Agribusiness, 25(2): 181-197.

Oliver P E, 1980. Selective Incentive in An Apex Game: An Experiment in Coalition Formation[J]. The Journal of Conflict Resolution, 24(1): 117.

Pencavel J, Craig B, 1994. The Empirical Performance of Orthodox Models of the Firm: Conventional Firms and Worker Cooperatives[J]. Journal of Political Economy, 102(4): 718-744.

Pestoff V, 2012. Co-production and Third Sector Social Services in Europe: Some Concepts and Evidence[J]. International Journal of Voluntary and Nonprofit Organizations, 23(4):1102-1118.

Pestoff V. The Future of Consumer Co-operatives in Post-Industrial Societies[J]. Journal of Co-operative Studies, 32(3):208-219.

Phillips R, 1953. Economic Nature of the Cooperative Association[J]. Journal of Farm Economics, 35 (1):74-87.

Rajaei Y, Yaghoubi J, Donyaei H, 2011. Assessing Effective Factors in Development of Entrepreneurship in Agricultural Cooperatives of Zanjan province[J]. Procedia - Social and Behavioral Sciences, 15:1521-1525.

Ritter T, Walter A, 2003. Relationship-specific Antecedents of Customer Involvement in New Product Development[J]. International Journal of Technology Management, 26(5/6):482-502.

Roger M, 2008. Cooperative Games and Cooperative Organizations[J]. The Journal of Socio-Economics, 37(6):2155-2167.

Rosenbaum P R, Rubin D B, 1985. Constructing A Control Group Using Multivariate Matched Sampling Methods that Incorporate the Propensity Score[J]. American Statistician, 39 (1): 33-38.

Rosenbaum P R, 2002. Observational Studies[M]. 2nd ed. New York: Springer.

Royer J S, 1995. Potential for Cooperative Involvement in Vertical Coordination and Value-added Activities[J]. Agribusiness: An International Journal, 11(5):473-481.

Royer J S, 1999. Cooperative Organizational Strategies: A Neo-Institutional Digest[J]. Journal of Cooperatives, 14(2):44-67.

Royer J S, Bhuyan S, 1995. Forward Integration by Farmer Cooperatives: Comparative Incentives and Impacts[J]. Journal of Cooperatives, 10:33-48.

Salazar I, Goriz C G, 2011. Determinants of the Differences in the Downstream Vertical Integration and Efficiency Implication Agricultural Cooperatives[J]. The B.E. Journal of Economic Analysis & Policy, 11(1):27.

Selznick P, 1943. An Approach to A Theory of Bureaucracy[J]. American Sociological Review, 8(1):47-54.

Sexton R J, 1990. Imperfect Competition in Agricultural Markets and the Role of Cooperatives: A Spatial Analysis[J]. American Journal of Agricultural Economics, 72(3):709-720.

Sexton R J, 1986. The Formation of Cooperatives: A Game-theoretic Approach with Implications for Cooperative Finance, Decision Making and Stability[J]. American Journal of Agricultural Economics, 68(2):214-225.

Sianesi B, 2004. An Evaluation of the Swedish System of Active Labour Market Programmes in the 1990s[J]. Review of Economics and Statistics, 86(2): 133-155.

Staatz J M, 1984. Cooperatives: A Theoretical Perspective on the Behavior of Farmers[D]. East Lansing: Michigan State University.

Staatz J M, 1983. The Cooperatives as A Coalition: A Game-theoretic Approach[J]. American Journal of Agricultural Economics, 65(5):1084-1089.

Stigler G J, 1968. The Organization of Industry[M]. Homewood: R. D. Irwin Press.

Sylvia G, Cusack C, Swanson J, 2014. Fishery Cooperatives and the Pacific Whiting Conservation Cooperative: Lessons and Application to Non-industrial Fisheries in the Western Pacific[J]. Marine Policy, 44:65-71.

Tanguy B, David J S, 2009. Reaching the Rural Poor through Rural Producer Organizations? A Study of Agricultural Marketing Cooperatives in Ethiopia[J]. Food Policy, 34(1):60-69.

Tirole J, 2001. Corporate Governance[J]. Econometrica, 69(1):15-20.

Townsend R E, 1995. Fisheries Self-governance: Corporate or Cooperative Structures[J]. Marine Policy, 19(1):39-45.

Valentınov V L, 2004. Toward a Social Capital Theory of Cooperative Organization[J]. Cooperative Studies, 37(3):5-20.

Van G T, Block C, Green J, et al, 2007. Environmental Response Indicators for the Industrial and Energy Sector in Flanders[J]. Journal of Cleaner Production, 15(10):886-894.

Vercammen J, Fulton M, Hyde C, 1996. Nonlinear Pricing Schemes for Agricultural Cooperatives[J]. American Journal of Agricultural Economics, 78(3):572-584.

Vitaliano P, 1983. Cooperative Enterprise: an Alternative Conceptual Basis for Analyzing A Complex Institution[J]. American Journal of Agricultural Economics, 65(5):1078-1083.

Vladislav Valentinov, 2008. The Economics of Nonprofit Organization: in Search of An Integrative Theory[J]. Journal of Economic Issues, 42(3):745-761.

Wagner, Gooding R Z, 1987. Shared Influence and Organizational Behavior: A Meta-Analysis of Situational Variables Expected to Moderate Perticipation-Outcome Relationships[J]. Academy of Management Journal, 30(3):524-541.

Williamson O E, 1991. Comparative Economic Organization: the Analysis of Discrete Structural Alternatives[J]. Administrative Science Quarterly, 36(2):269-296.

Wooldridge J M, 2002. Econometric Analysis of Cross Section and Panel Data[M]. Cambridge: MIT Press.

Yang K F, Callahan K, 2005. Assessing Citizen Involvement Efforts by Local Governments[J]. Public Performance & Management Review, 29(2):191-216.

Yin R K, 2009. Case Study Research: Design and Methods[M]. London: SAGE Publications.

Zusman P, 1982. Group Choice in An Agricultural Marketing Co-operative[J]. The Canadian Journal of Economics, 15(2):220-234.

Zusman P, 1992. Constitutional Selection of Collective-choice Rules in A Cooperative Enterprise[J]. Journal of Economics Behavior and Organization, 17(3):353-362.

后　　记

2019年底,新型冠状病毒在全球肆虐,响应国家号召居家办公的我正在筹划本书写作,看着医护人员逆流迎战,不禁思考自己多年所学能够为社会做何贡献,对人民福祉有何价值,辗转思量,更加坚定要为"三农"事业而奋斗的决心。

对于"新农人"群体的关注始于攻读博士研究生期间,前后已经经历了四个春秋。这些年,农村涌现出一批积极因应农业数字化改造的"新农人",他们推动种养生态化、生产标准化、产品品牌化和农民组织化,甚至重塑合作社治理机制,展现出在提升合作社绩效和推进合作社规范发展方面的价值。但是,经过大量实地调查发现,同样有新农人参与的合作社可能呈现出不同的治理模式和明显的绩效分化。因此,探究合作社中的新农人参与有着极为重要的现实意义。

受母校教育恩泽,我收获了恩师挚友,磨砺了科研精神。感谢我的导师崔宝玉教授,初入师门时,我已离开校园多年,早已疏离研究工作,对科研选题一筹莫展。崔教授每周一次例会与我讨论研读文献的进展,挖掘选题方向,让我逐渐领悟如何站在前人研究成果的肩膀上开展具有理论价值和现实意义的研究。崔教授深耕"三农"问题和合作社研究多年,具有敏锐的学术洞察力,一直坚持"用脚做研究",多次带领我和师门同窗深入农村实地调查,在搜集案例资料和采集数据的过程中发现具有现实基础和实践意义的研究选题。崔教授科学、严谨、务实的研究态度深深影响着我,是我在科研工作中追随和效仿的榜样。从本书编写计划的拟定到研究框架的设定,从调查数据的采集到书稿的撰写修改,崔教授都给予了我莫大的鼓励和支持。

在研究开展的过程中,很多师友也提供了有益的帮助。感谢安徽大学中国"三农"问题研究中心主任张德元教授的谆谆教诲,使我明白"三农"问题的中国情境和历史基础,让我领悟相较于理论创新,学术研究更为重要的旨趣是现实关照。感谢安徽大学荣兆梓教授、李静教授,石河子大学常伟教授,中国人民大学孔祥智教授,中国社会科学院农村发展研究所苑鹏研究员,中国农业大学农业与农村法制研究中心任大鹏教授,浙江大学中国农村发展研究院黄祖辉教授、徐旭初教授,安徽财经大学中国合作社研究院唐敏教授、秦立建教授等前辈,他们的启发和建议使得本书的写作少走了不少弯路。在田野调查过程中,我得到了各调研地相关部门工作人员以及当地农民朋友莫大的帮助、理解和支持,在此一并表示感谢。

最后,还要感谢我的家人们和挚友牛嘉宝,以及人生导师南京大学姜洪涛教授。感谢我一路求学过程中相遇的亲密战友们,大家在各自的研究领域努力,互相帮助、彼此鼓励、共同学习,结下了深厚的情谊,他们是杨安琪、孙嘉、王利、宫毓雯、徐莹莹、张琛、薛岚、韩春虹、杨阳、夏岩磊、郑飞鸿、李艳芬、陈云、张桅、王晶晶、李娜娜、汪侠等。在此衷心祝愿大家永远幸福安康!

孙　迪

2022年11月11日于安徽合肥